去

唐朝

常华 著

To

the **TANG DYNASTY**

All Men

and

Their Mundane Lives

众

和 生

烟

火

气

Tang
Poems

GUANGXI NORMAL UNIVERSITY PRESS

广西师范大学出版社

·桂林·

去唐朝：众生和烟火气
QU TANGCHAO: ZHONGSHENG HE YANHUOQI

图书在版编目（CIP）数据

去唐朝. 众生和烟火气 / 常华著. --桂林：广西
师范大学出版社，2022.2（2023.1 重印）
ISBN 978-7-5598-4576-4

Ⅰ.①去… Ⅱ.①常… Ⅲ.①中国历史－唐代－
通俗读物 Ⅳ.①K242.09

中国版本图书馆 CIP 数据核字（2022）第 000194 号

广西师范大学出版社出版发行

（广西桂林市五里店路 9 号 邮政编码：541004）
网址：http://www.bbtpress.com

出版人：黄轩庄
全国新华书店经销
广西民族印刷包装集团有限公司印刷
（南宁市高新区高新三路 1 号 邮政编码：530007）
开本：880 mm×1 240 mm 1/32
印张：11.625 字数：250 千
2022 年 2 月第 1 版 2023 年 1 月第 4 次印刷
印数：13 001~15 000 册 定价：88.00 元

如发现印装质量问题，影响阅读，请与出版社发行部门联系调换。

序

摆在读者面前的近百万字的煌煌大作，其作者为高级记者、资深电视媒体人常华。常华曾出版《唐诗密码》、《宋词密码》、《诗词里的中国》(三卷本)等多部专著，多次举办过以"唐诗宋词里的中国"为题的公益讲座，是一位奔波于中古文史学界，勤恳耕耘有年，在国内颇有影响力的诗人、作家。

和常华认识相对较晚。记得2019年元月末收到常华发送的邮件，说是想加入中国唐史学会，介绍人是著名唐五代史专家、中国唐史学会会长杜文玉教授。从邮件中得知常华大学时就出版过《唐诗神韵》一书，后来专注于"以诗证史"，开辟网络论坛专栏，和网友互动，拥有为数众多的读者，在网络新媒体领域极具影响。

当然，在此也应提及常华的家学渊源。他的父亲常万生教授毕业于东北师大历史系，出版有"亦文亦史"的《女皇武则天》《口蜜腹剑李林甫》等十余部著作，在学界形成自己独特的著作风格，深受读者的喜爱。常万生教授上世纪九十年代初加入中国唐史学会，我们在武则天学会及其他唐史学术研讨会上多有见面及交流，获益匪浅。

我本人喜欢学界同人的跨界研究，因其看问题的视角超乎寻常，论证思路也别出心裁，故往往有惊人的见解观点出现。就这样，常华成为中国唐史学会会员，我们不时通过微信互通消息。今年四月初，常华和我联系，并通过广西师范大学出版社编辑部寄来他的新作书稿，说是书稿准备出版，希望我审校稿件后能写一篇序。审校稿件，撰写序言，我当时感到有点为难。其一，本科、硕博生授课时间紧张，学会事务及其他杂事繁多，没有整块时间审阅书稿、撰写序言。其二，书稿以唐诗为主线素材，探讨唐代历史发展演变之规律，审视唐代文人的文化心理和精神轨迹、唐代民俗礼仪和世风流变，而我虽在以往的研习中对唐诗、唐代诗人行迹也有涉猎，但要说研究根本谈不上，所以存有顾虑。然而，常华打电话一再坚持，出版社编辑也耐心有加，我虽推辞再三但难能脱手，最后只好答应暑假抽时间先学习领会著作微言大义，再看能否完成如此命题作文。

暑假异常繁忙，带学生出外考察，出席学术会议，评审稿件，事情也一件接一件，直到七月末才有时间翻看常华的书稿。西安炎炎夏日，看着厚厚的书稿，虽有空调的吹拂，但仍然感到暑气升腾。不过，随着每日学习的深入，酷暑渐消，我也平静下来，逐渐领略到书稿字里行间的诸多新奇。如此，在看完书稿后，我愿意和读者朋友分享我的读书体会。

纵览全书，我认为本书有以下几个特点：

第一，全书分三卷：第一卷在讲唐史过程中穿插诸多唐人诗歌，以诗证史，颇多新意；第二卷从唐代诗人以诗作感应波诡云谲的时代风云，透视体察他们的宦海沉浮、人生旨趣，探讨唐代文人的文化心理和精神轨迹；第三卷从包罗万象百科全书式的唐诗中，找寻开放包容政策层面下大唐帝国多文化交融的现场密码，以及赋予帝国子民丰富多彩的礼仪风俗空间。通过上述三者的铺垫，作者力图展现历史兴衰中蕴含的诗韵、悲欢离合中富有的家国情怀，更有近三百年大唐芸芸众生的群体风尚，是一部区别于学界现有诸多唐史撰述的别样的唐史研究著作。

第二，众所周知，"以诗证史"为史学大家陈寅恪所首创，史学研究的新渠道由此肇启，为学界所敬仰和赞赏。区别于历史学者史料的旁征博引，本书作者以唐诗作为透视探讨唐代历史文化的得力抓手，发掘唐诗中特有的唐代政治、经济、军事、文化信息，追溯唐王朝的兴衰演变历程，寻觅值得我们今天借鉴的蛛丝马迹。如作者引用李世民《望送魏徵葬》《出猎》两首诗，阐述贞观之治开创者唐太宗李世民理政前后的差异，对帝国大厦形同天壤之别的影响；引用杜甫《忆昔》、李商隐《思贤顿》两首诗，反映唐玄宗不同时期的作为。

第三，全书的叙事风格也很有特点。因为作者专注于唐宋文学，不仅对唐诗发展演变历程颇多心得，而且对整个唐代历史多有爬梳，故而行文中以文学的语言阐述历史事件，用语也有别于一般的历史著作，读起来别具趣味和吸引力，有的章节用引人入胜来形容丝毫也不过分。同时，作者善于用优美并富含哲理的语言，分析历史事件涉及的人物心路历程，使读者对事件发展的前因后果有更深入的认识。

当然，由于笔者对以唐诗作为要件，探讨唐代丰富多彩的历史与社会涉及的问题了解有限，本书值得称颂的特点和价值绝非上述这些，其中挂一漏万可想而知，对此，敬请作者和读者谅解！另外，从上世纪末迄今，在唐都城长安、东都洛阳周边，以及其他唐人活动区域，考古工作者发掘清理了数以百计的唐人墓葬，唐人墓室壁画、志盖、志石、其他随葬品等考古资料不断出土面世。如果说能对本书提出一些建议或意见的话，笔者认为，作者可依据所述内容，在本书的某些章节穿插一些考古文物图片、地理分布图表，做到图文并茂，必然能够起到锦上添花的作用，增强论述的力度，有利于读者理解书中所论。

期待作者再接再厉，继续发掘唐诗中无穷无尽的闪光点，咏唱大唐开放包容编织出的繁荣昌盛，出版更多文史兼备的高质量著作，服务读者，造福社会。

拜根兴

2021 年 8 月 8 日于西安南郊陋室

（作者系陕西师范大学东亚历史研究所、唐史研究所所长，中国史博士后流动站站长，教授，中国唐史学会秘书长）

自序：读着唐诗，重返唐朝

中国是泱泱诗国，而唐诗无疑是其中璀璨的瑰宝。中国人的思乡、怀旧、惜别、怀古、言志乃至悼亡，几乎都在唐诗里得到了淋漓尽致的呈现，更是我们无法超越的巅峰：张若虚的月亮被人们反复吟诵，如今，仍是张若虚的；王维的落日也始终是王维的，谁也没能越过公元八世纪的那道地平线；李白的金樽、杜甫的酒杯，直到今天，还在飘散着浓郁的酒香……当然，唐诗的意义又似乎远不止于此，它所蕴含的政治、经济、军事、文化、民俗等方方面面的信息，是我们取之不竭的矿脉。站在这条巨大的矿脉上，我们唯有俯下身去，认真地搜寻尘封千年的时间密码，走进无限深邃的历史秘境。

关于唐诗研究，前人之述备矣。面对这一巨大的文化宝藏，需要我们重新调整审视的目光，寻求不一样的挖掘角度，而这，也是我在研习唐诗的过程中努力坚持的东西。在缄默的卷册中寻找震撼，感悟文字背后的历史风云，你便真的会发现"沉舟侧畔千帆过，病树前头万木春"。

这部《去唐朝》，以三部曲的形式呈现，它们分别为《帝王和帝国事》《诗人和人间世》和《众生和烟火气》。

《帝王和帝国事》侧重审视唐朝政治格局的最初建构到最后崩塌。从唐高祖李渊晋阳起兵，到年仅十七岁的唐昭宣帝李柷被朱温鸩杀，这个在中国历史上走过近三百年的大帝国，经历了傲然定鼎的肇始，四海升平的盛世，硝烟四起的兵乱，风流云散的末日，最终成为夹藏在史籍里的风声。这样一个浩大的历史弈局，究竟有多少需要观照的细节？一些已成定论的历史细节，又真的那么可信吗？

《诗人和人间世》侧重审视唐代文人的文化心理和精神轨迹。中国文人的大悲喜、大起落，早已缝合进浩如烟海的唐诗中。从初唐到盛唐，从中唐到晚唐，每个时期的诗风有着怎样的不同？每个时期的代表诗人，又和波谲云诡的时代大背景产生了怎样的勾连？他们的宦海沉浮和生命意趣，又是如何走进了他们震古烁今的诗行？

《众生和烟火气》侧重审视唐代社会的民俗礼仪和世风流变。大唐，这个在公元七世纪到公元九世纪的世界版图上立于轴心位置的大帝国，曾是多元文化相互交融相互渗透的大容器。近三百年时间，在这个庞大的帝国之躯上，衍生传承了多少延续至今的民风民俗？生活在这个泱泱大国的子民，又以怎样的方式诠释了他们的存在？

好在有唐诗！好在我可以以唐诗为线索，以百万字的容量，搭建起"唐诗里的帝国"的样貌！唐朝的繁华决定了唐诗的繁华，而唐诗的繁华又记录下了唐朝的繁华。以唐诗为线索，走进唐朝的肇兴、全盛、动荡与衰没，以再发现的精神，审视大唐帝国的政治、经济、军事、文化，成为我写《去唐朝》的初衷。我想，读着唐诗，重返唐朝，也应是当今人们对一段历史风云、一种文化精神进行回溯的快捷方式！

我只是一位历史爱好者，专业的考据和研究自知力有不逮，但我更愿意亦文亦史、文史兼融地走进大唐三百年。循着唐诗的足迹，我愿意用历史随笔的方式，探寻王朝的沉浮起落，梳理史书的蛛丝马迹，表达自己的一孔之见。唐朝，唐诗，一个是历史，一个是文学，两条线索其实始终盘根错节，相伴相生，从来就不是两条平行线，而大历史没有边界，在诗歌与典籍中游弋，我愿乘不系之舟，享受书写的自由。

习近平总书记在2014年考察北京师范大学时，曾说他"很不赞成把古代经典诗词和散文从课本中去掉"，"应该把这些经典嵌在学生脑子里，成为中华民族文化的基因"。生逢盛世，对经典的阅读与传承正在成为题中应有之义，而面对唐诗这座中国传统文化中令人仰止的高峰，我愿意虚心向学，日积跬步，攀登不止！

是为序。

常　华

戊戌初春

目　录

第一章

人间风味

粥香饧白杏花天

"民以食为天"，考察近三百年的大唐风物，瞭望闾里巷陌中袅袅升腾的人间烟火，饮食，自然是我们对这个帝国首要的切入点。唐人吃什么？他们的饮食结构呈现出怎样的状态？在物阜民丰的背景下，唐人的食不厌精、脍不厌细，为我们勾勒出一幅怎样的民生画卷？穿行于林林总总五花八门的唐人飨宴，它们又和自由奔放的唐人社会生活实现了怎样的映射与融合？

毫无疑问，唐代饮食文化成为中华饮食文化重要的勃兴阶段，缘于其大一统的帝国根基。在隋末的乱世烽烟中，李渊父子一路征伐，斩将搴旗，最终激活了一个全新王朝的气脉。这个王朝的气脉是如此腾动而有力，老牌的商业城市长安、洛阳焕发出更大的生机，日夜开放的贸易行栈和摊点店铺，丰富了两京的民生表情。随着社会的安定，商业和交通的繁荣也顺着大运河一路漫延，曾经长途贸易的奢侈品转而成为消费领域的必需品，许多固着一地的生产资料成为商品大流通中的重要支撑。当扬州、杭州、苏州等一大批新兴商业城市迅速崛起，当城市消费人口与日俱增，唐代饮食文化的繁荣与鼎盛，已经成为题中应有之义。

　　　　粥香饧白杏花天，省对流莺坐绮筵。

　　　　今日寄来春已老，凤楼迢递忆秋千。

　　　　　　　——李商隐《评事翁寄赐饧粥走笔为答》

　　李商隐的诗歌常常被人认为隐晦迷离，难于索解，以至有"诗家总爱西昆好，独恨无人作郑笺"之说，但他的这首诗却让一碗粥的清香穿越千年，刺激着人们的味蕾。李商隐诗中所提到的"饧粥"，正是唐代民间非常有名的粥品，此粥加入杏酪、麦芽糖，不仅吃起来清香爽口，而且有着很高的营养价值。当然，对粥情有独钟的唐代诗人不只李商隐一人，而粥的种类更是五花八门。润州诗人储光羲曾对家乡加入茶叶煮熟的"茗粥"念念不忘，留下了"淹留膳茶粥，共我饭蕨薇"的佳句；而皮日休的"朝食有麦馆，晨起有布衣"中所云的"馆"，同样也是指粥。

　　由此，我们便可从诗人们一碗粥的乡愁之中，得以切入唐人洋洋大观、令人目不暇接的饮食种类。由于南北运河的开通，南方大量的优质稻米源源不断地进入北方，和北方的麦、粟及各种杂粮一起，共同构成了民间餐桌上的主食。人们的想象力显然已不局限于一碗粥，在与多种原料的巧妙搭配过程中，一道道人间美食融入了唐人生活的智慧，更融入了唐人兼收并蓄的精神。

　　"岂无青精饭，使我颜色好"，杜甫诗句里提到的这种"青精饭"，正是一种在唐代非常流行的主食。这种以稻米为原料的米饭，已经不是简单地将稻米蒸熟了事，而是有着非常精细的制作流程，需要将南烛枝叶捣碎，渍汁浸米，历经"九浸九蒸九曝"，做成之后，"米粒紧小，黑如璧珠"。据说这种又名"乌饭"的"青精饭"营养丰富，可令人重返童颜，深为道家所钟。这就难怪杜甫希望吃上一碗"青精饭"，求得一副好颜色了。

除了令人垂涎神往的"青精饭"，"团油饭"作为一种在唐代风靡岭南的美食，也在挑逗着我们的味蕾。这种米饭的制作工艺虽不似"青精饭"那样需要经过"九浸九蒸九曝"的繁复程序，但在配料上却下足了功夫。它需将稻米与煎虾，鱼炙，鸭、鹅、猪、羊肉，鸡子羹，蒸肠菜，姜桂，盐豉等合制，这些配料一听就已让口水直流。吃"团油饭"得讲究个日子，一般都是富贵人家妇女产儿三日或满月行洗礼时食用——生命需要仪式，享用美食，同样需要仪式。

以米为主料的主食还能举出许多，像"王母饭""雕胡饭"等，不一而足；说到唐代的另一主食——面食，更是与唐人生活有着密切的联系。长安、洛阳两京本身就是面食之都，生活在这里的人们自古就以面食为主，唐王朝建立之后，尽管"稻米流脂粟米白"，在金黄的麦芒上接受自然的馈赠，寻找生活的诗意，仍是人们乐而不疲的舌尖意趣。唐代的面食是相当丰富的，上至王公贵族，下至黎民百姓，都有自己的心头之好，一块面，一瓢水，在揉切擀压之间，就变化出各种身姿，构成了这个王朝特有的人间味道。

先来说说面条吧。在唐代，面条被人们赋予了许多好听的名字。"冷淘"，说的是过水的凉面，杜甫的《槐叶冷淘》，"青青高槐叶，采掇付中厨。新面来近市，汁滓宛相俱"，说的就是一种用青槐嫩叶汁和面的过水凉面。唐代医学家昝殷在他的《食医心鉴》中称面条为"索饼"。在这位杏林高手看来，榆白皮索饼、羊肉索饼、黄雌鸡索饼这些听名字就很诱人的面条，不仅满足着人们的胃肠之需，更是治病祛疾的食方。当然，面条还有一个名字，唐人再熟悉不过，那就是"汤饼"。所谓"汤饼"，其实就是汤面。束皙在《饼赋》中曾云："玄冬猛寒，清晨之会，涕冻鼻中，霜凝口外，充虚解战，汤饼为最。"可见人们已经将汤饼看作了御寒取暖的重要主食。当然，汤饼也是皇家之好，其中唐中宗李显就十分喜食汤饼。然而，这位活在母后武则天阴影中的可怜皇帝，生命的最后结局同样也和汤饼扯上了联系。景龙四年（710）六月二日，就在复辟成功重登皇位仅仅五年之后，唐中宗李显在高兴地吃过自己宠爱的女儿安乐公主亲手烹制的汤饼之后，口鼻流血，暴毙而终。他怎么也不会想到，那碗香气四溢的汤饼，竟潜藏着血腥的宫廷阴谋，而制造这起阴谋的，竟是自己最亲的两个人：一个，是曾和自己同甘共苦的发妻韦后；另一个，就是安乐公主，那个自己曾用衣袍包裹的李裹儿……

　　好了，让美食沾染上血腥就倒了我们探寻唐代饮食的胃口，还是继续我们的唐代面食之旅吧。如果说汤饼、索饼从名字上和我们今天所说的面条差得太远，那么，作为面的另外一种表现形式——面点，则更容易激发我们的想象空间。在唐代，我们今天常说的"点心"一词已经出现。宋人吴曾《能改斋漫录》载："世俗例，以早晨小吃为点心，自唐时已有此说。"韦巨源在他撰写的《食谱》

中说，他在官拜尚书左仆射后，宴请唐中宗的面点多达二十五种：
"单笼金乳酥"，是一种蒸饼类的面食，用料中加入了一定的乳脂，
出笼后色泽金黄，酥香可口；"见风消"，是一种油炸饼，同样也
是入口酥脆。尤其需要一提的是一种叫"唐安餤"的面食。这种
面食是一种裹馅饼饵类食物，其显著特点是直径阔大，在馅料上
下足功夫，在外观上更是诱人。史载，唐懿宗的爱女同昌公主去
世，"上赐酒一百斛，饼餤三十骆驼，各径阔二尺"，可见这种面
食的"块头"之大。更让我们惊异的，是《清异录》中的一段记载，
内中说"郭进家能作莲花饼餤，有十五隔者，每隔有一折枝莲花，
作十五色"。当面食成为一件件精美的艺术品，唐人的创造力和浪
漫精神怎能不令后人折服？

　　当然，唐人舌尖上的美食岂是米食和面食所能道尽，丰富多
彩的副食同样也在见证着这个帝国的繁华。牛、羊、猪、鸡这些
肉食，已经成为唐人的刚需，而喜欢狩猎的唐人，更是将鹿肉看
作上等美味；南方的海味珍品也成为北方人的钟爱，蛤蜊、鲍鱼、
虾、蟹、章鱼、海蜇等一系列食材，带着澎湃的海潮声，浩浩荡
荡地加入唐人饮食的方阵之中。随着食材的多元化，唐人的烹饪
技术也在实现着飞跃。《酉阳杂俎》讲了一个故事，说是在贞元朝，
有个将军家里什么都可以做成美食，"唯在火候，善均五味。尝取
败障泥胡禄，修理食之，其味极佳"。而《清异录》里记载的一个
法名梵正的比丘尼，简直就是一个美食艺术家，用酱肉、肉干、
鱼鲊、酱瓜等食材，硬是拼成了王维所居的辋川别墅二十一道景
致。当丰富的食材激发出唐人丰富的想象力，当舌尖上的唐朝将

四溢的香气弥散在历史的深处，我们看到的，是一个帝国的骄傲！

> 胡麻饼样学京都，面脆油香新出炉。
> 寄与饥馋杨大使，尝看得似辅兴无。
>
> ——白居易《寄胡饼与杨万州》

　　唐代的开放与包容，不仅让这个强盛的帝国广有四海，万邦朝觐，更让各种文化的交流与融合成为一道壮观的风景，乐天居士这首诗中所提到的这枚小小的"胡饼"，正是在其中扮演了文化导入者的角色。如果说汤饼、索饼并不是我们今天所说的"饼"，那么，从西域传来并广泛融入唐人生活的"胡饼"，则和我们今天吃的烧饼十分接近。这种胡饼是在炉中烘烤而成，上着胡麻，内可着馅。据说唐代有一种叫"古楼子"的带馅胡饼很受欢迎，《唐语林》载："时豪家食次，起羊肉一斤，层布于巨胡饼，隔中以椒、豉，润以酥，入炉迫之，候肉半熟食之，呼为古楼子。"在京师长安，胡饼已是人们司空见惯的异域美食，街市上不仅有流动吆喝着卖胡饼的小商贩，还有很多负有盛名的老字号，像长安的辅兴坊，就是一爿胡饼摊铺扎堆、食客云集之处。当然，很多人对这种美食喜之爱之，更愿亲手做之，美食达人白居易就是其中一位。"胡麻饼样学京都，面脆油香新出炉。寄与饥馋杨大使，尝看得似辅兴无。"在这首小诗中，我们可以看到白居易将自己亲手焙制的胡饼寄与友人万州刺史杨敬之时的那份得意之情。彼时的白居易，早已不是当年那个被顾况奚落为"长安居，大不易"的外省少年，而是一个深谙长安风物的达官显宦，这几枚他亲手焙制的胡饼，与其说是送给友人的，莫如说是在彰显着他对长安这座兼收并蓄的国际化大都市的同频与融入。

当然，说到胡饼，有一个人需要提及，他就是大唐最富传奇色彩的皇帝——唐玄宗。这位打造了开元盛世的皇帝，驾驶着唐王朝的马车驶入了最辉煌的路口，但他在这个路口滋生的惰性，让他失去了继续直行的动力，驶上了不可逆转的窘途。据说安史之乱长安失陷后，唐玄宗仓皇逃往蜀中，路上饥渴难耐，"日向中，上犹未食，杨国忠自市胡饼以献"。曾经在开元这个年号下励精图治的唐玄宗也许不会知道，胡饼的盛行，正是在那个海晏河清的时代；而当唐玄宗走向天宝这个年号，走向安史之乱后荒凉的驿道，食遍珍馐的他蓦然发现，他手中拿着的胡饼才是世间至味！这是怎样的人生戏谑啊！

毫无疑问，在唐人的饮食结构中，外来食品已然成为重要组成。胡饼的风行，只是唐人饮食"胡化"的一个缩影，随着"贵人御馔，尽供胡食"，从西域传来的许多食品如毕罗、奶酪、黄油等越来越受到上流社会的喜爱。这种喜爱是可以迅速传染的，当众多西域食品从王府走向民间，它们的生命力便愈发旺盛。

柳璟知举年，有国子监明经，失姓名，昼寝，梦徙倚于监门。有一人负衣囊，衣黄，访明经姓氏。明经语之，其人笑曰："君来春及第。"明经因访邻房乡曲五六人，或言得者，明经遂邀入长兴里毕罗店常所过处。店外有犬竞，惊曰："差矣。"梦觉，遽呼邻房数人，语其梦。忽见长兴店子入门曰："郎君与客食毕罗，计二斤，何不计直而去也？"明经大骇，褫衣质之，且随验所梦，相其榻器，皆如梦中。乃谓店主曰："我与客俱梦中至是，客岂食乎？"店主惊曰："初怪客前毕罗悉完，疑其嫌置蒜也。"来春，明经与邻房三人梦中所访者，悉及第。

　　这段文字出自晚唐志怪小说家段成式所撰的《酉阳杂俎》，和"黄粱一梦"的故事异曲同工，将民间饮食和一个书生的入仕之梦缔结在了一起。所不同的是，在黄粱一梦中出现的主食是产自中国北方的黄米，而《酉阳杂俎》提到的这个参加明经科考试的书生在梦中吃的是一种叫"毕罗"的食物。这种食物传自西域，《酉阳杂俎》将其列入"衣冠家名食"，是当时在中原非常有名的一种面点。从上文的记载看，毕罗是按斤计量的，在长安销售这种西域美食最火的地方，应该是在长兴里。这个后来科举及第的考生，通过一个美丽的"毕罗之梦"达成了自己心中的夙愿，足见中国文人的梦境与中华饮食的联系是多么深远。

　　如果说《酉阳杂俎》记载的这个故事还是西域美食在唐人小说中的折射，那么在《朝野佥载》中记录的这则故事，则让我们看到胡风已经融入唐人的三餐之中。《朝野佥载》云："张衡令史出身，位至四品加一阶，合入三品，已团甲。因路旁见蒸饼新熟，遂市其一，马上食之，被御史弹奏，则天乃降敕：流外出身，不许入三品。遂落甲。"这个叫张衡的官员看来够倒霉的，不过是因为没控制住自己肚里的馋虫，在路边摊买了个新出锅的蒸胡饼，没有考虑到朝廷命官的威仪体面，当街骑在马上大快朵颐，便落得个被御史弹奏的下场，使本应升的职没升成。这则故事，让我们从另一个侧面看到了胡风饮食在唐代的风行。在路边摊烧得旺旺的炉火旁，一个个鲜香诱人的蒸胡饼让匆匆赶路的人停下脚来，就连王公贵胄，为了能吃个热乎，吃个新鲜，也可以全然不顾形象体统，这才是大唐美食的魅力所在！

当然，在包罗万象的大唐舶来饮食中，胡族肉食的种类和做法也让喜欢接受新奇事物的大唐子民迅速成为它的拥趸。有一道名为"浑羊殁忽"的特色菜肴便是胡风汉化的结果。这道菜的做法是，将肉和糯米用五味调好，塞入去除内脏的仔鹅腔内，将仔鹅装入剥皮去内脏的羊腹中，然后用线缝合，放在火上烤，最后将仔鹅取出食用。这种做法，就是借鉴了胡人的"胡炮肉法"，并结合汉人的饮食习惯做了稍许改进。

除了烹制上导入胡风，一些蔬菜的引入更为丰富唐人的餐桌提供了多种可能：像源自波斯的菠菜，在唐人看来，不仅味美，且有解毒的功效；胡瓜、胡芹、酢菜、甜菜这些西域菜蔬，更是在唐人饮食中司空见惯，尤其是制糖法的导入，更让唐人的味觉变得丰饶起来。

主人雕盘盘素丝，寒女眷眷墨子悲。

乃言假使饧为之，八珍重沓失颜色。

——司空曙《长林令卫象饧丝结歌》（节选）

司空曙的这首诗，说的正是糖在唐人菜肴中的作用。据《本草纲目》记载，制糖之法"法出西域，唐太宗始遣人传其法入中国。以蔗汁过樟木槽，取而煎成。清者为蔗饧，凝结有沙者为沙糖。漆瓮造成，如石、如霜、如冰者，为石蜜、为糖霜、为冰糖也"。从这段文字中我们可以看到，传自西域的制糖法已经在唐代民间广泛推行，它们和同样传自西域的胡椒等调味料品一起，共同构成了唐人的五味，融入了唐人生活的苦辣酸甜。

与林林总总的大唐美食相伴生的，是繁华热闹的食材市场和人声鼎沸的店铺酒肆。

头白眼暗坐有眵，肉黄皮皱命如线。

惟生哀我未平复，为我力致美肴膳。

遣人向市赊香粳，唤妇出房亲自馔。

长安冬菹酸且绿，金城土酥静如练。

——杜甫《病后遇王倚饮赠歌》（节选）

杜甫这首诗，是他在滞留长安时所作。本来就烟火不举，又生了一场大病，杜甫不由顾影哀叹自己"头白眼暗坐有眵，肉黄皮皱命如线"，但遇到友人王倚，却让诗人的身体康复了大半。友人很热情地请他吃饭，不仅召唤家人去市场买米，且让妻子亲自下厨。从这首诗里，我们能看到王倚和杜甫深厚的友谊，同时也知晓了一个信息，那就是，长安当时的市场已是相当丰富和便民。

人们临时要买点粮食做饭，去粮市上就可以很方便地买到。随着唐代商品流通的活跃，长安郊区"百姓多端以麦造面，入城贸易"，而这种粮市的繁荣，显然不局限于京师。在各类文献记载中，我们看到，山东的莱州、江西的洪州和福建的漳州都已经出现粮食交易的市场，甚至地处西北边境的西州，粮农们的叫卖声也是此起彼伏。从吐鲁番阿斯塔那一处墓葬出土的开元年间的文书中，我们可以看到一份当地人家的账目，其中记有"五月五日，六十籴面"，也就是说这户人家在这一天买面用了六十文钱。当万里神州的炊烟袅袅升起的时候，大唐子民们已经在遍布全国的粮市中，感受到生活的便捷。

肉类市场的发展和粮市并驾齐驱。唐人的食肉之风拉动起屠贩业，这些屠贩业者，多为家传。他们宰杀的一般都是家养牲畜，也有贩卖来的，但都是现宰现卖。在长安最热闹的东西两市，大大小小的屠肆，是他们比拼手艺的擂台，更是他们养家糊口的阵地。长安如此，各地亦然。《太平广记》曾记录了一件发生在晋州屠肆的趣事，说是有一屠户在市东杀猪，本以为已经将猪杀死了，没想到猪竟没死，而是一路流着血狂奔到了市西，在一家店铺主人床下藏了起来。这个屠户拿着刀满头大汗地追过来，人们都问他出了何事，这屠户便讲清来由，并说自己杀了一辈子猪，还是头一次遇到这种怪事，说着就要去床下拖拽这只猪。周围看热闹的人纷纷责怪这个屠户，最后竟然一起凑钱从屠户手中赎回了猪的性命。这只特立独行的猪，无疑交了"猪生"难得的好运。而说到在当时社会地位低下的屠户，也有转运的时候，据说中宗朝卖官鬻爵之风极盛，"斜封得官者二百人"，其中，穿上官服坐上高位的屠户，大有人在。

繁荣的粮市，红火的肉市，只是大唐食材市场大流通、大开放的一隅，"城边鱼市人早行，水烟漠漠多棹声"（张籍《泗水行》），在琳琅满目的鱼市，新鲜的河鱼海鱼等各类水产，能让赶早市的大唐百姓吃上渔民们起早打来的第一船美味；"晓日提竹篮，家僮买春蔬。青青芹蕨下，叠卧双白鱼"（白居易《放鱼》），在喧嚣热闹的菜市买菜的，不仅有像白居易这样的达官贵人的家僮，也有最普通的市民；日本僧人圆仁所云"遇五台山金阁寺僧义深等往深州求油归山，五十头驴驮油麻油去"一事，让我们看到在长安之外油市的普遍；而在《太平广记》中所载道士张谨"尝客游至华阴市，见卖瓜者，买而食之"，则说明了果品市的繁盛……这些商业行市的涌现，无疑让唐人在购买食材时有了更细致的划分和更明确的市场指向。

与各类细分的商业行市相应和的，是各类食肆餐馆。在前面我们已经讲过，饼类等面食是唐人尤其北方唐人的主食，和这种需求相适应，在长安街头，大大小小的饼肆生意格外红火。《资治通鉴》曾记载，顺宗朝王叔文集团搞"永贞革新"的时候，许多人为了攀附王叔文，都得排队等着他接见，而他们等候的地点，就在长安坊中的各类饼肆之中，可见在长安，饼肆已呈现鳞次栉比之势。当然，这些卖饼的店家之间竞争也很激烈，他们每天很早就起来营业，但由于地界和营销方式的优劣，这些卖饼的店家也是贫富参差，有的生意火爆，有的则贫窘可怜。

除了遍布城市的饼肆，各类餐馆也比比皆是。据陶谷《清异录》记载，在长安城内，有个人呼张手美的餐馆，生意相当兴隆，"水产陆贩，随需而供，每节则专卖一物，遍京辐辏号曰浇店"。能达到"遍京辐辏"的程度，说明张手美餐馆确实经营得有特点，不仅菜品丰富，而且厨师的手艺高超，尤其是它"每节专卖一物"的营销方式，应当是早早就深谙了商业的"饥饿营销"战术。餐馆是大快朵颐之地，自然也是拉近关系之地。《广异记》中讲述了一个故事，说是有个叫李洽的人被阎罗王所派捕吏抓获。这几个捕吏押着李洽经过市场，"见诸肆中馈馔，吏视之久"，李洽便问："君欲食乎？"捕吏点头，于是李洽"乃将钱一千，随其所欲即买。止得一味，与吏食毕，甚悦"。这李洽慷慨地请捕吏们吃了顿好饭，捕吏们对李洽的态度自然会好起来，且面授机宜。后李洽被送回，"因此得活"。

今年春已到京华，天与吾曹雪怨嗟。

甲乙中时公道复，朝廷看处主司夸。

飞离海浪从烧尾，咽却金丹定易牙。

不是驾前偏落羽，锦城争得杏园花。

——黄滔《喜陈先辈及第》

唐朝饮食业的高度发达，带动的是上至官场下至民间的饕餮之风，大到一次极致奢华的皇家飨宴，小到普通百姓的团圆之聚，品种翻新富于变化的大唐美食，和皇帝的排场、官员的升迁、举子的登第、百姓的欢乐紧密缔结在一起，构成了大唐特有的风情画卷。晚唐诗人黄滔的《喜陈先辈及第》中所提及的"烧尾"一词，正是风行于唐代的特有的宴会形式。

关于"烧尾"一词，学界有两种解释。一种解释是指新授官员按例向皇帝献食，名曰"烧尾"。《旧唐书·苏瑰传》载："公卿大臣初拜官者，例许献食，名为烧尾。"有唐一代，烧尾之风自太宗贞观朝起，渐成惯例。文武官员们职位晋升了，需要请客吃饭，而这些爵加一等的官员要请的"客"不是别人，正是当朝皇帝！按理说，皇帝水陆八珍什么没吃过，但从太宗到高宗、从武后到中宗，哪一朝皇帝好像都十分在意大臣们的这份"烧尾"献食。高宗李治打赢了高丽，群臣使出浑身解数，拿出家里厨子最好的手艺，进献给高宗，高宗特意安排在玄武门观德殿接受朝贺。武后当政，建安王武攸宜"辄献食一百轝。伏知金鸡瑞鼎，盈上帝之珍羞；玉女行厨，尽群仙之品味"。到了中宗朝，献食之风尤盛，唐人封演在其《封氏闻见记》记录了一场盛大的烧尾之宴：

中宗时，兵部尚书韦嗣立新入三品，户部侍郎赵彦昭假金紫，吏部侍郎崔湜复旧官，上命烧尾，令于兴庆池设食。至时，敕卫尉陈设，尚书省诸司各具彩舟游胜，飞楼结舰，光夺霞日。上与侍臣亲临焉。既而吏部船为仗所隔，兵部船先至，嗣立奉觞献寿。上问："吏部船何在？"崔湜步自北岸呼之，遇户部双舸，上结重楼，兼声乐一部，即呼至岸，以纸书作"吏部"字贴牌上，引至御前。上大悦，以为兵部不逮也。俄有风吹所帖之纸，为嗣立所见，遽奏云："非吏部船。"上令取牌，探纸见"户"字，大笑。嗣立请科湜罪，上不许，但罚酒而已。

在这段记载中，有四个字引人关注，那就是"上命烧尾"。当官员升迁之后的献食渐渐发展成一条不成文的规矩，官员们的"烧尾宴"已经由当初的主动为之变成了一纸诏命。文中所说的这三个人，兵部尚书韦嗣立、户部侍郎赵彦昭、吏部侍郎崔湜都得到了晋升，焉有不献食感谢浩荡皇恩之理？皇帝兴致好，将三人献食的地点选在了碧波荡漾的兴庆池，这三位高升的官员当然不敢含糊，纷纷飞楼结舰赢得皇帝欢心，为了不失颜面，崔湜还使了点偷梁换柱的小聪明，结果被人识破，好不尴尬。如果说这段文字只是通过这些盛大的献食声势，让我们对一千多年前的那场烧尾宴浮想联翩，那么，同样是在中宗朝，一个叫韦巨源的人在官拜尚书左仆射之后所献的烧尾宴，则成为唐代有关烧尾宴的记载中，唯一留下菜谱的一次。在这份豪华的菜谱中，共罗列了五十八种菜品，每一种菜品都注明了用料及制作方法，无论是清炖、蒸煮、煎炸，还是烧烤、爆炒、腌渍，都匠心独运，颇具创意，而这还只是菜谱，至于面点，更是达到二十五种之多。一场烧尾宴，已然成为臣子们竞奢邀宠的载体，而接受朝贺的皇帝，则在令人眼花缭乱的美食大餐中，建立起九五之尊的神圣与威仪！

"烧尾"的另一解释，便是前面那位叫黄滔的诗人所说的语境了，即学子新登第时的贺宴。关于"烧尾"之"尾"，一说是指"虎尾"，"说者谓虎变为人，惟尾不化，须为焚除，乃得成人；故以初蒙拜受，如虎得为人，本尾犹在，体气既合，方为焚之，故云'烧尾'"。二曰羊尾，"云新羊入群，乃为诸羊所触，不相亲附，火烧其尾则定"。三为鱼尾，唐人传说"鱼化龙时，雷火烧尾"，喻指进士及第，鱼跃龙门。晚唐诗人黄滔的那位亲友，正是在登第之后，摆了一道烧尾宴，答谢宾朋。时隔千年之后，我们仿佛还能听到当时的觥筹交错之声，数年寒窗苦读，一朝荣登富贵，这顿烧尾宴应该是花了不少钱，但主人的这次请客，无疑是他人生最高兴最畅快的一次！

登第的举子们完成人生一大夙愿，自己要请客吃饭；皇帝将天下人才纳入彀中，也要大宴群臣。从中宗神龙年间至僖宗乾符年间，历经一百七十余年，唐代皇帝们每年春天都要在发榜之日于曲江之滨大宴群臣，新科进士们享用着皇帝赐予的美食，欣赏着曲江边上的丽人之舞，心中的骄傲便也达到了顶点。这也就难怪几次科举落第的黄巢看着歌吹震天的曲江盛宴气得咬牙切齿。"冲天香阵透长安，满城尽带黄金甲"，在写过那首著名的反诗之后，他在老家山东拉起一支义军队伍，最终杀入长安，不仅让大唐帝国气息奄奄，更让一年一度的曲江之宴彻底封存！

水门向晚茶商闹，桥市通宵酒客行。

秋日梁王池阁好，新歌散入管弦声。

——王建《寄汴州令狐相公》（节选）

献食也好，赐食也罢，说到底是上流社会之间的觥筹交错，而真正的民间之乐，同样融汇在大唐饮食业的繁盛之中。王建的这首诗所描述的"水门向晚茶商闹，桥市通宵酒客行"的场景，正是当时唐代汴州的喧嚣热闹的夜市。中唐以后，夜市开始大量出现，灯红酒绿之中，三五好友在餐馆食肆或是聚会小酌，或是亲朋故旧推杯换盏出拳行令，构成了大唐五彩斑斓的夜生活，而这种夜生活越往南走，随着气温的升高，越是热闹。这其中，最具人气的当属苏州的夜市船宴，"宴游之风开创于吴，至唐兴盛"。清顾禄在其《桐桥倚棹录》中云："沙飞船，多停泊野芳浜及普济桥上下岸。郡人宴会与估客之在吴贸易者，辄赁沙飞船会饮于是。船制甚宽……艄舱有灶，酒茗肴馔，任客所指"，"船之大者可容三席，小者亦可容两筵"。

这种风俗在白居易任苏州刺史期间更是发展到极致，随着山塘河被凿通，人们乘船夜宴游虎丘之风日盛。当潺潺的流水声被船上鼎沸的食客之声淹没，当高高挂起的红灯笼在水面投射出美丽的倒影，一起醉倒的，便不是一船船的唐人，而是一个歌舞升平的王朝。

019

更重要的还是各地菜系的交流与融通，长安、益州的百姓可以吃到正宗的岭南菜和淮扬菜，而扬州、杭州大大小小的北食店、川食店也在挑逗着人们的味蕾。一个帝国的兴盛，饮食业的繁荣无疑是晴雨表，当丰富多样的主食搬上人们的餐桌，当颇具创意的菜肴香飘街衢巷陌，当遍地胡风打开唐人的胃口，当餐馆食肆丰富起人间的烟火，我们要说，这就是大唐，一个开放、包容、充满浪漫情怀和创新精神的大唐！

将进酒，杯莫停

提到大唐饮食，酒是不容忽视的存在。在这个轰轰烈烈的王朝存续的历史段落中，酒是开胃剂，它打开了唐人大快朵颐尽享珍馐美馔的胃口；酒是助兴剂，生在莺歌燕舞活色生香的大唐，太需要浮上一大白了，唯其如此，才配得上那个豪放的时代；酒更是燃情剂，初盛中晚四个时期的唐代诗人，有多少不是因杯中之物激发了生命的灵感？有多少不是在唱酬应和之中，写出了脍炙人口传诵千载的佳作？是酒，让这个王朝在醉了自己的同时，也醉了后世千年；是酒，让这个帝国在信马由缰的同时，也拥有了磅礴的诗意和感性的光芒！

中国酒文化源远流长，当汩汩而出的玉液琼浆流经唐朝，更是散发出醉人的醇香。在唐以前，平民造酒、饮酒多有禁令，相传夏禹时期的仪狄发明了酿酒技术，他因"始作酒醪"，"作酒而美"，"进之禹，禹饮而甘之，曰：'后世必有以酒亡其国者。'遂疏仪狄而绝旨酒"。这段记载于《战国策》的文字，让我们知道，自中国有酒之日始，便有了严格的酒禁。到了汉代，酒禁似乎就更加严苛了，汉律中曾特别强调："三人以上无故群饮酒，罚金四两。"这些前朝统治者也许都不喜欢他们的臣民天天沉歌醉舞的样子，但当骨子里融入了胡人气血的李唐王朝接着续写历史的时候，我们发现，不放开酒禁，就仿佛抑制住了它的呼吸，而打开一个个酒坛，也就打开了唐人的精气神！

由此，唐人酿酒之多，饮酒之盛，便成为这个王朝一道特有的风景。唐朝的历代皇帝都将百姓饮酒视为一件"政和民乐"之事，唐穆宗听说公卿士庶"时为欢宴"，甚至还说过"时和民安，甚慰予心"这样的话。而除了不禁酒，作为皇都的长安，还多次"特免其榷"，成为当时全国唯一一座酿酒不纳税的城市，这自然吸引了各地的酿酒高手贩酒商旅会聚长安，在此开坊兴业。有了这些政策的推动，长安人乃至整个大唐子民，还愁没有名酒可喝，没有佳酿可醉吗？

让我们来看看《唐国史补》里列出的一串唐代名酒吧，"酒则有郢州之富水，乌程之若下，荥阳之土窟春，富平之石冻春，剑南之烧春，河东之乾和蒲萄，岭南之灵溪、博罗，宜城之九酝，浔阳之湓水，京城之西市腔，虾蟆陵之郎官清、阿婆清，又有三勒浆类酒"。在这段记载中，我们可以看到盛行于唐代的十四种名酒，它们分别来自湖北郢州、浙江乌程、河南荥阳、陕西富平、四川成都、山西永济、广东广州、四川双流、江西九江，再就是都城长安的几种酒。

显然，从地域分布看，这十四种酒已经是遍及大江南北，而要说到这十四种酒的名气，更是让人叫绝。郢州春酒一直都是名声在外，据说一个叫张去奢的官员做了该州刺史之后，更是任用郢州人为酒正，将郢州春酒打造成了一款御用佳酿。而若下酒的名声，则是被诗人白居易传开的，我们来看看他的这首诗：

既备献酬礼，亦具水陆珍。

萍醅箬溪醑，水鲙松江鳞。

侑食乐悬动，佐欢妓席陈。

风流吴中客，佳丽江南人。

——白居易《郡斋旬假始命宴呈座客示郡寮》（节选）

"萍醅箬溪醑，水鲙松江鳞。"老饕白乐天这两句诗，描绘的正是一次盛大的酒宴。酒宴之上，有江南佳丽助兴，有松江鲜鱼可食，当然，更少不了当地佳酿——若下酒，酒过三巡之后，白居易借着微醺，一首佳作便脱口而出。白诗本来就是"老妪能解"之诗，随着此诗在坊间的迅速流传，若下酒自然也便香飘大唐了。

在《唐国史补》所罗列的名酒名录之中，有一种酒直到今天仍是酒中名品，那就是产自唐时剑南道的四川剑南春酒。四川酒史悠远，早在巴蜀时代，蜀人就将酒作为祭祀之物。到了西汉，司马相如与卓文君溺情私奔当垆卖酒的故事，则为四川的酒文化平添了一分浪漫。而进入唐代，"天府之国"更是成为中央政权的"大后方"，繁荣的商业和得天独厚的自然条件，让这里好酒频出，剑南烧春便是遐迩闻名的一个品牌。剑南烧春的主产地在成都，是一种浓香的烧酒。在成都地区特有的水质和特有的微生物的共同作用下，剑南烧春醉人的酒香弥散在巴山蜀水之间，也弥散进唐人的诗行。"歌从雍门学，酒是蜀城烧"，李商隐对其念念不忘；"制衣新濯锦，开酝旧烧罂"，这是贾岛送友人雍陶及第回成都宁亲时对他提起的一点乡愁；"自到成都烧酒熟，不思身更入长安"，这是雍陶回成都喝上剑南春酒后，将自己的缱绻乡愁倾倒进了一只只酒坛……

当然，科举登第的雍陶不想回长安只是说说而已，回到长安，同样还是能够喝到家乡美酒——由于之前提及的一系列免税政策，生活在长安的唐人幸福地拥有了品尝天下美酒的自由。而要说到许多土生土长的长安人最喜欢喝的，还是长安的地产酒——在长安西市，出产一款著名的"西市腔"，喝来回味绵长，为长安人所钟爱。而长安常乐坊虾蟆陵酒肆出产的郎官清、阿婆清，不仅是普通百姓喜爱的杯中之物，更是五陵公子们热衷的一款好酒，盛唐诗人谢良辅曾有诗为证：

忆长安，腊月时，温泉彩仗新移。

瑞气遥迎凤辇，日光先暖龙池。

取酒虾蟆陵下，家家守岁传卮。

——谢良辅《忆长安·十二月》

谢良辅被誉为越州诗坛盟主，其诗虽流传不多，却简洁隽永，他这首诗所描写的正是长安人在正月里家家户户去虾蟆陵酒肆沽酒的盛况。当然，好饮的唐人可不仅仅局限于汉人酿制的美酒，那些西域佳酿同样也是唐人的心头好，前文所提及的三勒浆便是其一。三勒浆，是指用"庵摩勒、毗梨勒、诃梨勒"三种西域果子制成的一种果酒，"法出波斯"，多由胡人经营。由于此果酒与酒类同，又带有果味，颇受唐人喜爱。而说到由果子酿成的西域之酒，一定要提到葡萄酒。刘复《春游曲》中提到的"细酌蒲桃酒，娇歌玉树花"，说的就是当时颇为名贵的葡萄酒，而王翰的"葡萄美酒夜光杯，欲饮琵琶马上催"，更让我们在谛听古战场马鸣风萧萧的同时，将思绪带入那个人们在葡萄酒的助兴之下欢饮达旦的大唐时代。

"乃命大酋：秫稻必齐，曲蘖必时，湛炽必洁，水泉必香，陶器必良，火齐必得。兼用六物，大酋监之，毋有差贷。"这段出自《礼记·月令·仲冬》的文字让我们看到，中国早在先秦时代就已经掌握了酿酒的关键技术，意识到了选料、制曲、炊渍及水、火、容器的重要性。而时间走到唐代，先民们历经千年的酿酒之法也有进一步的改进与提升。

一坛好酒，是由多种因素构成的，首要的，是酿酒的原料。黍在北方广泛种植，产量极高，一般都作为酿酒的主要原料。到了唐代，随着"天下大计，仰于东南"，南方的稻米随之成为酿酒的上好原料。"闻道云安曲米春，才倾一盏即醺人"，杜甫这首《赠严二别驾》所提到的曲米，即指稻米。当北方的麦浪和南方的稻浪一起交叠起金黄色的丰收图景，整个大唐便开始进入一个醉人的时刻。

如果说"秫稻必齐"是酿酒的第一步，那么"曲蘖必时"则是关键的第二步。制曲技术的高低，决定了所酿之酒的醇酽程度。在唐以前，制曲的原料主要是小麦，将其蒸熟，用水溲和捣拌，放置阴凉处发酵，制成砖形的曲饼，晒干后就可作酿酒之用。这种以小麦为原料的曲饼又被称作大曲，优点是制曲技术悠久，工艺成熟，缺点则是酿酒时用曲太多而出酒率不高。随着唐代南方稻米产量的提高，一种相对于大曲而言的"小曲"开始走进酿酒的工艺流程之中。"小曲"的原料是稻米，制曲时，"杵米为粉"，溲和成粉团之后，阴干发酵月余即成，酿酒时以其溲和糯米压制，出酒率甚高。

三面楼台百丈峰，西岩高枕树重重。

晴攀翠竹题诗滑，秋摘黄花酿酒浓。

——许浑《寄题华严韦秀才院》(节选)

秋天是丰收的季节，也是酿酒的季节——"秋摘黄花酿酒浓"。素有"千首湿"之称的晚唐诗人许浑，创作的每首诗几乎都与水有关，这一首则让他的诗歌直接溢出了酒香。当然，对于散布大唐全域的酿酒人而言，一年四季都是制出佳酿的好时节："从来作春酒，未省不经年"，这是王绩笔下的春酒时刻；"酒醅晴易熟，药圃夏频薅"，这是刘禹锡记录的夏季酿酒；"新雪对新酒，忆同倾一杯"，这是白居易对冬雪酿酒的一份诗化记忆。而最富诗意的酿酒，莫过于《投荒杂录》中记载的南方地区的许多酿酒方式，内中云："南人有女数岁，即大酿酒，既漉，候冬陂池水竭时，置酒罂，密固其上，瘗于陂中，至春涨水满，不复发矣。候女将嫁，因决陂水，取供贺客。南人谓之女酒。味绝美，居常不可致也。"同样，这也是在冬季酿酒，但南方人的这种酿酒方式已经融入了浓浓的亲情，延续至今的绍兴"女儿红"，正是沿用了唐人的这种酿酒技术。千载而下，我们已经无法统计有多少坛这样的美酒送走了一个个出嫁的女儿，但我们相信，舐犊之情在历史的时空里，早已弥漫成醇厚的酒香，千年不散，越久越浓。

　　　　绿蚁新醅酒，红泥小火炉。

　　　　晚来天欲雪，能饮一杯无？

　　　　　　　　　　——白居易《问刘十九》

　　白居易这首著名的《问刘十九》，已经成为人们约酒叙旧的委婉表达。"绿蚁新醅酒，红泥小火炉"，人们在吟诵这首诗的时候，脑海中立刻会浮现出一幅温馨的候友赴约的画面，但同时，也会对跳进诗人诗行的"绿蚁"二字生出一丝疑惑：绿蚁，莫非是绿色的蚂蚁不成？其实，白居易的这首诗，恰恰道出了唐人酿酒时的一个有趣的环节——漉酒。由于新酿的酒上面浮起酒渣，色微绿细如蚁，所以被白居易趣称"绿蚁"。一般而言，出现了"绿蚁"，便表明酒质初熟，可以开瓮直饮，若想让酒的色质更加纯美，则需要一道过滤的工序，也就是漉酒的工序。漉酒时，在酒瓮上置一酒床，酒床中空，绷以滤巾，亦称漉巾，将带有浮渣的初酒一点点倾倒于漉巾上，滤去浮渣，让酒徐徐下渗，最终一坛甘洌清香的美酒便酿制完成。当然，漉酒这道工序也可随喝随漉，友人们来饮酒了，可以用一种竹编致密的笊篱临时去除一些浮渣，现漉现喝，也别有一番情趣。

身处开放包容的时代，唐人的酒坊里，已经不单纯地用祖宗传下来的技法酿制出一瓮瓮的美酒，一些舶来的酿酒技术尤其是西域的酿酒技术，同样也在丰富着唐人的杯觥。随着胡风东渐，唐人不仅对胡饼这类面食司空见惯，许多酒类如葡萄酒，也开始受到唐人的喜爱，饮葡萄酒，成为王公贵族身份的象征。事实上，中原人对产自西域的蒲萄酒并不陌生，《博物志》载："西域有蒲萄酒，积年不败，彼俗云：'可十年饮之，醉弥月乃解。'"而说到将葡萄酒的酿制方法传入中原，则是在唐太宗平定高昌之后，史载："及破高昌，收马乳蒲桃实于苑中种之，并得其酒法。自损益造酒，酒成，凡有八色，芳辛酷烈，味兼醍醐，即颁赐群臣，京师始识其味。"唐太宗这位马上天子，在将帝国的疆域拓展得空前广大的同时，也以"天可汗"海纳百川的胸怀吸纳导入了西域的酿酒之法，让唐人的杯中之物有了更丰富的内容。和汉人白酒的酿制工艺不同，葡萄酒遵从葡萄自然发酵的原理，无须用曲蘖，喝起来口感甘美。当时，凉州葡萄酒最为著名，据说唐穆宗饮过此酒后，曾对其大加赞赏，称"饮此酒顿觉四体融合，真'太平君子'也"。

醽醁胜兰生，翠涛过玉薤。

千日醉不醒，十年味不败。

——李世民《赐魏徵诗》

028

当大唐的酒香在空气中愈积愈浓，无论是宫廷还是民间，都涌现出许多酿酒的名匠，自唐始，朝廷更是专设了酝酿机构，由光禄寺负责，下设良酝署统领宫廷和京城官府用酒。宫廷御用酒坊当然不乏酿酒的高手，但让唐太宗啧啧称赞的酒，却是来自身边一位重臣的家酿，他，便是以直言进谏著称的魏徵。"醽醁胜兰生，翠涛过玉薤。千日醉不醒，十年味不败。"这首诗，正是唐太宗赐给魏徵的。此诗题下曾有注云："魏徵善治酒，有名曰醽醁，曰翠涛。世所未有。"由是观之，魏徵不仅是一位忠耿之臣，同时也是一位酿酒大师。据说魏徵所酿的"醽醁""翠涛"酒，均用金瓮贮藏十年，味道醇美，已经远远超过了汉武帝时的名酒——百味旨酒"兰生"和隋炀帝时的名酒——"玉薤"。

和魏徵一样，在酒香四溢的大唐，很多官员也是出色的酿酒师。初唐的太学府史焦革，"家善酿酒，冠绝当时"；"酒中八仙"之一李琎的家酿，"四方风俗，诸家材料，莫不具备"；而写下"开瓶泻尊中，玉液黄金脂"的白居易，更是每逢除夕，便将自酿的美酒遍赏乡邻。当博采众长的酿酒技艺亮相于大唐的各处酒坊，当醇厚的酒香在宫廷与民间氤氲开来，大唐，焉能不醉？

与迅速发展的酿酒业相伴生的，是热闹喧哗的饮酒热潮。《新唐书》记载，到了唐代太和年间，酒产量巨大，"凡天下榷酒，为钱百五十六万余缗"，千文为缗，百五十六万余缗，也就是十五亿六千余万文，而根据这段记载之前的一句小引"贞元二年，天下置肆以酤者，斗钱百五十"来看，酒的产量已经达到了千万斗以上，足见唐人"海量"。喜欢饮酒的唐人上至公卿大夫，下至平民百姓，常常是"度其经用之余，尽送酒家"，尤其是"及天宝以来，海内无事，京师人家多聚饮"。逢年过节要饮酒，朋友相聚要饮酒，分手话别要饮酒，升官晋职要饮酒，酒已然成为唐人相互沟通的媒介，加深情感的纽带。而为了浮一大白，唐人的率性也彰显无遗，"脱貂贳桂醑，射雁与山厨"，这是用身上的华服换酒；"把取菱花百炼镜，换他竹叶十旬杯"，这是用名贵的铜镜换酒；"且卖湖田酿春酒，与君书剑是生涯"，这是干脆要把田产卖了换酒……这些被写进《全唐诗》的换酒方式，当然不乏诗人们的夸张，但也着实反映了唐人对酒的痴狂程度。

《开元天宝遗事》有这样一则故事，说是有个叫王元宝的富商，每年冬月大雪之际，都会令仆人在自家坊巷口扫出一条道来，躬身立于坊巷前，干什么呢？他要招呼过路的每个陌生人到自己家里喝酒，谓之暖寒之会。今天看来，王老板的行为应当视为富人的一种慈善之举，而从另一个角度，则佐证了当时的唐人是有多么好饮啊！能喝上几杯，尤其是被素不相识的人拉去免费喝上几杯，这一天的心情想必都是美美的，而这个叫王元宝的富商每年破费一点，既能博个好客乐善的名声，又能进一步做大自己的生意，何乐而不为呢？

与唐人的"海量"相应，是唐人繁荣兴旺的酒肆。在长安最活跃的商业区东市和西市，遍布大大小小的酒肆，宾客盈门，欢声不断。至于外郭的虾蟆陵一带，因是产酒盛地，更是酒肆遍地，"翠楼春酒虾蟆陵"，说的就是虾蟆陵酒肆的热闹繁华。除了京师长安，各地的酒肆同样也是生意红火。在酿酒业发达的四川，酒肆之多，直接被张籍写进了诗里："锦江近西烟水绿，新雨山头荔枝熟。万里桥边多酒家，游人爱向谁家宿。"据说唐时成都有个举子中了进士，宰相李固言看了他的"报状"，得知他"家以当垆为业"，便"处分厢界，收下酒旆，阖其户"，他的家人十分不舍，"犹拒之"，可见当时川人开酒肆者众多。当然，其他地方的酒肆盛况同样也能在文字中找到："城衔西面驿堤连，十里长江夜看船。渔市月中人静过，酒家灯下犬长眠"，这是诗人张祜笔下的洪州；而人们耳熟能详的"借问酒家何处有？牧童遥指杏花村"，杜牧笔下的小酒馆已经直接开到了乡野阡陌之中。

民间的饮酒之风盛行而浓烈，宫廷的饮酒之风就更不消说了。《新唐书》曾记载了唐太宗贞观三年（629）宴请回鹘朝贡官员时的盛况，"殿前设高坫，置朱提瓶其上，潜泉浮酒，自左阁通坫趾注之瓶，转受百斛镣盎，回鹘数千人饮毕，尚不能半"。从这段记载，我们可以得出两个结论。首先，是在唐代宫廷，已经出现了一种非常有趣的斟酒方式：在殿前临时建起一座高台，台上放置一个大瓶，于左阁埋地下管道，御酒通过管道直达台下，再往上注入大瓶，大瓶再有管道将御酒引出，注入饮者的杯中。这很像我们今天的自来水，只不过，这条管道汩汩流出的，已是香气扑鼻的"自来酒"。其次，从这段记载中，我们还能看出皇家用酒的排场。按照唐代的计量单位换算，一斛相当于今天的六十升，就是小斛也相当于今天的二十升，而这次宴会是"转受百斛镣盎"，也就是说，当时的"天可汗"唐太宗一高兴，竟用两到六吨酒款待了这个回鹘使团，可见宫廷酒的消费量之大。

当然，除了款待周边的少数民族要用到酒，日常的祭祀、宴会也要大量用酒。唐代仪制规定：每月初一、十五，即朔望日，因皇帝向诸陵荐食，不能亲临正殿，因而百官九品以上便到便殿觐见皇帝。廊下食便是基于朝参百官的实际需求而设的。贞观四年（630）十二月，朝廷下诏云："所司于外廊置食一顿"，也就是说，朝参之日，朝廷会命相关部门在朝堂外廊招待百官一顿，以示皇恩。想一想，每月宫廷要准备两次大规模的廊下食，再加上日常的各种宴会，酒的需求量应当相当大。

当然，皇帝显示浩荡的皇恩可不单纯局限于与官员们及各国使节们的宴饮，更多的还要与民同乐，而与民同乐的一个重要方式，就是"赐酺"。所谓赐酺，就是皇帝特许臣民欢聚饮酒的仪典。唐以前，皇帝们也都曾在全国范围内搞些赐酺的仪式，到了唐朝，随着国运昌隆，赐酺就更加频繁了，新皇帝继位了要赐酺，改元、生子了要赐酺，出现祥瑞了要赐酺，立太子、皇孙满月要赐酺，祭祀明堂、山川要赐酺，打了胜仗更要赐酺，而赐酺的天数，少则三天，多则九天，足见仪典之盛，排场之大。

赐禊东城下，颁酺曲水傍。

尊罍分圣酒，妓乐借仙倡。

——白居易《渭村退居，寄礼部崔侍郎、翰林钱舍人诗一百韵》（节选）

白居易这首诗，描述的是唐宪宗一次赐酺的盛况。《说文》有云："王德布大饮酒也。"皇恩惠及天下，没有酒是万万不成的。"尊罍分圣酒"，大唐子民分享的，是醇厚的美酒，更是王朝的荣光。每到赐酺之日，便是百姓的狂欢时刻，不仅可以纵情畅饮，还可以看到各种丰富多彩的文艺表演。《开天传信记》曾对唐玄宗的一次大酺作过这样一番记载：

上御勤政楼大酺，纵士庶观看。百戏竞作，人物填咽。金吾卫士白棒雨下，不能制止。上患之，谓力士曰："吾以海内丰稔，四方无事，故盛为宴乐，与百姓同欢，不知下人喧乱如此，汝何方止之？"力士曰："臣不能也。陛下试召严安之处分打场，以臣所见，必有可观。"上从之。安之到，则周行广场，以手板画地示众，曰："逾此者死。"以是终五日酺宴，咸指其地画曰"严公界境"，无一人敢犯者。

显然，唐玄宗的这次大酺是热闹空前的，以至于他不得不找个得力的臣子划出个"严公界境"来维持秩序。但这段记载也从另一个角度告诉我们：身处承平时代的大唐子民们，已经在升腾的酒香中沉醉。是酒，激活了大唐王朝的个性；是酒，点燃了大唐王朝的热情！

毫无疑问，在酒中张扬个性释放热情达到最高点的一群人，正是以一部《全唐诗》树起中国文化标杆的唐代诗人群体。这个诗人群体，与酒的关系是如此密不可分。得意，失意，聚首，离别，感世，抒怀——没有酒的导入，他们就不会将人生的这些情绪落诸笔端，付诸文字；没有酒的发酵，他们就不会将生命的细节滋生成美丽的韵脚，放大成传诵千年的诗篇！

还是让我们放眼全唐初盛中晚四个时期，领略一下这四个时期"酒仙"级的诗人吧！

先来看初唐诗人王绩。王绩一生三仕三隐，和酒结下了不解之缘。他放弃了六合县丞的官职回归故乡，是因为酒，在任期间，"嗜酒不任事"；他乐得讨个待诏门下省的虚职，也是因为酒，因为有了这个资格，朝廷便"每日官给酒三升"，侍中陈叔达听闻王绩好饮，干脆自作主张，将王绩的供酒增至一斗，时称"斗酒学士"；而他自请去担任一个太乐丞的闲职，还是因为酒，他听说太乐史焦革家擅酿美酒，就直接奔着酒香去了！及至后来隐居不仕，王绩更是终日与酒为伴，在其五十余首诗歌中，涉及酒的诗就占了一半之多！不仅如此，王绩还依循焦革家酿酒法，兼采杜康、仪狄以后善酿之法编为酒谱，并以酒濡墨，一挥而就完成了《醉乡记》《五斗先生传》等雄文，被太史令李淳风誉为"酒家之南、董"。国力处于上升期的初唐，有了一个王绩，便奠定了一种疏狂奔放的唐人气质！

再来看盛唐酒仙李白。李白是诗中之仙，更是酒中之仙，其骨子里的胡人血统与巴蜀的中华传统甫一结合，便酿出了李白击剑酣歌的豪情。这位深得酒趣的诗人，曾用组诗《月下独酌》，将自己对酒的沉醉悉数倾泻其中，除了最脍炙人口的那首"举杯邀明月，对影成三人"，下面的这首更是写得酣畅淋漓：

天若不爱酒，酒星不在天。

地若不爱酒，地应无酒泉。

天地既爱酒，爱酒不愧天。

已闻清比圣，复道浊如贤。

贤圣既已饮，何必求神仙。

三杯通大道，一斗合自然。

但得酒中趣，勿为醒者传。

——李白《月下独酌（其二）》

"三杯通大道，一斗合自然"，一组千古绝唱《月下独酌》，彰显出李白的孤傲。而在酒肆中呼朋引伴，尽情豪饮，同样是诗人应有的样貌，诗歌在酒中，才情在酒中，傲岸和清醒也在酒中。当"李白斗酒诗百篇""天子呼来不上船"成为酒仙和诗仙李白的生命标签，一首酣畅淋漓的酒歌便呼啸而出！

君不见，黄河之水天上来，奔流到海不复回。

君不见，高堂明镜悲白发，朝如青丝暮成雪！

人生得意须尽欢，莫使金樽空对月。

天生我材必有用，千金散尽还复来。

烹羊宰牛且为乐，会须一饮三百杯。

岑夫子，丹丘生，将进酒，杯莫停。

与君歌一曲，请君为我倾耳听。

钟鼓馔玉不足贵，但愿长醉不复醒。

古来圣贤皆寂寞，惟有饮者留其名。

陈王昔时宴平乐，斗酒十千恣欢谑。

主人何为言少钱，径须沽取对君酌。

五花马、千金裘，呼儿将出换美酒，与尔同销万古愁！

——李白《将进酒》

　　如果说李白用一句"将进酒，杯莫停"，喝醉了整个盛唐，那么，当白居易以"慈恩塔下题名处，十七人中最少年"的得意走进中唐，我们闻到的，已是伴着诗人达者的一路酒香。没有美酒，白居易不会梦回长生殿，写出悠悠《长恨歌》；没有美酒，白居易不会夜醉浔阳江，吟出绝唱《琵琶行》；而没有美酒，白居易更不会在退居洛阳时，以一组深情的《忆江南》打开记忆的闸门！"更怜家酝迎春熟，一瓮醍醐待我归"，自称"醉尹"的白居易曾云："吾尝终日不食，终夜不寝，以思无益，不如且饮。"据说他不仅在家自酿美酒，晚年出门郊游时，更是在车中常备一琴一枕，车两边的竹竿上悬挂两只酒壶，常常是抱琴而饮，不醉不归。醇厚的酒香，激扬起才思，更让我们有幸在千年以后，在字里行间重构起大唐文人的精神风貌！

　　王绩、李白、白居易堪称初盛中唐的"酒仙"，那么，能代表晚唐的"酒仙"又是谁呢？在我看来，当首推皮日休。这位晚唐诗人的诗文多抨击时弊，吊民疾苦，鲁迅曾评价其"是一塌糊涂的泥塘里的光彩的锋芒",而在饮酒方面,皮日休也胜过许多晚唐诗人。他在《酒箴》中曾说,自己"性嗜酒,虽行止穷泰,非酒不能适。居襄阳之鹿门山,以山税之馀,继日而酿,终年荒醉,自戏曰'醉士'。居襄阳之洞湖,以舴艋载醇酎一甀,往来湖上,遇兴将酌,因自谐曰'醉民'"。行走在风雨残唐,终日酩酊大醉的皮日休,其实更像是在用自己的"醉"唤得文字的"醒"。

当然,唐代文人们与酒渊源深厚的,远不止这四位。以金龟换酒、"骑马似乘船"、"落井水底眠"的贺知章,致仕之后回到故乡绍兴,借着浓郁的绍兴酒,以八十六岁的高龄,写出了他最著名的诗作《咏柳》《回乡偶书》。而曾与李白"醉眠秋共被,携手日同行"的杜甫,虽生活困顿,也要"朝回日日典春衣,每日江头尽醉归"。他惟妙惟肖地写出了"饮中八仙"的醉态,其实自己又何尝不是在醉境中完成了文字的嬗变与超越?他的那句"速宜相就饮一斗,恰有三百青铜钱",甚至让晚他二百多年出生的宋真宗和群臣们坚定地认为,按照一斗十升,一斗卖三百钱,唐朝的酒价当是一升卖三十钱!至于灿若星辰的高适、孟浩然、韩愈、柳宗元、刘禹锡等人,哪一个又不是以诗为号,以酒为媒,在酬答唱和中增进文人之谊,在曲水流觞中尽情释放自己的才情?

五陵年少金市东,银鞍白马度春风。

落花踏尽游何处,笑入胡姬酒肆中。

——李白《少年行(其二)》

与文人的诗酒之会相应和的，是属于大唐的酒文化。除却笼筹、牙筹、香球、骰盘、莫走、鞍马、送钩、射覆这些被写进诗歌的酒令，一些能歌善舞的酒伎、艺伎的佐饮，更是激发出文人们的才思。关盼盼、刘采春、张窈窕、赵鸾鸾这些色艺双绝的名伎都曾让推杯换盏的诗人们诗情高涨，而李白的这首《少年行》中所提到的胡姬，更是以特有的西域风情让大唐的诗人们沉醉在美人、美酒、美境之中。

　　"岑夫子，丹丘生，将进酒，杯莫停。"可以说，正是这群文人的醉饮酣歌，风云际会，为唐朝饮酒风俗的演进奠定了浪漫的基调，而当大唐子民们在酒坊的谷物蒸熏中守望着季候的轮回，在酒肆的欢声笑语中铺陈开世间的喧嚣，这个帝国也便有如一只巨大的酒坛，用近三百年时间，酝酿出一坛回味绵长的春酒，静等后人开坛漉滤，细细品尝……

一片树叶在大唐

　　这是一片可以用来制作饮品的叶子，和世上另外两大饮料——咖啡、可可一样，也来自山林草泽，只不过它的故乡在中国。据传它是上古神话中神农氏所尝百草中的一种，而最终成为"比屋之饮"，却是在泱泱大唐。这是一片最富文化内涵的叶子，顺着叶脉延伸开去，我们可以看到它遍及全球的辐射范围，可以看到它所承载的中国传统，它被注入的中国文化，它被赋予的中国精神，而这样的缘起，同样是在泱泱大唐！

　　是的，这片中国人引以为傲的树叶，就是茶。中国饮茶的历史可谓源远流长。相传早期人们饮茶是用来解毒的，《神农百草经》载："神农尝百草，日遇七十二毒，得茶而解之。"而据《华阳图志》载，早在三千多年前，周武王伐纣之后，巴蜀等西南小国，就曾经以当地所产茶叶作为贡品献给周王朝。到了西汉时期，茶已由西南地区推向南方地区，用途也渐渐由最初的药用变为食用。进入三国时期，在当时中国茶叶的主产区，东吴的上流社会已经形成饮茶的习惯。据载当时东吴末帝孙皓终日沉湎酒色，常在宫中摆酒设宴，要群臣作陪，并立下规矩：每人以七升为限——不管怎样，每人必须喝下七升酒。臣僚之中有一个叫韦曜的，酒量只有两升，每次饮酒都苦不堪言。因为韦曜曾是孙皓的父亲南阳王孙和的老师，故孙皓对韦曜还算照顾，每次宴饮，孙皓都"密赐茶荈以当酒"，此后，"以茶代酒"的典故便流传开来。到了魏晋南北朝时期，南齐秘书丞王肃因父被杀，投归北魏孝文帝，也随之将南方的饮茶之风带到了北方。据说王肃刚到北方，不习腥膻，常以茶解之，且一喝便是一斗，故被北朝士大夫讥为"漏卮"，这王肃为了尽快融入北方士族，也自嘲地将茶呼作"酪奴"，意即只配给酪作奴。然而尽管如此，茶风北渐已经在缓慢地进行。

真正让饮茶之风传遍大江南北，并深入民间的王朝，是以开放之姿走进历史的大唐王朝。对于茶在唐代的兴起，广泛流传的一种依据，来自一位名叫封演的天宝进士所撰写的笔记小说《封氏闻见记》，内中云："开元中，泰山灵岩寺有降魔师，大兴禅教。务于不寐，又不夕食，皆许其饮茶。人自怀挟，到处煮饮，从此转相仿效，遂成风俗。"佛教自汉传入中国，其禅宗仪规无疑对饮茶风尚的流行起到了推波助澜的作用，尤其是到了唐代，佛教更加呈现出隆盛之势。彼时，数以十万计的僧人深居名山古刹，在香烟缭绕之中，专注一境，参禅自悟。由于坐禅之夜不能睡觉，且要求过午不食，而茶兼具提神醒脑、补充身体能量的功能，因此日渐成为僧人们栖身丛林的必需品。由此，在唐代星罗棋布的大小寺院中，种茶、制茶、研茶，逐渐形成了一整套完备的规制，而在寺院的僧人分工中，也形成了以茶为内容的职能划分，如"茶头"僧，专事烧水煮茶，以备献茶待客，"施茶"僧，则专司为香客们惠施茶水。当奥渺的禅理在静坐与冥思中延宕，当佛国的茶香漫过指端，沁入心脾，"茶禅一味"便融入了贝叶经，汇成了千古诗。

> 九日山僧院，东篱菊也黄。
> 俗人多泛酒，谁解助茶香？
> ——僧·皎然《九日与陆处士羽饮茶》

活跃于大历、贞元年间的僧人皎然，据说是南朝谢灵运的十世孙。他能在唐代茶传播的进程中为其增加一份重量，不仅因为其佛学修为，更重要的，是他将茶入诗，在与友人们的唱和之中，将寺院的茶香飘散进了民间。当然，对"茶禅一味"的文字表述，并不止于这些方外之人的自我吟哦。"白鸽飞时日欲斜，禅房寂历饮香茶。倾人城，倾人国，斩新剃头青且黑。玉如意，金澡瓶，朱唇皓齿能诵经"，这是曾写出"一片冰心在玉壶"的王昌龄在描绘一位朱唇皓齿的比丘尼饮茶之后，以轻软的吴音诵读经书；"啜茗翻真偈，燃灯继夕阳。人归远相送，步履出回廊"，这是天宝年间的诗人李嘉祐在状写寺院虚室空林的同时，用一句"啜茗翻真偈"，渲染着"茶禅一味"的内在逻辑……当越来越多的僧侣和信众将茶导入世俗凡尘之中，这片神奇的叶子也有了更多落入唐人杯盏的可能。

当然，佛教禅宗的崇茶，只是唐代"风俗贵茶"的一个原因，昌盛的国力，繁荣的经济，才是促成唐人饮茶风尚的关键所在。如果说茶在唐以前，北方的饮用者还不多，甚至在《洛阳伽蓝记》中，还有"自是朝贵宴会，虽设茗饮，皆耻不复食，惟江表残民远来降者好之"的记载，那么当历史的车轮驶入唐代，随着南北统一，交通发达，以及一些开明的政策的广泛施行，茶商开始大量出现，他们将南方的茶叶从水路、陆路源源不断地运往北方，客观上对茶在大唐全域的传播和普及起到了推动作用。《封氏闻见记》中说，在当时的社会，"自邹、齐、沧、棣，渐至京邑，城市多开店铺煎茶卖之，不问道俗，投钱取饮。其茶自江淮而来，舟车相继，所在山积，色额甚多"。而唐人杨华在《膳夫经手录》中，也有"自梁、宋、燕、并间，人皆尚之"，茶商"数千里不绝于道路"的记载。从这些文字中，我们可以想见当时茶叶在南北方贸易流通的盛况。尤其进入中唐以后，饮茶之风更是吹遍全国，进入一个空前发展的时期，全国的产茶区已经达到了八个，包括四十二个州和一个郡。到了德宗建中元年（780），全国的茶叶产量已达一百万老担，相当现在十万吨的产量。而唐人之嗜茶，甚至达到了"间阎村落皆吃之。累日不食犹得，不得一日无茶也"的程度。

静得尘埃外，茶芳小华山。

此亭真寂寞，世路少人闲。

——朱景玄《茶亭》

生活在武宗朝的诗人朱景玄，用这首平实简约的小诗，白描出一座设在崇山峻岭中的小茶亭。茶亭的设置，正是出现在饮茶之风盛行的唐代。这些茶亭一般都建在林间道旁，来往路人可随意取饮，不收分文。朱景玄笔下的这座"寂寞"小茶亭，其实并不寂寞，放眼大唐的山林草泽，驿路阡陌，这样的小茶亭可以说不计其数。它们是一处处飘散着茶香的公益的歇脚之处，更是唐人嗜茶喜茶的生动折射。

民间饮茶之风如此，宫廷饮茶之风尤盛。在唐以前，关于"茶"的名称可谓五花八门，《诗经》中称"茶"为"荼"，《尔雅》中称"茶"为"檟"，《方言》中称"茶"为"蔎"，《晏子春秋》中称"茶"为"茗"，《凡将篇》称"茶"为"荈"，《尚书·顾命篇》则将"茶"称为"诧"……真正为这片神奇的树叶赋予统一的名字，是在唐开元年间，当时有一部《开元文字音义》的书，书中将"荼"字减去一笔，定为单一的"茶"字。这部书是由唐玄宗作序而颁行的，有御批在首，谁敢不执行呢？而从唐玄宗统一这个"茶"字，我们已经足可感受到当时宫廷的饮茶之风了。

宫廷对茶的需求量大大增加，是在中唐之后。自唐代宗开始，为是满足宫廷饮茶之需，一整套定时、定点、定量、定质的贡茶制已经渐趋完善，并设有专门的官吏负责督造入贡。全国常年从事制茶的工匠达千余人，采制盛期，甚至"役工三万人"，而"岁贡一万八千斤"。这些贡茶，分布在大唐全域的崇山峻岭之中，雅州之蒙顶、湖州之顾渚、常州之阳羡、绵州之昌明、峡州之碧涧、寿州之黄芽、岳州之含膏、蕲州之团黄、建州之蜡面……这些出现在《唐国史补》中的名茶，无一不是宫廷贡茶，当这些贡茶从四面八方源源不断献往皇宫大内，皇帝妃嫔们已将饮遍天下名茶视为皇权的重要象征。

> 凤辇寻春半醉回，仙娥进水御帘开。
> 牡丹花笑金钿动，传奏吴兴紫笋来。
> ——张文规《湖州贡焙新茶》

中唐官员张文规的这首《湖州贡焙新茶》，与晚唐诗人杜牧的那首《过华清宫》相比，可谓异曲同工，只不过杜牧的"一骑红尘妃子笑"，是因为千里之外快马送来了荔枝，而张文规的"牡丹花笑金钿动"，则是因为"传奏吴兴紫笋来"。作为宫廷贡茶之一，紫笋茶颇受皇室贵族青睐，大历五年（770），宫廷特意在其产地浙江顾渚，建造了规模宏大的贡茶院。这座掩映于峰峦叠嶂中的贡茶院，是有史可稽的中国历史上首座茶叶加工工场。据说德宗朝有个叫袁高的官员被朝廷派去此地督制贡茶，看到茶农为赶制贡茶手足鳞皴，还要昼夜不停地"捣声不绝"，辛苦选纳，遂上书朝廷，请求减少贡茶数量，可见宫廷饮茶之盛。

如果说贡茶是宫廷为了实现王公贵族的口体之养推出的一项茶政，那么在中唐以后逐渐施行的茶税，则可以看出宫廷对茶叶贸易带来的丰厚利润已经相当重视。安史之乱后，经济重心南移，肃宗即位时，江淮间的茶商、茶农、茶叶贸易与生产被视为一项重要财源，以充军需；到了唐德宗建中元年，更是首开"税天下茶"，"十取其之"；及至贞元九年（793），茶税"岁则四十万缗"，庞大的税额，已然成为中央财政的重要支撑。

　　在唐朝茶政中，一项重要的政策的推行，就是开启了茶马互市。早在唐贞观十五年（641），文成公主入藏时，就将茶叶带到了雪域高原，使以奶与肉食为主的藏人得茶之大益，达到"宁可三日无粮，不可一日无茶"的程度。此后，朝廷又推行与回纥等边地少数民族的"以茶换马"的政策，史称"茶马互市"。"往来回纥入朝，大驱名马市茶而归"，《封氏见闻录》中的这段记载，说的就是始于唐朝的"茶马互市"。当商旅、马帮穿越丛林，走进高原，当驮工们背茶时拄着的铁杵在山岩上日久天长地砸出一个个深深的窝痕，绵延万里的滇藏、川藏、青藏三条茶马古道最终形成。伴着马嘶声，这三条贸易通道承载着以茶和亲、以茶输边的政治深意，走过漫漫大唐，并在此后的历史风云中不断拓宽，延续千年。

　　如果说历经岁月的淘洗，茶已经成为唐代近三百年历史中一根灵动的根脉，那么，真正让茶成为唐代文化乃至中国文化的一个重要符号，则应当归功于一个幽居林泉的隐者——陆羽。以一壶香茗沏泡自己的人生，临泉放歌的陆羽，在找到一份令人艳羡的逍遥与荣光的同时，也为茶——这片美丽的树叶在中国的历史长河中的流动，赋予了丰厚的文化意蕴。

　　生于唐开元年间的陆羽，本是一个可怜的弃儿，后被龙盖寺住持智积禅师收养。当时，智积禅师以《易经》自筮，占得"渐"卦，卦辞为："鸿渐于陆，其羽可用为仪"，于是按卦辞将这个拾自乡野的孩子以陆为姓，以羽为名，以鸿渐为字。智积禅师好茶，陆羽专为其煮茶，天长日久，耳濡目染，渐渐学到了高超的采制、烹煮茶叶的技艺，以至于善于品茶的智积禅师到了非陆羽煮的茶不饮的程度。

　　然而，在丛林禅刹中长大的陆羽虽然天天都听着晨钟暮鼓，伴着佛号青灯，却并不愿意皈依佛门。有一次禅师要其抄写佛经，陆羽却问："终鲜兄弟，而绝后嗣，得为孝乎？"在陆羽看来，佛门弟子生无兄弟，死无后嗣，而儒家认为不孝有三，无后为大，这样一来，出家人孝从何来？对于陆羽的这点质疑，禅师颇为恼火，当时便"使执粪除污壖以苦之，又使牧牛三十"。然而，这些惩罚好像并未奏效，就在被罚牧牛的同时，他却"潜以竹画牛背为字"（《新唐书·陆羽传》）。就在其十二岁时，陆羽终于得机逃出寺庙，加入了一个戏班子。因相貌丑陋，又有口吃，却幽默机智，陆羽常演一些丑角，颇受当时达官贵人们的赏识。也就是在这段时期，陆羽结识了当时被贬为竟陵司马的崔国辅。崔国辅文章锦绣，不拘形迹，又颇好茶道，令陆羽受益良多。如果说当时在寺院中的端水奉茶让陆羽初识茶道，那么当其与崔国辅一同出游品茶鉴水，谈诗论道，则大大激发了陆羽对茶的热情，他与茶的缘分也由此结下。

　　尽管并未皈依佛法，但在青灯黄卷中练就的禅心和定力却注定要让陆羽成为钻研茶事的大师。就在与崔国辅分别之后，陆羽便骑着一头毛驴上路了。游走于巴山蜀水之间，独行于滚滚东逝的长江之滨，陆羽身披葛衣，足蹬麻鞋，遇山采茶，遇泉辨水，不辞辛苦，甘之如饴。为了深入了解茶源、茶性，陆羽常常亲自验茶，深入农家，并一路将关于茶的见闻和诸多饮用之法一一记录下来。正是因为具备这种"神农尝百草"的精神，并能"亲揖而比"，"亲炙啜饮"，"嚼味嗅香"，才让陆羽踏遍了中国茶叶的产区，掌握了大量的第一手资料。穿行于茂林修竹之中的陆羽彼时已经不是一个单纯的品茶者，而成为一个勤勉而执着的有心人。

> 千峰待逋客，香茗复丛生。
>
> 采摘知深处，烟霞羡独行。
>
> 幽期山寺远，野饭石泉清。
>
> 寂寂燃灯夜，相思一磬声。
>
> ——皇甫曾《送陆鸿渐山人采茶回》

皇甫曾这首诗，描写了陆羽在高山深谷间负筐采茶时的情景。这位踽踽独行的大师，穿行于烟霞起处，野饭于石泉之旁，夜宿于山寺田家，着实令人敬佩。陆羽与皇甫冉、皇甫曾兄弟俱是好友，皇甫兄弟二人都曾为陆羽写过不少采茶诗。陆羽结交的文人雅士当然不止皇甫兄弟。在游历踏察的过程中，陆羽和之前提到的皎然一见如故。这位颇具才情的江东高僧，让陆羽击节不已。在湖州，他同样以茶结缘，结识了诗书大家颜真卿，其渊博的学识和对茶的理解，同样也使陆羽深受熏陶。在山水之间跋涉的陆羽，其实一直都在以一颗禅心入定，以一颗诗心入茶。

由此，一定要说到陆羽那部光耀古今的《茶经》。在这部三卷十节不过七千字的《茶经》里，我们看到的是一个畅享林泉的歌者，一个宁静致远的隐士。在文学鼎盛的唐代，诗歌是人们交际的工具，也是获取富贵的利器，以陆羽的才学，完全可以为自己设定一个以诗文求取功名的人生路径，但是淡泊名利的陆羽甘愿结庐于湖州苕溪，集数年踏察之功，历经一年多的努力写出了中国第一部茶学专著——《茶经》。在这部著名的茶学经典中，陆羽发前人之所未发，第一次将茶叶生产的历史、源流、现状，生产技术及泡茶技艺，茶道原理进行了系统的阐述。他概述了中国茶的产地、土壤、气候等生长环境，讲了茶的制作过程，煮茶、饮茶的器皿，详细记录了煮茶的过程、技艺，并集中诠释了茶艺和茶道精神。在陆羽看来，"天地万物皆有至妙"，煮茶过程不仅被其艺术化，而且运用"五行"说进一步强调了煮茶应注意的水质和火候。当这部真正得自崇山峻岭中的著作横空出世，我们看到的，是陆羽以一颗虔诚执着之心勤奋笔耕的背影。

这也许是陆羽未曾想过的，他呕心沥血写就的《茶经》，会将中国茶史带入一个崭新的纪元。就在《茶经》问世之后，大唐王朝上至公卿下至黎庶，"无不饮茶"，而"天下益知饮茶矣"（《封氏闻见记》）。彼时，唐人对茶的理解，已不单纯是解渴之饮，而是提出了更多的技术要求。通过《茶经》，唐人知道了煮茶需要用好水，"用山水上，江水中，井水下"，而山水的上品，则是乳泉、石池漫流者。据说对品茶颇为讲究的李党领袖李德裕，知道惠山寺之泉"独称奇，能发诸茗颜色滋味"，竟专"取惠山泉，自无锡至京师置递，号水递"。《开元天宝遗事》里说有个居住在太白山叫王休的隐士，每年冬天都要"取溪冰，敲其精莹者煮建茗，共宾客饮之"。还是通过陆羽的《茶经》，唐人在制茶工艺及伴茶煮饮的原料上有了可以依托的文本，"饮有粗茶、散茶、末茶、饼茶者，乃斫、乃熬、乃炀、乃舂，贮于瓶缶之中，以汤沃焉，谓之痷茶。或用葱、姜、枣、橘皮、茱萸、薄荷之等，煮之百沸，或扬令滑，或煮去沫……"当这些简约的文字被陆羽记录进氤氲着茶香的《茶经》，《封氏闻见记》中所云的"茶道大行"便不是一句空话。

"不羡黄金罍，不羡白玉杯；不羡朝入省，不羡暮登台；千羡万羡西江水，曾向竟陵城下来。"一生布衣的竟陵子陆羽将自己的幸福观淋漓尽致地嵌入了这首《六羡歌》中。在婉拒了友人的多次举荐之后，陆羽抱定一眼冷泉，守望一座茶园，用一部旷世之书作为自己的墓志铭。宋代陈师道曾为《茶经》作序道："夫茶之著书，自羽始。其用于世，亦自羽始。羽诚有功于茶者也！"而陆羽死后，很多卖茶者都用陶土塑成陆羽像，供奉于灶间，祀为"茶神"，直至形成风俗，被后世尊为"茶圣"。隐逸一生的陆羽，其实已经用另一种方式让人们铭记在心。

如果说陆羽对茶文化的贡献在于将"茶"提升到了"道"的高度，那么，另一位唐人——卢仝，则为茶文化注入了"情"的内蕴。这位出身范阳望族的中唐隐士，是"初唐四杰"之一卢照邻的后人。和陆羽一样，卢仝也是淡泊名利，终身不仕。尽管家境到他这代时早已衰落，有时甚至要邻近僧人接济粮米度日，但卢仝固守清贫，拒入官场。和这种清高气性相伴的，是卢仝对茶的痴迷。在卢仝眼中，茶不仅是解决口腹之欲的饮品，更是他拒绝与彼时宦官当道的朝廷和解的标签。当然，卢仝也有官员朋友，对宦官仇士良专权同样愤愤不平的朝廷重臣王涯就是他的好友至交。然而，也正是这段友情，断送了卢仝的生命。在惨烈的"甘露之变"前夜，因卢仝应王涯之邀去府中品茶论诗，当晚留宿，这位从未想过卷进政治旋涡的隐士竟和王涯一起被仇士良派来的兵士杀害，时年刚过四十岁，不禁令人唏嘘。

然而，尽管卢仝英年早逝，人们还是记住了他，而他被记住的原因，则是一首脍炙人口的茶诗，其诗为他赢得了"茶仙"的美誉。也正是因为这首茶诗，让卢仝与"茶圣"陆羽一北一南遥相应和，共同构成了中国茶文化的"双峰"。我们且来看这首著名的茶诗：

> 柴门反关无俗客，纱帽笼头自煎吃。
>
> 碧云引风吹不断，白花浮光凝碗面。
>
> 一碗喉吻润，二碗破孤闷。
>
> 三碗搜枯肠，唯有文字五千卷。
>
> 四碗发轻汗，平生不平事，尽向毛孔散。
>
> 五碗肌骨清，六碗通仙灵。
>
> 七碗吃不得也，唯觉两腋习习清风生。
>
> ——卢仝《走笔谢孟谏议寄新茶》（节选）

卢仝的这首《走笔谢孟谏议寄新茶》，是一首长诗，诗题中的"孟谏议"，是卢仝的好友孟简，元和四年（809）官拜谏议大夫，后来因事被贬到常州任刺史。卢仝虽生性淡泊，却不影响与同道的官员们成为知音，前面提及的王涯算一位，这位叫孟简的官员，更是卢仝漂泊常州时结交的同道中人。常州阳羡茶，在当时是宫廷顶级贡茶，孟简到常州后，在督造贡茶之余，没有忘记送刚刚制好的头春阳羡茶给好友卢仝。卢仝本来就嗜茶如命，看到孟简送来的上等好茶，不禁喜出望外，当即煎茶品饮，大呼畅快的同时，一首《走笔谢孟谏议寄新茶》也便伴着茶香脱口而出。

而卢仝决然不会想到，正是这首后来被传为《七碗茶歌》的酬答之作，会让自己博得"茶仙"的美名。如果说陆羽以其《六羡歌》名世，那么，卢仝的这首《七碗茶歌》，则相当准确地描述出饮茶的感受。你看，喝下第一碗时，还只是"喉吻润"，到了第二碗，已是"破孤闷"了，而到了第三碗，则激发起文思，进入气韵流畅的境地。这样一碗一碗饮下去，愈饮愈美，到了第七碗，已经感觉自己两腋生风，融通宇宙，飘飘欲仙了！

卢仝《七碗茶歌》对饮茶感悟的生动描摹，注入的是一份情，弥散开的，却是愈加浓郁的中国茶文化，以至后世的人们在饮茶时，如不迁想到这首《七碗茶歌》，都不算是真得饮茶之妙。"何须魏帝一丸药，且尽卢仝七碗茶"，这是苏轼在其僧友的精舍饮罢七盏酽茶之后，题写在墙上的诗行；"不待清风生两腋，清风先向舌端生"，这是杨万里在借用卢仝故事表达自己的饮茶之乐；"卢仝七碗诗难得，谂老三瓯梦亦赊"，这是元人耶律楚材用卢仝制造的汉典诠释着自己对汉文化的热爱。这首《七碗茶歌》的传播范围也不止于中国，其对饮茶感悟惟妙惟肖的书写，在日本早已声名远播，日本茶道中的"喉吻润、破孤闷、搜枯肠、发轻汗、肌骨清、通仙灵、清风生"，正是从卢仝的《七碗茶歌》脱胎演变而来。当《七碗茶歌》成为中国茶文化演进中的重要注脚，"茶仙"卢仝已和"茶圣"陆羽一起，成为茶这片清香的树叶在大唐、在中国最佳的代言人。

一个陆羽，一个卢仝，以他们的实践和对茶的理解，为唐人的饮茶赋予了深厚的文化意味，而骨子里就是文人的他们，更对文人茶的蔚然成风起到了推动作用。其实，茶与诗在文风灿然的唐代如影随行，当诗歌在淡淡的茶香中氤氲成一缕清醇，当茶盏中升腾起隽永淡雅的文字，诗歌便更加清丽超俗，茶也便融入了更深的文化内涵。行走在大唐的文人们，不论身居庙堂也好，散处江湖也罢，在茶香四溢的大唐，都在寻找着茶与诗最佳的契合点。遍览《全唐诗》，我们可以看到的茶诗达数百首之多，这些茶诗主题多样，涉及茶的栽、采、制、煎、饮，以及茶具、茶功、茶德等方方面面，而在这些林林总总的茶诗背后，正是大唐文人们如茶一般的生命意趣。

常闻玉泉山，山洞多乳窟。

仙鼠如白鸦，倒悬清溪月。

茗生此中石，玉泉流不歇。

根柯洒芳津，采服润肌骨。

丛老卷绿叶，枝枝相接连。

曝成仙人掌，似拍洪崖肩。

举世未见之，其名定谁传。

宗英乃禅伯，投赠有佳篇。

清镜烛无盐，顾惭西子妍。

朝坐有馀兴，长吟播诸天。

————李白《答族侄僧中孚赠玉泉仙人掌茶》

    李白的这首茶诗，是中国关于仙人掌茶的最早记录。在此诗之前，有一小序，说是李白在金陵遇到了恰好云游至此的自己的族侄——中孚禅师，向李白展示了数十片采自荆州玉泉山的茶叶，此茶"拳然重叠，其状如手，号为仙人掌茶"。因其所生之地近"清溪诸山，山洞往往有乳窟，窟中多玉泉交流"，故这种仙人掌茶"清香滑熟，异于他者"，"能还童振枯，扶人寿也"。生就一副仙风道骨的李白从来就是在山水的陶养中且行且吟的歌者，而偏偏茶尤其是好茶的生存环境又是深山幽谷云雾缭绕之处，向往林泉的李白当然要倾尽笔墨，表达自己对这片灵动的树叶的喜爱。而如果说盛唐文人对茶的埋解还仅仅在与其自身意趣形成对应，那么进入中唐，随着陆羽《茶经》的风行于世，随着越来越多的野生茶树被引种成功，文人们对茶的领悟已经有了更多可以依托的载体。"紫芽连白蕊，初向岭头生。自看家人摘，寻常触露行"，这是张籍眼中郁郁葱葱的茶岭；"闲来松间坐，看煮松上雪。时于浪花里，并下蓝英末"，这是陆龟蒙的林间之趣；"石窗紫薜墙，此世此清凉。研露题诗洁，消冰煮茗香"，这是姚合为我们在唐诗中留下的唯一关于消冰煮茶的记录……显然，沉浸在漫漫茶香中的大唐文人们，已经将中国文人心中普遍存在寄志名山幽隐林泉的文化心理，融入了茶——这片葱翠淡雅的中国树叶，在清冽的山泉水沏泡中，散发出沁人心脾的清香。

茶，

香叶，嫩芽。

慕诗客，爱僧家。

碾雕白玉，罗织红纱。

铫煎黄蕊色，碗转曲尘花。

夜后邀陪明月，晨前命对朝霞。

洗尽古今人不倦，将知醉后岂堪夸。

——元稹《茶》

在《全唐诗》中行走，元稹这首有趣的茶诗让人眼前一亮。以宝塔的形式来排列诗歌，在唐人诗歌中非常少见，而诗情横溢的才子元稹采取这种创作形式，与其说是他为茶献上的一份特别的钟情之作，不如说是茶的自然之趣冲开了元稹的文人意趣，让元稹得以在高手云集的《全唐诗》中淋漓尽致地耍了一把俏皮。其实，元稹的状态又何尝不是唐代文人对待茶的状态呢？正是悠远的茶香，让大唐文人可以暂时放下求取功名之累，仕途奔波之苦，借着一盏清茶，进入物我两忘之境，而一旦进入到这样一种状态，文人间的乐趣便如清冽的山泉水一样汩汩而出，喷涌不绝。在茂林修竹之间，文人们常常会以茶点会友，称为"茶会"、"茶宴"或"汤社"。当一壶香茗沏泡开来，文人便观其形，察其色，闻其香，品其味，以眼韵、鼻韵、喉韵、神韵的共同作用，感悟茶叶之妙，而三杯过后，木瓜、元李、杨梅这些干鲜果品便会摆上案头，为与会者漾溢着茶香的味蕾增添一丝别样的滋味。当然，除了文人们以诗茶自娱，朝廷也喜欢举办一些茶宴茶会，并延邀社会名流文人士子。在这些官办的茶会中，尤以顾渚山茶宴最为盛大。由于顾渚山地处湖州、常州交界，又以贡茶紫笋茶和阳羡茶闻名遐迩，因此每到早春造茶，两州太守都会联合举行盛大的茶宴，这场茶宴又被称作"境会"，其中自然少不了文人们的赋诗助兴。据说有一年正逢"境会"，时任苏州刺史的白居易本应前往，却不慎因骑马摔伤，无法参加，遂以一首诗向两州太守表达遗憾。"青娥递舞应争妙，紫笋齐尝各斗新。自叹花时北窗下，蒲黄酒对病眠人"，没能参加成"境会"的白居易，已然在心中感受到了这场茶宴的盛况。

平生无所好，见此心依然。

如获终老地，忽乎不知还。

架岩结茅宇，斫壑开茶园。

何以洗我耳，屋头飞落泉。

何以净我眼，砌下生白莲。

左手携一壶，右手挈五弦。

傲然意自足，箕踞于其间。

兴酣仰天歌，歌中聊寄言。

——白居易《香炉峰下新置草堂，即事咏怀，题于石上》(节选)

　　大唐文人们就是这样，他们总能从看似简单的事物中生发出别样的美来。当茶文化的勃兴激发了文人茶的更深层次的审美追求，那么文人茶的贴地而行，则让茶文化的意蕴得到进一步的舒张与升华，白居易在香炉峰写就的这首茶诗，正是这种逻辑关系的生动演绎。"如获终老地，忽乎不知还。架岩结茅宇，斫壑开茶园。"曾经因为没能参加顾渚山茶宴而懊恼的白居易，不仅对酒情有独钟，对茶更是达到了酷爱的程度。早上起来，他要从一杯茶开始自己的一天，每餐过后，他要用茶涤口，至于写诗作文，更是须臾不可缺茶。他曾大赞用渭河之水煎出的"满瓯似乳"的蜀茶，也曾自云琴与茶是其"穷通行止长相伴"的爱物。不仅如此，他还要亲身感受种茶、研茶之乐。当一座傍山而起的茶园在他的耕耘下一片葱茏，这位高产的大唐诗人便收获了另一份来自山野的馈赠与满足。而同样有此爱好的，还有陆龟蒙。这位被称为"天随子"的晚唐诗人，常常自比为涪翁、渔父、江上丈人这些江湖隐士，不仅如此，他还亲自身扛畚箕，手执铁锸，在顾渚山下开垦茶园。每有闲暇，陆龟蒙常常会带着书籍、笔墨和一把茶壶，静坐于茶园之中，享受与自然的融融之乐。可以说，正是大唐文人的身体力行，为唐代茶文化的弘扬与发展、发酵与提纯提供了源源不竭的内驱动力！

是的，一片树叶在大唐，开启的是中国人对茶的全新认知；一片树叶在大唐，丰富的是一个王朝的气质意趣；一片树叶在大唐，激发的是文人们澎湃的创作热情；一片树叶在大唐，汇入的是中国文化的汤汤源流。从大唐起步，这片美丽的树叶，成为中华大地上又一个耀眼的标签，一路荣光，香飘千年！

跑赢时间的美器

徜徉于浩瀚的《全唐诗》中，我们常常被这样的句子深深吸引："一样金盘五千面，红酥点出牡丹花"，这是王建眼中的宫廷盛宴；"紫驼之峰出翠釜，水精之盘行素鳞"，这是杜甫眼中的皇家排场；"金樽清酒斗十千，玉盘珍馐值万钱"，这是李白在与友人开怀畅饮，一醉方休；"葡萄美酒夜光杯，欲饮琵琶马上催"，这是王翰在遥远的塞外书写将士出征前的慷慨悲壮……读着这样的诗句，跃入我们眼帘的，尽是精致奢华的美器，但谁能说，在这些美器的调动下，我们的脑海中不会浮现出一席香气扑鼻的人间美食，一席水陆八珍的饕餮盛宴？将美酒佳肴盛装于精心打造的金樽、银瓮、白玉盘、夜光杯等器皿之中，无疑会让食客胃口大开，而落到诗歌之中，似乎就更加简单，无须对美食做太多描述，只消将盛放美食的美器渲染到极致，便可刺激得后人口水直流！是的，穿行于历史的隧道之中，我们发现，珍馐会消散，而真正跑赢时间的，是盛载了它们的美器。当这些美器一朝重见天日，涤荡尘埃，一个时代的风尚，一个王朝的样貌，被瞬间激活，也便跳将出来。

延续了近三百年气脉的大唐帝国，正是以这样的方式，在自身的演进中，将美器与美食的关系缔结成一道绝美的景观，并在某个时间点上，与后人不期而遇。唐康骈《剧谈录》中曾云：卢简辞于伊水边"见二人牵引水乡篷船……船后有小灶，安铜甗而炊"。我们可以想象，坐在这条水乡小船上的唐人是多么惬意，而那个安放在船头小灶上的铜甗里，也许正煮着一甗香喷喷的肉羹，抑或是几尾刚刚钓上来的河鱼？事实上，这样的场景因为有了这些不朽的器皿的存在，完全有重建的可能。当一系列的考古发掘将带着岁月烟尘的精致器皿呈现在我们面前，我们都说，看，那就是时间的模样！

而让我们对唐人重"器"的风尚达到瞠目结舌的程度，则是来自中国考古史上的一个重大发现——何家村窖藏。位于西安市南郊的何家村，本是一个不起眼的小村庄，然而，在1970年秋天，这里却吸引了全世界的目光，因为人们在挖掘地基时，竟意外地发现了两只陶瓮和一个银罐！经过清点，在陶瓮和银罐中，所贮藏的宝物总量竟达到了一千多件，数量最多的是金银器，有两百七十余件，其中金器的总重量达到14.9万多克，银器的总重量达到19.5万多克，被定为国宝级文物的有三件。这些又被称作"何家村遗宝"的文物数量之大、等级之高，堪与"阿姆河遗宝"齐名！

由此，人们的好奇心被一下子点燃，这些何家村窖藏的主人究竟是谁？又是基于什么考虑，让他藏宝于何家村的土层之下？结合文物的相关信息，专家们认定何家村窖藏是唐代遗宝。面对文物的更多疑云，专家们的解释也是众说纷纭：有人认为何家村的位置在唐代属于贵族聚居的兴化坊，能和时代吻合又配拥有这批文物的，当是曾居住在此的邠王李守礼，因避安史之乱匆忙藏宝；另一种说法，则认为是当时有机会接触这些宝物的唐德宗时的租庸史刘震，因爆发"泾原兵变"而在慌乱之中藏宝，后因刘震投敌被斩，这批宝物也从此沉睡地下……自从何家村窖藏出土之后，学界的争论从未停止，但对于每个走进陕西历史博物馆的游客而言，这些历史的谜团姑且可以放下，重要的是，他们通过这些精美绝伦的大唐金银器皿，可以让自己的思绪瞬间穿越回唐朝。面对何家村遗宝，其实就是在面对唐人美食与美器的逻辑，就是在面对大唐的喧嚣与繁华……

贵游多爱向深春，到处香凝数里尘。

红杏花开连锦障，绿杨阴合拂朱轮。

凤凰尊畔飞金盏，丝竹声中醉玉人。

日暮垂鞭共归去，西园宾客附龙鳞。

——姚合《咏贵游》

唐代名相姚崇曾侄孙姚合，以这首《咏贵游》为我们铺陈了大唐王公贵族们奢华的生活场景，尤其一句"凤凰尊畔飞金盏，丝竹声中醉玉人"，更让我们仿佛听到了来自宫廷盛宴的觥筹交错之声。好饮的唐人在呼朋引伴沉风醉月的同时，也对酒器格外讲究，其中，最贵重的就是以金银打造而成的酒器。虽然中国早在商代就已出现了金制品，但金银制品的大量使用，却是在唐代。由于唐人相信金银制品有延年益寿长生不老的功效，因此金银器便成为皇室贵族的专属之物。宫廷专设少府监，直接管辖金银作坊院，所作金银器专供皇室贵族使用，下层官吏或民间如有私造私用者，必遭杖刑之苦。虽然这种垄断在唐中后期有所缓解，一些商人富户开始逐渐使用金银器，但论起金银器的质地工艺，还是无法与皇室贵族媲美，尤其是彼时由宦官掌管的文思院的设置，更是让金银器成为彰显地位等级的奢侈品。

由此，当我们再次回眸何家村遗宝中的金银器，尤其是金银酒器，一股皇室贵族专有的奢靡之风便扑面而来。在何家村窖藏中，有两件鸳鸯莲瓣纹金碗十分引人注目，这是唐代金银器中堪称绝品的最堂皇的金碗。这两件金碗做工精美，敞口，鼓腹，喇叭型圈足，圈足内刻鸳鸯一只，内底部刻蔷薇式团花一朵。更引起人们注意的是，在金碗的内侧，有墨书的"九两半"字样，这是唐代金银器掌管者为防止以轻换重有意錾刻的，足见这绝非普通的金碗。而从《唐摭言》的一段记载看，金碗的使用者更是地位尊贵至极，这段文字如下：

> 王源中，文宗时为翰林承旨。暇日，与诸昆季蹴踘于太平里第，毬子击起，误中源中之额，薄有所损。俄有急召，比至，上讶之。源中具以上闻。上曰："卿大雍睦。"命赐酒二盘，每盘贮十金碗，每碗各容一升许。宣令并碗赐之。源中饮之无余，略无醉容。

从这段文字看，使用金碗者多为皇帝本人，而以金碗作为酒具更加显现出皇家的威仪。宫廷盛宴之上，大唐皇帝在用珍馐美味犒赏臣僚们的同时，也不会忘记命人将一只只盛满御酒的金碗摆上臣僚们的桌案，以显示来自九五之尊的浩荡恩宠。除了一只只灿然的金碗，盏、卮、盂等这些用来饮酒的金银器，也都在以富贵的皇家色彩提升着盛宴的奢侈量级。而可以享受到这份皇帝隆恩的，不仅有参与盛宴的文武百官们，也包括皇帝的宠妃们。据说唐文宗时宫廷饮宴相当频繁，许多妃嫔不胜酒力，便贿赂宫人造神通金盏——这种金盏为中空结构，"盏满，则可潜引入盘中，人初不知也，遂有'神通金盏'之名"。可以想见，在宫廷一派宴饮笙歌之中，这些黄澄澄金灿灿的酒器，会为皇家的尊荣与煊赫平添出多少重量！

除了饮酒器，盛酒器的金银质地同样毫不逊色。让我们继续将目光投向何家村窖藏——一只舞马衔杯纹皮囊式银壶，再次为大唐宫廷的觥筹交错增加一道堂皇之色。作为盛酒之器，这只银壶的不同之处在于壶身上出现了两匹衔杯跪拜的舞马形象。这两匹舞马形象，取自唐玄宗在位后期出现的一种专供宫廷的娱乐用马。史载，这些经过特殊训练的骏马，每年在唐玄宗生日时，都会闪亮登场，身披锦绣，颈挂金铃，按照《倾杯乐》的节拍，在三层高的板床上辗转如飞，为玄宗跳舞祝寿，曲终之时，它们便四蹄跪倒，衔杯敬酒。玄宗朝曾担任宰相的张说，写下了十余首舞马诗，其中最传神的便是下面这一首：

圣皇至德与天齐，天马来仪自海西。

腕足徐行拜两膝，繁骄不进踏千蹄。

髦鬃奋鬣时蹲踏，鼓怒骧身忽上跻。

更有衔杯终宴曲，垂头掉尾醉如泥。

——张说《舞马千秋万岁乐府词三首（之一）》

目睹过舞马祝寿场面的张说用诗歌记录下舞马之神，而何家村窖藏中的舞马衔杯纹皮囊式银壶，则用栩栩如生的银质錾刻将大唐的舞马之姿展示在后人面前。这只银壶，承载了一个帝国的骄傲与荣耀。尽管曾经盛装其中的玉液琼浆早已蒸发成历史的烟云，但面对着这只银壶，哪一个观瞻者又能跳出大唐恢宏的皇家十部乐？跳出舞马灵动优雅的舞步？跳出王公贵族们豪华奢靡的筵宴？

如果说宫廷的酒器用金银的亮色呈现着王者的威仪，那么，作为民间的酒器，则在一片中国瓷中盛装着大唐的酒香。明张谦德在其《瓶花谱》云："古无磁瓶，皆以铜为之。至唐始尚窑器，厥后有柴、汝、官、哥、定……"可见陶瓷器的大量使用是从唐朝开始的。一抔黏土，一汪清水，一炉炭火，一身釉色，相对低廉的造价，温润细滑的手感，让对金银器望洋兴叹的大唐平民找到了将美食与美器对接的载体；而唐代陶瓷器具在技艺上的日臻纯熟，更让唐人在精致的陶瓷酒器的陪伴下，一饮千盅，醉卧酒乡。在唐代，一大批极具特色的窑窟已遍及全域，寿窑、洪州窑、越窑、鼎窑、婺窑、岳窑、蜀窑、秘色窑、秦窑、柴窑……这些著名的窑窟，在泥与火的裂变中，源源不断丰富着唐人餐桌上的色彩，明黄色的是寿窑，黄黑色的是洪州窑，青色的是越窑。而在这些清雅斑斓的色调中，尤以河南道的柴窑制器最受唐人青睐——"其瓷青如天，明如镜，薄如纸，声如磬，滋润细媚，有细纹，制精色异，为古来诸窑之冠"。

除了色泽的多样，唐代瓷器在制作工艺上更是令人赞叹。《云仙杂记》记载："天宝，内库有青瓷酒杯，纹如乱丝，其薄如纸，以酒注之，温温然有气，相次如沸汤，乃名'自暖杯'。"这种制作工艺，已是相当了得。而随着制瓷技术的迅猛发展，象征着皇室威仪的金银器也在以瓷的样貌流通于大唐民间。由于金银器造价高昂，许多窑窟为了追逐流行，开始用瓷器模仿金银器。这些瓷器本脱胎于泥土，但由于能工巧匠的精心打磨，不仅具备了金银器的"卷边"特征，还借鉴了金银器特有的錾刻捶揲之法，从而达到了与金银器真伪难辨的效果，由此，便大大满足了唐人对金银器的追慕与渴望。当兴致盎然的唐人将美酒注入这些精致的美器之中，中国传统文化中"既醉以酒，既饱以德"将德色赋之以器的格调便被渲染到极致，尤其是当这些瓷酒器遇到了好饮能诗的大唐文人，更是成为文字的最佳载体。在湖南长沙出土的唐代瓷窑器的器身上，就发现了大量的题诗和题字，其中，刘长卿的这首《苕溪酬梁耿别后见寄》格外引人注目：

清川永路何极，落日孤舟解携。

鸟向平芜远近，人随流水东西。

白云千里万里，明月前溪后溪。

惆怅长沙谪去，江潭芳草萋萋。

——刘长卿《苕溪酬梁耿别后见寄》

这首六言诗，是刘长卿被贬时与友人的伤别之作，其中后四句曾被时人视作六言体的例诗而传唱甚广。这位命运多舛的文人不会想到，千年以后，他的诗作会因为书写在瓷器之上而重见天日。彼时，唐人伤心别离的那杯酒早已化为无形，但承载这份心境的酒杯，却在历史的烟雨之中，固定成永恒！

在与美器的对话中，唐人对茶具的偏爱，丝毫不亚于酒具。我们的目光，不妨再投向二十世纪八十年代的一次重大考古发现——法门寺地宫的发掘。

位于陕西宝鸡的法门寺，素有"关中塔庙始祖"之称。这个因安置释迦牟尼佛指骨舍利而名播于世的佛教圣地，在唐代近三百年历史中，更是以皇家寺庙的规制，先后迎送过高宗、武后、中宗、肃宗、德宗、宪宗、懿宗和僖宗八位皇帝——因信奉"三十年一开，则岁丰人和"之说，这八位皇帝曾六迎二送供养佛指舍利，每次都声势浩大，朝野轰动。咸通十五年（874）正月四日，是唐王朝与法门寺的最后一次亲密接触，就在这一天，唐僖宗李儇最后一次送还了佛骨，并按照佛教仪轨，将佛指舍利及数千件稀世珍宝一同封藏进塔下地宫。此后，这座著名的佛教道场在历史的演进中，经历了风雨剥蚀，也经历了兵燹火劫，直到1987年，当法门寺几近倾颓的佛塔需要拆除重建时，佛塔之下的地宫密室才得以开启，一个埋藏了一千多年的皇家秘密由此大白于天下。

在这次地宫发掘中，一整套华贵精巧的唐代宫廷茶器，被茶文化界视作中国茶文化研究的划时代发现。这套茶具由茶盒、茶罗子、茶碾子、茶笼子、盐台、风炉等物件组成，是目前所知的年代最早、等级最高、配套最完整的宫廷茶具。在唐以前，茶器与酒器等其他食器并不是分开的，随着唐代饮茶之风的盛行，尤其是陆羽《茶经》的问世，唐人对茶具也开始越来越讲究。"水为茶之母，器为茶之父"，水质的好坏直接关联着茶的味道，而器的优劣则直接影响着唐人的饮茶体验。在这样一种背景下，作为皇宫大内的饮茶之器，当然不能有半点含糊，崇尚金银的皇室贵族既然可以让盛装琼浆玉液的酒器錾刻上黄灿灿的权力标签，对于烹煎天下贡茶的茶器，他们又怎会吝惜成本，改用他材呢？

一千多年前，已经走入帝国晚秋的唐僖宗李儇就这样来到了法门寺。彼时，长于宦官之手、权力已被架空的他依然没有放弃皇家奢侈的口体之养，他自己用的是做工考究的金银茶器，供奉佛祖的茶器更是丝毫不打折扣。《茶经》之中专辟一节介绍"茶之器"，即炙茶、烹茶、饮茶所需之器，这位末世皇帝也严格地依照《茶经》所云，供奉了一整套包括焙炙器、碾罗器、贮茶器、点茶器、贮盐器、饮茶器在内的金银茶器。在这套精美的茶器中，一只鎏金镂空飞鸿球路纹银笼子制作最为精细：整个笼子模冲成形，通体镂空，纹饰鎏金。据专家考证是一只焙篓。按陆羽《茶经》所云，晴日所采之茶，需经多道工序制成团饼，为使团饼首面干燥而色香不减，需将其装入吸热方便而又易于散发水汽的焙篓之中。而这只镂金刻银的皇家"焙篓"显然太过堂皇煊赫了。当细密的镂孔、美丽的莲纹、精巧的提梁，共同编织起一个帝国最后的奢华，唐僖宗李儇便将法门寺的地宫之门关闭。这位处于风雨飘摇之中的末世帝王，以这份极尽铺张的虔诚进献佛祖，希图祈祷岁稔人和，帝业永昌，却没有想到，在他"藏宝"仅仅过去二十年后，"唐朝"，便成为一个湮没在风中的王朝。

如果说皇室贵族对茶具的要求更多的是要彰显尊贵，那么普通平民百姓对茶具的要求则要实用很多，使用金银做茶器的毕竟是少数，真正的唐人还是主要将瓷器作为茶具的首选。如果说金银茶器以堂皇华贵取胜，那么陶瓷茶具则以易于造型、易于清洗取胜。遍及大唐东西南北中的各地窑炉，能够制作出精美绝伦的酒器，同样也能烧制出千姿百态的茶器。从陆羽的《茶经》中，我们知道唐代的茶具分类已经相当精细，达到了二十八种之多，而在这二十八种茶具中，绝大多数都能与温润的陶瓷发生联系。当越来越多的唐人将茶具视作一种直抵精神层面的雅器，当好茶好水好器共同将取自大自然的元素烹煎成一份沁人心脾的芬芳，唐人生活的诗意，也便随之氤氲开来。

九秋风露越窑开，夺得千峰翠色来。

好向中宵盛沆瀣，共嵇中散斗遗杯。

——陆龟蒙《秘色越器》

茶与瓷的"知音"之遇，让唐代的陶瓷工艺进入全盛的发展时期，并形成了"南青北白"的格局，分别代表了南方越窑和北方邢窑制瓷的最高成就。陆龟蒙的这首《秘色越器》，便是最早的一首吟咏越窑青瓷的诗作。越窑青瓷的极盛期在唐代，尤其是到了晚唐，其烧制技术和工艺水准更是达到了炉火纯青的程度；而在越窑繁多的瓷器种类中，最能代表越窑青瓷技术的，便是陆龟蒙诗中所提到的这款"秘色瓷"。"秘色瓷"因在配方、釉色、烧制的技术方面严加保密而得名。在《茶经》中，这种"千峰翠色"最为陆羽所钟。在考察过全唐各大窑场生产的众多茶碗之后，陆羽曾作出如下评价：

> 碗，越州上，鼎州次，婺州次，岳州次，寿州、洪州次。或者以邢州处越州上，殊为不然。若邢瓷类银，越瓷类玉，邢不如越一也；若邢瓷类雪，则越瓷类冰，邢不如越二也；邢瓷白而茶色丹，越瓷青而茶色绿，邢不如越三也。晋杜毓《荈赋》所谓"器择陶拣，出自东瓯"。瓯，越也。瓯越州上，口唇不卷，底卷而浅，受半升已下。越州瓷、岳瓷皆青，青则益茶，茶作白红之色。邢州瓷白，茶色红；寿州瓷黄，茶色紫；洪州瓷褐，茶色黑：悉不宜茶。

陆羽不愧为"茶圣"，他的这段文字，与其说是给唐人的茶碗定出了标准，不如说将唐人饮茶的格调分出了层级。正是在陆羽的影响下，唐人对茶具的追求越来越趋向完美，在茶具的设计上也不断推陈出新，注入了更多灵动的元素。在这个演进过程中，茶托的发明，便是一例。相传唐德宗年间，有个叫崔宁的成都府尹，家有一女，极喜饮茶，可是茶盏注水后因为烫手不易端起，取一碟子托住又容易倾斜，这位少女后来灵机一动，将蜡烤软，做成茶盏般大小的蜡环，再将蜡环放在小碟上，茶盏置于蜡环中，这样既固定了茶盏，又不烫手。崔宁看到女儿的这项发明十分欣喜，遂让漆工仿此样式做成了漆环，并为之取名"茶托"。此后，茶托便流行开来，人们"愈新其制，以至百状焉"。

做个唐人很幸福，琳琅满目的美食丰富了唐人的味蕾，与其相对应，材质、工艺各异的美器则为唐人的饮食进一步渲染了生活意趣，拔升了文化高度。遍览大唐美器，其所涉及的领域绝不止于我们前面所提到的酒与茶，而其所用的材质，也不仅仅局限于金银与陶瓷，玉石、玛瑙、水晶、玻璃这些奢华的材质同样是达官贵人的偏爱，而藤、竹、木、贝这些简朴的材质也会被普通庶民做成精美的器物。当然，这些大唐美器的功能除了满足着人们的口体之需和视觉享受，还承载着特有的社会属性，而也正是美器的这些社会属性，让我们看到了喧嚣、浮华而又多元的大唐生活图景。

还是从一项涉及唐代的考古发掘说起吧。1982年元旦，在江苏丹徒丁卯桥附近工地，发掘出一个大型的唐代银器窖藏，出土器物九百五十余件，有瓮、龟负"玉烛"、酒令筹、盒、盆、托子、碟、盘、碗、杯、注子、瓶等，重约五十五公斤。其中，最引人关注的是一组制作精美的酒令用具——银镏金"论语玉烛"龟形酒令筒。这只龟形酒令筒由两部分组成，下部是一只錾刻得相当传神的镏金银龟，上部为一只圆形酒令筒，筒身刻一对龙凤，上书"论语玉烛"四字。之所以叫"论语玉烛"，是因为筒中装置的五十枚酒令筹，这些酒令筹的正面上半段刻着《论语》中的语句，下半段则刻有酒令内容，共计有"自饮""伴饮""劝饮""指定人饮""放""处"六种饮酒方式，同时标有"五分"（半杯）、"七分"、"十分"、"四十分"（四杯）、"随意饮"、"放"六种饮酒量。除了这些酒令筹，还有酒令旗和酒令纛。这两种器物被唐人视为酒宴上的两大法宝，有犯规者则举旗警告，如屡犯则"旗纛俱舞"。

> 莺来和丝管，雁起拂麾旌。
>
> 宛转倾罗扇，回旋堕玉搔。
>
> 罚筹长竖纛，觥盏样如舠。
>
> 山是千重障，江为四面濠。
>
> ——刘禹锡《浙西李大夫述梦四十韵并浙东元相公酬和斐然继声》（节选）

"罚筹长竖纛"，刘禹锡在与中唐显宦李德裕等友人的欢宴中完成的这首酬答之作，描述的正是唐人酒宴中行酒令的场景，而这样的描述，显然与丁卯桥出土的那只龟形酒令筒形成了时空上的呼应。事实上，这正是这些大唐美器被赋予的一种社会属性——烘托气氛、融洽感情。在人们的推杯换盏中，这些被用作娱酒工具的酒令筹、酒令纛，有助于将宴饮的气氛推向高潮。而刘禹锡的另一句"觥盏样如刽"，更是为酒令之中一种特别的酒器——"觥船"作了注解。这是一种大号的酒杯，专做罚盏之用。在大唐遍地诗歌的人文空气中，这些娱酒之器的出土，无疑可以让我们重建千年以前的饮宴场，而无论是白居易的"醉翻衫袖抛小令"，还是杜甫的"百罚深杯亦不辞"，此时都可让我们如临其境。喜欢吟风弄月击剑酤歌的唐人，正是借助这些精美的器物，抒发了他们胸中那份只属于大唐的生命豪情！

如果说美器的存在，让大唐子民的生活多了更多的色彩，那么对于大唐君臣而言，这些雕金镂玉的美器，则成为黏合君臣关系的有效媒介。《开元天宝遗事》载："宋璟为宰相，朝野人心归美焉。时春御宴，帝以所用金箸令内臣赐璟。虽受所赐，莫知其由，未敢陈谢。帝曰：'所赐之物，非赐汝金，盖赐卿之箸，表卿之直也。'璟遂下殿拜谢。"作为开元初年的政治明星，直言敢谏的宋璟在朝廷有着很高的人望，而从这则逸事中，我们也可以看到唐玄宗的良苦用心：以皇室专享的金箸赐予清正率直的宋璟，既表明了君主的爱才之心，又暗藏了君主的御臣之术，一双金箸，已然在君臣之间架起了一道桥梁！

当然，做皇帝的，不会单单笼络贤能之臣，一些势大根深的臣子同样需要笼络。史载唐高宗当年要立武则天为后，遭到以长孙无忌为首的大臣们的坚决反对，结果是高宗秘密遣人给长孙无忌送去了一车金银器，目的无他，就是希望通过这一车美器"以悦其意"。还是唐玄宗，如果说他在"开元"的年号下，只是用一双金箸"打发"了宋璟，那么到了"天宝"这个年号，他对一位权臣——安禄山的赏赐可翻了不知多少倍。据《安禄山事迹》载，天宝十载（751）正月，安禄山生日这天，玄宗赐物甚多，计有"……金平脱酒海一并盖、金平脱杓一、小马脑盘二、金平脱大盏四、次盏四、金平脱大脑盘一——"彼时，玄宗还希望通过这些金银美器安抚安禄山，殊不知，这位手握重兵的范阳节度使早已看不上皇帝的这点赏赐，他所觊觎的，乃是大唐的江山！就在这隆重的赏赐仅仅过去五年之后，一场"鼙鼓动地"的安史之乱，最终成了大唐王朝最不忍回望的梦魇！

如果说，将金银美器赏赐臣子，彰显着皇帝的浩荡隆恩和御臣之术，那么，反过来，各级官吏进奉给皇帝的美器，则成为唐代社会尤其是唐代中晚期官场邀恩取宠之风的催化剂。安史之乱后，北方经济陷入萧条，为皇室贵族专供金银等美器的作坊显然已经不能满足需求，尽管后来又成立了义思院，但仍无法满足皇室有增无减的奢靡之风，在这种背景下，一些官吏进奉的金银器便成为宫廷的重要进项。如文宗朝，淮南节度使王播曾三次进奉金银器，最多的一次"进大小银碗三千四百枚"，三次进奉的金银器竟达五千九百多件；昭宗朝威胜军节度使董昌更是"贡奉为天下最，由是朝廷以为忠，宠命相继，官至司徒、同平章事，爵陇西郡王"。各级官吏通过"大手笔"的进奉封官晋爵，而皇帝也尝到了进奉了甜头，不仅不再满足于官员的主动进奉，还公开地以各种名目宣索。如代宗朝，就规定每逢元旦、端午、冬至和皇帝生日，地方官吏都要进献财物，号为"四节进奉"；到了德宗朝，进奉之风更是变本加厉，除"四节进奉"之外，又加入了"月进""日进""助军""贺礼""助赏"等名目，可谓五花八门，不一而足。当越来越多本是满足口体之需的美器成为官员们封官晋爵的"利器"和皇帝横征暴敛的目标，奢华的大唐，最终留给中国历史的，是一声无望的叹息。

在大唐近三百年国祚中，开放包容成就了幅员辽阔的帝国疆域，兼收并蓄营造了融通四海的帝国气象，这一点，在唐人使用的各式美器上，也得到了充分的体现。让我们继续走近前面提到的何家村遗宝，在这项震惊世界的考古发掘中，一只镶金牛首玛瑙杯，精美的质地和玲珑的造型令人叹为观止。这件美器的主体造型呈兽角状，杯前端为一牛头，牛嘴镶金，牛眼圆睁，奕奕传神，两支牛角向后弯曲，与杯口巧妙衔接。整件作品雕琢精致，浑然天成。当然，除了制作上的精工巧思，材质的选用也至关重要。这只镶金牛首玛瑙杯，是以夹有淡青、鹅黄双色浸润纹的深红色玛瑙为原料，而中国产的玛瑙多为黄、白两色，红色的极其罕见。又因玛瑙多产自西域，加之造型也颇具西域风格，因此有专家推测，这只镶金牛首玛瑙杯很有可能出自西域工匠之手，即便不是由西域工匠雕琢完成，也是由内地工匠仿造而成。如今，镶金牛首玛瑙杯在陕西历史博物馆已被视作"镇馆之宝"，当络绎不绝的游客在它面前驻足，相信每个人在对这件国宝赞叹不已的同时，更会对千年前大唐王朝兼容并包的胸襟点赞！

> 葡萄美酒夜光杯，欲饮琵琶马上催。
> 醉卧沙场君莫笑，古来征战几人回？
>
> ——王翰《凉州词》

王翰的这首《凉州词》早已是家喻户晓，相信人们在迁想那位醉卧沙场的将军的同时，脑海中一定也会浮现出那只晶莹剔透的夜光杯。事实上，在这首以西域风情而独树一帜的边塞诗中，呈现出的正是唐人对西域文化的热爱与推崇。《太真外传》中曾有杨贵妃"持玻璃器宝杯，酌凉州所献葡萄酒"的记载；法门寺地宫文物中，也有多件来自西域的玻璃器皿；而在《岭南录异》中，还特别提到了一种鹦鹉杯，这种酒杯系螺制酒器，"大小亦类鹦鹉螺，壳薄而红，亦堪为酒器。刳小螺为足，缀以胶漆，尤可佳尚"。可以说，正是这些充满了异域风的材质，拓展了唐人对美器的见识，丰富了唐人对美器的认知。

与这些异域美器同时夹带进大唐的，是异域匠人的手工技艺。随着唐代文化交流的频繁，越来越多的中亚、西亚等地的商人、工匠踏上了大唐的土地。他们在带来精美器物的同时，也带来了成熟的工艺技术，像对中国金银器影响颇大的捶揲之法，以及在器皿造型图案上的风格变化，都对唐人的文化审美和融合创新产生了深远的影响。当波斯萨珊、中亚粟特和罗马拜占庭等外邦文化一起汇入大唐帝国的文化激流，崇尚美器的唐人，看到的是百川归海，看到的是浩浩汤汤！

美器跑赢时间，拂去岁月的尘埃，精美的器物，依然折射着一个王朝的风尚；美器跑赢时间，解码千年的秘密，精美的器物，让历史的喧哗风声过耳。当人们将对美食、美酒、美茶的时空缅想统统盛放进这些真实存在触手可及的美器之中，我们相信，这，就是被重构的大唐气象；这，就是大唐独有的风味人间！

第二章

大国欢娱

举国尽吹娱乐风

　　放眼公元七世纪至九世纪的世界版图，我们看到的是太多的晦暗与尘埃，彼时，和黄河流域齐名的另外的世界古文明发祥地——北非的尼罗河流域、西亚的两河流域、南亚的印度河流域以及南欧的爱琴海地区，正处于连绵的烽火和被异族征服的撕裂声中。帝国分崩离析，文明惨遭涂炭，而全面控制了中世纪欧洲社会的基督教教会，更是以禁欲之风弥盖了本该延续的古希腊文明，让欧洲悲剧性地陷入了至暗时刻。然而，就在全球的"精气神"普遍疲软的时候，一个东方大国却呈现出澎湃的动力和持续的热力。这个活力四射的东方大国，正是彼时处于世界轴心的大唐帝国！昌盛的国力，繁荣的经济，开放的社会氛围，大一统的政治格局，让整个帝国上至皇帝公卿下至闾里细民，都充满了富于激情的娱乐精神。当娱乐之风吹遍朝野，唐人们刚健奋扬的精神风貌便也力透史书，响越千年。

德阳宫北苑东头，云作高台月作楼。

金锤玉錾千金地，宝杖雕文七宝球。

窦融一家三尚主，梁冀频封万户侯。

容色由来荷恩顾，意气平生事侠游。

共道用兵如断蔗，俱能走马入长楸。

红鬐锦鬃风骉骦，黄络青丝电紫骝。

奔星乱下花场里，初月飞来画杖头。

自有长鸣须决胜，能驰迅走满先筹。

薄暮汉宫愉乐罢，还归尧室晓垂旒。

——蔡孚《打球篇》

　　蔡孚的这首《打球篇》，描述的是唐代宫廷里一场别开生面的娱乐活动——打马球。在草原游牧文化和中原农耕文化共同融合的大唐文化中，马是一个不可或缺的重要载体。早在贞观朝，仅育放在西北地区五十六监的马就达到了七十多万匹，而历经几十年的发展，在安史之乱前，唐王朝已经形成了以陇右牧群为主的巨大牧场群，成为当时世界上最大的国家养马场。这样庞大的马群，除了用于军事、交通，还有一项特别的功能——娱乐。在娱马的类型中，打马球所用的马匹无疑占了相当的比重。打马球又被称作"击鞠"，最早在唐太宗时期从吐蕃传入，起初在军中推行，做练兵之用，后来逐渐发展成为备受唐朝历代皇帝所推崇的运动。在陕西西安章怀太子墓壁画中，一幅惟妙惟肖的《马球图》可以让我们思接千载，重新回到一群王公贵族激烈的角逐之中。在这幅被时间漫漶斑驳了的壁画上，我们可以看到着两色衣、分作两队的马球手们个个手执直杆弯头月牙球杖，奋力争逐一球，身下坐骑均四蹄腾踏，极具动感。"奔星乱下花场里，初月飞来画杖头"，蔡孚的诗句，和这幅壁画可以说达成了最传神的贴合。史载，打马球所用的马，均经过专门训练，不必受骑手驱使即可完成场上的各种辗转腾挪的复杂动作；比赛所用之球，则选用质坚且弹性好的木料做成，中空，拳头般大，外表涂以朱漆；"毬杖"亦为木质，长约数尺，呈月牙状；最壮观的莫过于打马球的赛场，球场周长约千步，三面矮墙，一面入口，外围竖起二十四面红旗，两队各半，进球即"得筹"，得一筹增一旗，失一筹则减一旗，最终以旗帜多者为胜。唐代除各军驻地建有马球场，在长安、洛阳两京，郓州，徐州，蔡州，荆州，成都，甚至敦煌等地都设有球场。为便于球马飞驰，一般的球场都要求地面平整，寸草不生，奢华者则"注膏筑场，以利其泽"，而平整的最高层级则是"油场"。据说中宗时驸马武崇训、杨慎交为使球场平整，不惜花费重金以油注场，其奢侈程度可想而知。

唐代皇帝中，太宗、中宗、玄宗、宣宗、敬宗、僖宗、昭宗都是击鞠高手。据说宣宗"弧矢击鞠，皆尽其妙。所御马，衔勒之外，不加雕饰，而马尤矫捷。每持鞠杖，乘势奔跃，运鞠于空中，连击至数百，而马驰不止，迅若流电。二军老手，咸服其能"；而酷爱击球队的僖宗更是对臣僚自吹"朕若作步打进士，亦合得一状元"，甚至在奔蜀之后，从神策军将领中确立西川节度使人选，同样也以谁在马球场上得头筹决定。当然，在唐代这些"击鞠"皇帝中，最引人注目的还是唐玄宗。据《封氏闻见记》载，景龙三年（709），吐蕃曾遣使来长安迎金城公主入藏，使团之中有一支技艺高超的马球队，和宫廷的马球手们过招，几场下来，"吐蕃皆胜"。身为大国皇帝的中宗当然觉得很没面子，遂下旨让时为临淄王的李隆基和嗣虢王李邕、驸马杨慎交、武延秀四人出战，"敌吐蕃十人"。但见身手不凡的李隆基"东西驱突，风回电激，所向无前"，最终"吐蕃功不获施"，输了比赛。一场充满了政治角力的马球赛，不仅挽回了唐帝国的颜面，同时，也让年轻的小王李隆基积累了厚实的人脉。就在这次马球场的精彩亮相之后，他在羽林万骑军中人气迅速飙升，赢得了拥戴。也正是这支万骑军，助力李隆基平灭韦后之乱，诛杀太平公主，最终登临了天子的御座！

> 仆本修文持笔者，今来帅领红旌下。
>
> 不能无事习蛇矛，闲就平场学使马。
>
> 军中伎痒骁智材，竞驰骏逸随我来。
>
> 护军对引相向去，风呼月旋朋先开。
>
> 俯身仰击复傍击，难于古人左右射。
>
> 齐观百步透短门，谁羡养由遥破的。
>
> 儒生疑我新发狂，武夫爱我生雄光。
>
> ——张建封《酬韩校书愈打球歌》（节选）

皇室贵族对马球运动热衷推崇，唐代官吏更以会打马球为荣。身为徐泗濠节度使的张建封写下这首诗时，已年过五旬，仍然在马球场上纵横驰奔。他的朋友韩愈此时是节度使判官，曾写信劝他不要打球了，在他看来，在军中打马球不如坐在帐中思退敌良策，应爱惜马力，"公马莫走须杀贼"，将马用在杀敌的正道上。可张建封却认为自己曾是文官出身，刚掌帅印，如不苦练球技，便无法统兵打仗。正因如此，他才写诗给韩愈，说他是"儒生疑我新发狂"，而其实，他在马球场上"俯身仰击复傍击"，"齐观百步透短门"，却可以让"武夫爱我生雄光"。张建封也许是在为自己耽于玩乐找些堂皇的理由，但马球最初的目的不也正是提升军人的战斗力吗，身为一方节度的张建封打上一场球，出上一身汗，好像也是理所应当。

当然，打马球因为装备、场地、坐骑都开销甚大，除了军事功能，毕竟还只是贵族公卿可以消费得起的娱乐方式，普通百姓能够参与的并不多。然而，这并不妨碍唐人在另一种小球上寻找到娱情娱性、强身健体的乐趣，这只小球，就是足球的雏形——蹴鞠。和打马球一样，蹴鞠最初也是"军中习武之戏"，《会稽典录》载："汉末三国鼎峙，年兴金革，上以弓马为务，家以蹴鞠为学。"到了唐代，蹴鞠的发展进入新的时期，球门是于场端"植两修竹，高数丈，络网于上为门以度毬"，比赛方式是"分左右朋，以角胜负"，和现代足球的规制已经十分相近。至于在唐人脚下滚来滚去的足球，更是有了一番改进，有一首诗读来很有意思：

八片尖裁浪作毬，火中燖了水中揉。

一包闲气如长在，惹踢招拳卒未休。

——归氏子《答日休"皮"字诗》

这首诗，一说是唐人归仁绍戏嘲诗人皮日休的，内中嵌进了皮日休的名字。其实这也是一首"回敬"之作，据说皮日休曾拜访友人归仁绍，恰好他不在家，遂留了一首诗给他："硬骨残形知几秋，尸骸终是不风流。顽皮死后应钻遍，都为平生不出头。"这首诗题为《咏龟诗》，暗以归仁绍姓氏入诗，说他为人低调，不爱出风头。归仁绍回家看到此诗，随即写下了上面的那首诗作为回赠。同样也是以姓名入诗，归仁绍以"一包闲气"双关，劝皮日休不要太出风头，要学会隐忍。文人的文字游戏透着诙谐幽默，但我们却可以从中看出唐代足球的一些变化。彼时的"足球"，已经发生了很大变化，用八块熟过的皮子缝制，以动物的胞为球胆，用仲无颜《气毬赋》里的话，就是"气之为毬，合而成质，俾腾跃而攸利，在吹嘘而取实"。唐代足球的改进，带动的是全民踢球的热潮。玄宗、僖宗都是踢球高手，像杜甫、王维、白居易这样的唐代文人也都是"超级球迷"。尤其是杜甫，更是对足球情有独钟，尽管晚年落魄，贫病交加，仍对早年的踢球场景念念不忘，一句"十年蹴鞠将雏远"，完全是对当年那个在球场上带球破门风华正茂的自己的深情回望。这项娱乐体育活动能迅速在大唐全域升温普及，还因为踢足球不用像打马球那样大费周章，赛制又比较灵活，除两队角逐之外，还可以单人竞赛，所以不仅皇室贵族喜欢，普通百姓也踊跃参与其中。据说当时荆州有个叫郝维谅的就踢得一脚好球，常常"与其徒游于郊外，蹴鞠"。而踢球显然不单纯是男子的专利，和公卿之家的公主千金喜骑毛驴打"马"球一样，在女性意识自由奔放的大唐，平民家的女子也喜欢将蹴鞠作为自己的娱乐健身方式。《剧谈录》中曾记载了一位正值妙龄的平民女子，从长安一处球场经过，"适军中少年蹴鞠"，遂驻足观看，恰好一球落至脚边，但见这女子"接而送之"，飞起便是一脚，"直高数丈"，以至"观者渐众"。当一个小小的皮球冲破了性别的界限、阶层的藩篱和世俗的目光，我们看到的，是唐人舒张奔放的娱乐心态和竞胜争强的体育精神。

也许是大唐子民的骨子里从王朝肇建之初就融入了任侠敢拼的基因，他们也将在唐以前就存在的许多娱乐项目赋予了更多充满了竞技性的内容。这种竞争心态，体现在人与人之间的激烈搏杀之中，为了一次"夺标"，唐人可以争得面红耳赤，汗流浃背。同样，这种竞争心态，也可以附着于一草一木一虫一物上。在遍地开花的娱乐项目中，唐人感受着成功的喜悦，也收获着胜利的荣光。

角抵，正是在唐人的竞争心态驱动下，成为一项在宫廷官邸间里巷陌都拥有众多拥趸的娱乐项目。角抵，又称角力或相扑，也就是我们今天的摔跤。这项运动据说早在周朝就已出现。到了秦朝，角抵已和其他的技艺表演编排在一起，成为一项深受宫廷欢迎的娱乐项目，当年秦二世胡亥刚刚矫诏篡位，便忙不迭地在宫中看了一场角抵之戏。到了汉朝，宫中的角抵之戏已经融入了更多的情境表演，表演者头戴面具，扮狮扮虎，在激烈的搏斗中，进一步增加了观赏性。进入隋代，在隋文帝的重视之下，角抵得到进一步发展。据说当时有个西番人身形矫健，善于相扑，战胜不少宫中高手，失了锐气的隋文帝一着急就把一位精通角力、名叫法通的和尚请进宫来，让他与西番人大战，结果这个和尚果然不负圣望，将西番人压倒在地。及至唐代，皇帝们对这项娱乐活动的热情更是高涨：玄宗每次大宴群臣，角抵之戏都是压轴的项目；而好玩的敬宗更是追求刺激，"戏酣，有碎首折臂者，至一更二更方罢"，一定要弄得角抵者非伤即残才算罢休；及至晚唐，宫廷内更是专门设立了角抵部门——相扑朋，据说在这个相扑朋中，有一个叫蒙万赢的相扑手相当了得，从十四岁被召入相扑朋便所向无敌，经历三代帝王而不败，堪称角抵高手。

关于角抵，宋人调露子曾著有《角力记》一书，是中国现存最早的一部关于角抵的专著。书中说参与角抵之人，可以拳打脚踢、夹头颈和扭关节，但最终必须把对方摔倒或使之失去战斗力才算获胜。更有意思的是在书中记录了一桩趣事，说是有人在墙上画了一幅黑白两大壮汉的摔跤图，并题诗道："黑汉勾却白汉颈，白人捉却黑人骹。若人莫辨输赢者，直待墙聩始一交。"你看，这首小诗将两个摔跤手写得多么形象，为决个胜负，拼个输赢，黑汉子勾住了白汉子脖子，白汉子拽住了黑汉子的脚，势均力敌，相持不下，直到墙都撞塌了才有一方摔倒，分出个输赢！

喜欢让娱乐充满烈度的唐人，不仅局限于人与人的互搏，还喜欢让动物们斗起来，斗鸡、斗鹌鹑、斗蟋蟀这些禽兽虫鸟之斗，在唐朝已是蔚然成风，而在这其中，最盛者当为斗鸡。

寒食东郊道，扬鞲竞出笼。

花冠初照日，芥羽正生风。

顾敌知心勇，先鸣觉气雄。

长翅频扫阵，利爪屡通中。

飞毛遍绿野，洒血渍芳丛。

虽然百战胜，会自不论功。

——杜淹《咏寒食斗鸡应秦王教》

　　杜淹的这首诗，呈现的正是初唐时期热闹的民间斗鸡场面。杜淹在隋时并不受皇帝待见，一度隐居深山，唐朝建立后，被当时还是秦王的李世民引为文学馆学士，李世民即位后又召拜其为御史大夫。杜淹笔下的斗鸡，写出了争斗的激烈，也反映了斗鸡这项古老的民间娱乐在唐代的演进与升级。关于斗鸡的文字，最早见诸春秋时期，《左传·昭公二十五年》记载了季平子和郈昭伯因斗鸡而引发战争的故事——"季氏介其鸡，郈氏为之金距"，一说季平子在鸡翅上撒上芥末，为的是迷伤对方的鸡眼，而郈昭伯更狠，干脆在鸡爪上安了一套金属钩。季平子和郈昭伯斗鸡的这套装备，历经千年之后，在杜淹的诗中再次得到生动的体现，"芥羽正生风"，"利爪屡通中"，说的正是这种在春秋时期就一直沿用的斗鸡招数。

　　唐人的斗鸡场面，在宫中和民间每天都是同时上演的。唐朝的皇帝好玩，也会玩，不仅驾驭着动物们竞斗，也驱使着动物们互斗。唐人陈鸿《东城老父传》记载，玄宗朝曾专设鸡坊于两宫间，"索长安雄鸡金毫、铁距、高冠、昂尾千数，养于鸡坊。选六军小儿五百人，使驯扰教饲"。据说有个叫贾昌的，年仅十三岁，因懂鸡语，驯鸡有方，"天下号为神鸡童"，而深得玄宗喜爱，被封为"鸡坊五百小儿长"。每到清明节，玄宗巡幸骊山，贾昌都"冠雕翠金华冠，锦袖绣襦袴，执铎拂，导群鸡叙立于广场，顾眄如神，指挥风生。树毛振翼，砺吻磨距，抑怒待胜，进退有期，随鞭指低昂不失。昌度胜负既决，强者前，弱者后，随昌雁行，归于鸡坊"。从记载于《东城老父传》的这段文字，可以想见当时宫廷的斗鸡场面何等壮观！

上有所好，下必甚焉，皇帝喜欢斗鸡，王室公卿黎庶百姓自然紧随其后。《东城老父传》里靠斗鸡发迹的贾昌，无疑是唐人艳羡的对象，时人曾谣之曰："生儿不用识文字，斗鸡走马胜读书。"据说在当时的长安、洛阳两京，以斗鸡为业者不可胜数，甚至"诸王世家、外戚家、贵主家、侯家，倾帑破产市鸡，以偿鸡直"。一些城市贫民无钱买斗鸡，干脆刻了木鸡相斗。"日日斗鸡都市里，赢得宝刀重刻字。"当张籍用这两句诗活画出长安热闹喧嚣的斗鸡场面，唐人争强好胜的劲头已跃然纸上。

是的，在唐人的眼中，好像无事不可斗，无物不可斗，斗就斗出个子丑寅卯，斗就斗出个高低上下，斗鸡如此，斗茶亦然。史载，唐代茶农制成新茶的第一件事，不是卖茶，而是和左邻右舍比茶，看谁的茶制得香，谁的茶制得好，只有赢了，方才心安。即便手头没有茶，唐人还可以就地取材，斗草以博一乐："斗草怜香蕙，簪花间雪梅"，这是杜牧笔下的斗草情景；"弄尘复斗草，尽日乐嬉嬉"，这是白居易眼中的斗草之乐。锦衣玉食的皇亲国戚们对这种"草"民们的"穷欢乐"也很感兴趣，据说中宗的女儿安乐公主为了斗草，还曾经偷偷派人去寺庙取得了美髯公谢灵运的胡须，这般大费周章地偷梁换柱，不为别的，就为了能在宫中的斗草之戏中取个胜，占个先！放眼朝野上下，一颗争强好胜心，已然成为唐人娱乐的重要驱动！

如果说打马球、蹴鞠、角抵这些娱乐活动拼的是体力，比的是耐力，那么在唐人的枰声局影之中，则更像是于平静的云层里蕴含着雷霆和风暴。博弈一词早在春秋时期就已出现，早期的"博"指六博之戏，弈指围棋，而人们之所以将"博"与"弈"揉为一处，则是因为它们都是在"局"或"枰"上的较量，既拼智力，又拼运气。《论语·阳货》有云："饱食终日，无所用心，难矣哉！不有博弈者乎？为之，犹贤乎已。"你看孔子都说了，没事玩玩六博、下下围棋，都比吃饱了闲待着强，可见娱乐对于调剂生活、释放压力有多么重要！

随着历史的演进，孔子所说的"博弈"也在不断在拓展着它的外延：所谓的"博"，逐渐由最初的六博之戏，衍生出骰戏、樗蒲、叶子戏等一系列的娱乐品类；所谓的"弈"，也不仅局限于围棋，还有象棋、塞棋、弹棋等多种棋类。而当时间的脚步踏入唐朝，"博弈"的枰声局影，更是被唐人渲染得杀气腾腾。

先来看看"弈"在唐朝的重量吧。在经纬与黑白之间，先人们发明的围棋娱乐着人们的性情，启迪着人们的心智。进入到文化昌盛的唐代，围棋的普及与提升，更是理所应当地成为题中应有之意。唐朝的皇帝们，喜欢像诸如打马球这样的汗流浃背的娱乐活动，也喜欢静下来在棋枰上体悟厮杀之趣，我们不妨先来看看唐太宗李世民写的这首棋诗：

> 治兵期制胜，裂地不邀勋。
>
> 半死围中断，全生节外分。
>
> 雁行非假翼，阵气本无云。
>
> 玩此孙吴意，怡神静俗氛。
>
> ——李世民《五言咏棋二首（其一）》

　　唐太宗这首咏棋诗，出自近人从日本抄回的影唐卷子本《翰林学士集》，共有两首，此为其中之一。唐太宗深谙弈棋之道，在唐人杜光庭笔记小说《虬髯客传》中，就以一位观弈者的角色被写入其中；而这首咏棋诗，更看出这位马上天子已将怡神之趣和治兵之道熔为一炉。"半死围中断，全生节外分"，唐太宗的这两句诗，诠释的是极具真知灼见的棋理，又何尝不是一代帝王从乱世争伐走上皇皇御座的重要密码？

　　对围棋的喜爱与推崇，仍要提到唐玄宗李隆基。这位从"唐隆政变"中迈向天子之位的大唐皇帝，缔造了开元盛世，也将朝野上下的娱乐之风推向了极致。唐玄宗亲试李泌的故事，就和一局棋有关。据说当时玄宗在全国范围内选拔神童，一个叫员俶的九岁小孩最终脱颖而出，玄宗甚喜，随口问了一句"天下还有比你更聪明的孩子吗？"员俶回答说自己年方七岁的表弟李泌更胜自己一筹，玄宗当即派人快马去接李泌，要亲自面试。随后，玄宗便找来大臣张说对弈，不久，李泌到来，玄宗便指着棋局开始试探李泌的才学。张说先做示范道："方若棋盘，圆若棋子，动若棋生，静若棋死。"没想到李泌反应飞快，立刻对道："方若行义，圆若用智，动若骋材，静若得意。"看到这位七岁稚童如此懂棋，玄宗立时龙颜大悦，嘱咐李泌父母要好生培养，将来必成国之栋梁。玄宗果然没看走眼，后来李泌历仕肃宗、代宗、德宗三朝，功勋卓著。

还有一则趣闻也和玄宗下棋有关。据《开元天宝遗事》记载，有一次玄宗和亲王对弈，眼看"上欲输次"，这时站在一旁的杨贵妃立刻将抱在怀中异邦进贡的小狗放下，"令于局上乱其输赢"，一盘眼看要输的棋就这样被小狗解了围，"上甚悦之"。

唐玄宗对围棋的酷爱，带动的是遍及全唐的对弈之风。玄宗以前，棋手们还只是候命于翰林院，等待天子宣召，并无官称。到了玄宗朝，这些宫廷棋手已经有了一个正式的官职——"棋待诏"，尽管此官职地位低微，却因能贴近天子而炙手可热。玄宗时有个叫王积薪的棋待诏，据说他每次出门，"必携围棋短具，画纸为局，与棋子并盛竹筒中，系于车辕马鬣间，道上虽遇匹夫，亦与对手。胜则征饼饵牛酒，取饱而去"。这个苦心钻研棋艺的棋待诏，当然很得玄宗赏识，即便安史之乱起，玄宗仓皇奔蜀，也没忘记带上王积薪。这王积薪也确实是个不折不扣的棋痴，在逃亡路上，夜宿一人家，灭烛后听得主人家婆媳二人口述弈棋，心中默记，待天明复盘，自愧弗如，遂躬身请教，棋艺由此更加精进。如果说王积薪只是棋高一着，那么同为棋待诏的王叔文，则是以棋枰为捷径，在陪伴当时还是太子的顺宗时积累下人脉，待顺宗即位，便发起了一起轰轰烈烈的"永贞革新"。尽管这场革新仅仅百天便夭折了，但历史还是记住了王叔文这位在黑白对弈间掀起了政治波澜的棋待诏。

"青山不厌千杯酒，长日惟消一局棋"，这是宣宗朝杭州刺史李远的诗句。据说这两句诗差点让宣宗以为李远不务政事，最后还是推荐人宰相令狐绹说情李远才得以赴任，结果这李远在杭州任上做得颇有政声。其实，在唐代，喜欢围棋的又何尝只是这些皇室宗亲、达官贵人，像前面提到的居住在山野间的婆媳二人，才是让唐朝棋风炽盛的主因。

随着唐人的棋枰之乐广泛辐射，古老的象棋也在演绎变化。唐代牛党领袖牛僧孺在其《玄怪录》中曾记述过一段"鬼话"，说是宝应元年（762），有个叫岑顺的人，旅于陕州，夜宿吕氏山宅，"梦鼓声四发，两皆列阵，其东壁下是天那军，西壁下是金象军。部设各定，军师进曰：'天马斜飞度三止，上将横行系四方。辎车直入无回翔，六甲次第不乖行。'王曰：'善。'于是鼓之，两军俱有一马，斜去三尺止。又鼓之，各有一步卒，横行一尺。又鼓之，车进。如是鼓渐急而各出，物包矢石乱交。须臾之间，天那军大败奔溃，杀伤涂地"。因为这段文字，后世人称牛僧孺所述之棋为"宝应象棋"。挑起"牛李党争"的牛僧孺不会想到，自己的棋枰之好，竟同样也会让他史书留名。

如果说"弈"的流行还体现了唐人的棋枰清趣，那么"博"的发展则折射出唐人的局影俗欲。在这个制造流行的时代，许多古老的博戏也被"发扬光大"，比如樗蒲之戏就被唐人李翱记录在了他的《五木经》中，从街头赌徒起步的杨国忠，也正是因擅为樗蒲之戏，深得玄宗宠幸，以至走向了权力的巅峰。还有一种颇有点像今人扑克牌的叶子戏，据说也是由唐代的一行和尚发明。至于博戏之中必须用到的骰子，在唐代更是已经普遍到用兽骨、角雕刻。程大昌《演繁露》云：骰子在"唐世则镂骨为窍，朱墨杂涂，数以为采。亦有出意为巧者，取相思红子，纳圜窍中，使其色明现而易见"。

在这些博戏器具提升改进的背后，其实反映的正是唐人争胜好赌的风习。《唐国史补》上说，当时的唐人博戏，已经"有通宵而战者，有破产而输者"。《太平广记》则记载，高宗咸亨年间，贝州有个叫潘彦的人，酷好双陆之戏，"每有所诣，局不离身"。有一次乘船出海，遇到大风，船破，潘彦不幸落水。可让人无法生出同情的是，在茫茫海上，这个叫潘彦的唐人不是拼命逃出生天，而是性命和赌具两个都要。他"右手挟一板，左手抱双陆局，口衔双陆骰子"，始终保持这样的姿势，待"二日一夜至岸，两手见骨，局终不舍，骰子亦在口"。唐人好赌，从这个潘彦身上也可以窥见一斑。

井底点灯深烛伊，共郎长行莫围棋。

玲珑骰子安红豆，入骨相思知不知。

———温庭筠《南歌子》

当然，我们还是在充满物欲的唐人博戏中，找了一丝脉脉温情。被誉为"花间派"鼻祖的晚唐诗人温庭筠的这首以赌具为载体创作的诗歌，在《全唐诗》中堪称一绝。这首诗全篇以女子口吻，描摹出了她对即将远行的夫君深深的依恋。"井底点灯深烛伊"，"深烛"，其实暗含的是"深嘱"之意，也就是说，在你远行之前，我要深深地嘱咐你。嘱咐什么呢？"共郎长行莫围棋"。又是双关。长行，其实是风行唐代的一种博戏，《唐国史补》载："今之博戏，有长行最盛。"唐人都用掷骰子来博"长行局"，因为简单易行，唐人"颇或耽玩，至有废庆吊、忘寝休、辍饮食者"；而在这里，长行，显然暗示了伤心的别离。至于"莫围棋"，实取"莫违期"之意，女子的用意已经很明显，就是要告诉丈夫远行一定不要忘了归期。接下来的两句，就更见女子的情意缠绵了："玲珑骰子安红豆，入骨相思知不知。"从"长行"引出"骰子"，进而将骰子上的颗颗红点比作相思的红豆，这番入骨相思，大君一定要记在心上啊！你看，高手"温八叉"好生厉害，硬是用唐人赌局上的俗物，演绎出了如此缠绵深沉的美好爱情。

毫无疑问，随着民族融合的加快，自由开放的民风的形成，以及社会经济的繁荣，唐人将他们或追求轻松自在，或崇尚任侠好勇的娱乐心态，悉数融入遍及大唐全境的娱乐休闲体育活动之中。这些娱乐活动，有的是古已有之，有的是唐人新创，但无论哪种类别、哪个项目，好像都被好玩、好奇、好胜的唐人发挥、操作到了极致。"长拢出猎马，数换打球衣"，这是一群精力充沛的长安少年刚刚打猎归来，便换上了打马球的服装，投入到一场马球的激烈角逐之中；"燿如羿射九日落，矫如群帝骖龙翔"，这是一身戎装的唐代女性挥剑而舞，以高超的剑舞巾帼不让须眉；"长绳系日住，贯索挽河流"，这是兴奋的长安百姓热火朝天地参与拔河比赛；"夜静弦声响碧空，宫商信任往来风"，这是唐人在前人的基础上，创造性地在纸鸢上加了竹制小笛，从此以"风筝"命名，在万里碧空移宫换羽，奏响悦耳的筝音……

唐人的娱乐心态，也在深深地感染影响着周边的国家。朝鲜半岛上的新罗人，颇"好围棋、投壶之戏，人能蹴鞠"，无疑是受了它的近邻大唐帝国的影响；在天竺上流社会风靡的击球运动，同样也是因为唐人击球之风的感染；当你走在日本奈良的正仓院，一个日本神武天皇时期仿唐制的螺钿紫檀棋盘，更在诉说着泱泱唐风，据说它来自唐代中国，是唐代皇帝的赠物，而风行日本的围棋，正是在这个时期传入……这就是唐人的娱乐精神，它呈现给我们的，是打马扬鞭的冲天豪气，是奋勇夺标的时代风尚，而这样的精气神，在历经近三百年后，依旧弥散在历史的天空中，铿锵作响，铮铮不息……

万里秋千习俗同

　　站在中国历史的时间轴上回望，我们发现，唐人，是极具狂欢特质的一群。他们喜欢斗鸡走马，喜欢击节踏歌，喜欢户外群娱，喜欢聚众而乐……唐人这种奔放的狂欢特质最突出的体现，便是在岁时节俗上。中国的岁时节俗有着悠久的历史，深厚的积淀，如果说先秦是萌芽发轫期，汉代是初步定型期，那么到了"海内雄富"的唐代，随着天下大理，物殷俗阜，自由开放的唐人已经在传统的基础上，进一步丰富了节日的文化内涵，扩容了节日的娱乐项目，提升了节日的狂欢烈度。做过这些之后，唐人似乎仍不觉过瘾，还新设新兴了不少节日和节俗，并用近三百年时间，将其中大部分节俗打造成为后人沿袭的标本，在海内欢歌之时，继续将唐人的狂欢精神附着其上，弥漫其中。

　　还是让我们沿着一年里的时间顺序，进入唐人的狂欢时刻吧。先来说说唐人的春节——除夕、元日、人日和元宵节。在中国节俗的演进中，这四个密集而隆重的节日，均起源于中国人驱邪祀神祈福避凶的民间心理。进入唐代，随着王朝的富庶太平，人们已经逐渐将传统的社祀变成了狂欢的引子，在辞旧迎新的时刻，以古老的习俗为载体，尽情释放自己欢乐的情绪。除夕这天，家家户户都要洒扫庭院，祭祀祖先，悬挂桃符，吃团圆饭，燃放爆竹，当然，在沿袭这些古老仪俗的同时，唐人也在做着自己的改变，这些岁末年俗的改变，很多都和唐朝皇帝的推动有关。比如将唐朝开国功臣秦叔宝、尉迟敬德作为驱鬼的门神。传说唐太宗夜梦鬼魅，于寝殿呼号，遂叫秦叔宝、尉迟敬德把门，鬼魅顿消，于是唐人便在岁末将秦叔宝、尉迟敬德画像贴于门扉，以震鬼邪，后渐成风俗。除夕挂钟馗像的习俗则和唐玄宗有关。传说玄宗梦见自己被显灵的钟馗救治，于是命画工吴道子依影画图，并诏告天下："烈士除妖，实须称奖。因图异状，须显有司。岁暮驱除，可宜遍识。以祛邪魅，兼静妖氛。"由此，钟馗便成为民间镇宅驱邪的鬼王，每到岁末，都被唐人贴挂供奉。而除此之外，唐以前每到岁末都进行的驱傩仪式，在唐代也有了变化。

驱傩击鼓吹长笛，瘦鬼染面惟齿白。

暗中崒崒拽茅鞭，倮足朱褌行戚戚。

相顾笑声冲庭燎，桃弧射矢时独叫。

——孟郊《弦歌行》

很显然，最早出现在《周礼》中的驱傩仪式，在历经千年的演变之后，已经由最初的庄严肃穆嬗变为孟郊笔下的唐人狂欢。戴着傩具的舞者在满城的爆竹声中，做着各种夸张的动作，而驱赶他们的人们则一路"桃弧射矢","相顾"而笑，用开心的戏谑驱走鬼魅，驱走一年中的最后一天。

除夕过去，伴着次日的朝阳，早早起床的人们将继续以满满的仪式感迎迓新年的第一天——元日。元日即正月初一，在唐代又被称作"岁日"。这一天，皇帝要接受文武百官的朝贺。新年的第一天，君臣都格外重视，朝贺的场面也最为隆重："寿色凝丹槛，欢声彻九霄。御炉分兽炭，仙管弄云韶"，这是包佶记录下的元日盛大的百僚朝会；"文武千官岁仗兵，万方同轨奏升平。上皇一御含元殿，丹凤门开白日明"，这是张祜笔下元日宫中堂皇煊赫的仪仗……宫廷的气氛如此隆盛，民间的烈度更是有增无减，在《荆楚岁时记》中，我们大致可以通过荆楚地区的风俗，窥见人们的元日仪轨：

正月一日是三元之日也。《春秋》谓之端月。鸡鸣而起，先于庭前爆竹，以辟山臊恶鬼。长幼悉正衣冠，以次拜贺。进椒柏酒，饮桃汤。进屠苏酒，胶牙饧。下五辛盘。进敷于散，服却鬼丸。各进一鸡子。造桃板著户，谓之仙木。凡饮酒次第，从小起。

《荆楚岁时记》成书于南北朝时期，事实上，承袭了汉魏以来元日风俗的唐人们，也一直都在这些复杂的仪式中度过新年的第一天。文中提及的椒柏酒、桃汤、屠苏酒、胶牙饧、五辛盘、敷于散、却鬼丸、仙木这些元日习俗之物，如今早已淡出了人们的春节生活，但这样的仪式感却以文字的形式固定成了永恒。尤其需要一提的是元日唐人饮屠苏酒的习俗。唐人韩谔在《岁华纪丽》中云："俗说屠苏乃草庵之名。昔有人居草庵之中，每岁除夜，遗闾里一药贴，令囊浸井中，至元日取水，置于酒樽，合家饮之，不病瘟疫。今人得其方而不知其人姓名，但曰'屠苏'而已。"从这则记载看，屠苏酒当为一种药酒，因为这位在元日分给乡邻药酒用以除病祛疾的世外高人结庐而居，其庐以"屠苏"自名，遂以"屠苏"命名此酒。唐人元日喝屠苏酒是有讲究的，一般都是家人中年纪最小的先喝，依次排列，年纪最大的最后才喝。在唐人看来，小孩过年是长了一岁，值得祝贺；而老人过年则是生命又减了一岁，最后喝，以祈长寿。"不觉老将春共至，更悲携手几人全。还丹寂寞羞明镜，手把屠苏让少年"，唐人大年初一全家饮屠苏酒的这种习俗，从顾况这首《岁日作》中，我们可以找到清晰的对应。

元日之后，接踵而至的一个重要日子，便是人日。董勋《问礼俗》载："正月一日为鸡，二日为狗，三日为猪，四日为羊，五日为牛，六日为马，七日为人。"这便是正月初七为"人日"的由来。这一天，最忙的要数家里的女性们，因为人日的习俗是"剪彩为人，或镂金薄（箔）为人，以贴屏风，亦戴之头鬓。又造华胜以相遗"。华胜又称彩胜，是用纸或金箔剪成人形或花鸟之形，贴在屏风上，也可戴在头发上。说到底，这个习俗就是为突出一个"新"字，彰显出人日里"人"的精气神，而裁剪这些祈福之物的又多为女性，所以人日这天当然也是唐代女性比拼手艺的好机会。"姹女矜容色，为花不让春。既争芳意早，谁待物华真。叶作参差发，枝从点缀新。自然无限态，长在艳阳晨"，当张九龄将人日的喜庆气氛化入这首《剪彩》诗中，我们看到的，是唐代女性对镜贴花黄的倩影，是她们心灵手巧的时空见证。

唐人辞旧迎新的节俗里，最具狂欢色彩的，当属正月十五的元宵节。元宵节又称上元节，起源于上古先人的天体崇拜。到了唐代，元宵节已然成为一年中最隆重的节日，因为此节一过，便标志着辞旧迎新的春节结束，繁忙的春耕生产即将开始。喜好热闹的唐人怎么能让这一天在平淡无奇中度过呢？如果说除夕、元日和人日还多是团圆之欢，亲朋之聚，那么在元宵节，人们则纷纷全家出动，走到户外，以唐人特有的热情和娱乐精神，投入到举国狂欢之中。在这场盛大的狂欢中，观灯、踏歌无疑是最重要的节日娱乐活动。

先来说观灯。观灯习俗始于汉代，至隋唐已成定俗，尤其是唐代，灯火更是成为烘托节日喜庆气氛的重要之物。《朝野佥载》记录了唐玄宗即位还不到半年的时候举行的一次观灯盛事。当时的元宵之夜，京师安福门外曾矗立起一座高达二十丈的巨型灯轮，"衣以锦绮，饰以金玉，燃五万盏灯，簇之如花树"，足可想见这位刚刚即位的新君是何等兴奋。不仅如此，玄宗对东都洛阳也没有"厚此薄彼"，生活在洛阳的唐人们，同样也见识到了最奢华的灯会。《明皇杂录》上说，东都洛阳张灯，"结缯丝为灯楼三十间，高百五十尺，垂以珠玉，微风一动，铿然成声，其灯为龙凤虎豹之状"，其富丽堂皇的程度，丝毫不亚于长安。皇帝对灯会热情如此之高，公卿贵族们自然争相影随。据说每年的上元之夜，杨国忠的子弟们都"各有千炬红烛围于左右"，而同样因杨贵妃裙带关系上位的韩国夫人也在灯事上出手阔绰，曾"置百枝灯树，高八十尺，竖之高山上，元夜点之，百里皆见，光明夺月色也"。一手打造了开元盛世的唐玄宗当然要放大这个彰显皇恩与民同乐的节日，正是从他开始，唐代的上元节由一天改为三天，从正月十四始至正月十六止，连续三天都是灯火的盛会，欢乐的海洋。

有了朝廷的大力推动，唐人的上元之乐自然也便达到高潮。"蓟门看火树，疑是烛龙燃"，这是孟浩然看到的蓟门灯火；"云车龙阙下，火树凤楼前"，这是顾况对沧州上元夜的渲染；"灯火家家市，笙歌处处楼"，这是白居易流连于杭州的良辰美景；"十万军城百万灯，酥油香暖夜如炁"，这是薛能在吟咏徐州的璀璨灯火……为了观赏花灯，爱热闹的唐人纷纷举家夜游灯河，平日里深居闺中的少女们也都走上街头，感受节日的喜庆，一时间，"车马塞路，有不蹑地浮行数十步者"。为了让人们恣意游赏，唐代每夜禁街的规定也相应作出调整，"金吾不禁夜，玉漏莫相催"，特别规定在上元节可以"放夜"开禁。这种节日的欢娱气氛一直绵亘到地处西北边陲的凉州，在那里同样呈现出"车马骈阗，士女纷杂"的热烈氛围，盛大的帝国气象，已经跃然眼前。

在百姓举家观灯、夜游灯河的同时，大街小巷丰富多彩的百戏表演，更在助推着唐人的狂欢热情。魔术、弄丸、舞剑、戴竿、扛鼎、走绳、傀儡……这些精彩纷呈的演艺形式，在灯火的掩映之下，无疑成为唐人上元节狂欢情绪的助燃剂，而在这当中，尤其值得一说的，是规模盛大的踏歌表演。踏歌又名打歌，在中国有着悠久的历史，唐王朝物阜民丰，加之精通音律的唐玄宗的大力推动，踏歌的规模也在不断升级。史料显示，在盛唐时期，元宵踏歌已成惯例。如果说唐玄宗即位不久的先天二年（713）元宵节，万千宫女在硕大的灯轮下可以踏歌三日夜，"欢乐之极，未始有之"，那么在随后的元宵节里，踏歌已是蔚然成风。宫廷的踏歌歌声清越，响遏行云，民间的踏歌更是灵活多变，激昂热烈。"自从雪里唱新曲，直到三春花尽时"，被称为"诗豪"的刘禹锡正是踏歌创作的高手，他的一系列踏歌词，无疑成为唐代盛行踏歌之风的最好注脚。而这位始终在宦海沉浮的诗人，在将贬谪之地的"虹谣俚音"化成飘荡于山水之间的大师之作的同时，也让自己的名字和盛大的节俗紧紧地缔结在了一起。

当除旧岁庆新年的爆竹之声渐渐消弭，和煦的春风吹遍大唐的时候，好玩好动好热闹的唐人也即将迎来真正属于春天的节日——寒食节、清明节和上巳节。如果说此前的除夕、元日、人日和元宵节，人们在户外的活动还受制于天气，瑟瑟寒风还束缚着人们的手脚，那么当春回大地，万物复苏，人们已经可以在杨柳依依中舒展筋骨，在姹紫嫣红中欢歌不绝。

万里春风中，人们首先走进的是寒食节。寒食节是个有着悠久历史的节日，因在每年冬至后的第一百零五天或一百零六天，故又名"百五节""百六节"。关于寒食节的来历，有着多种说法，流传最广的是"子推说"和"改火说"。

"子推说"，是指为了纪念介子推。据说当年晋文公重耳在流亡途中，一个叫介子推的臣子曾割股为其充饥。后来晋文公即位，遍赏功臣，却唯独忘了介子推。介子推耻于请功，于是便隐居绵山而不出。在几次请其出山未果之后，晋文公听信近臣之言，决定火烧绵山，逼介子推出山为官，结果令人没想到的是，这位耿介的臣子最终竟"抱木而燔死"。晋文公为此懊悔不已，遂诏令全国，要求国人每年在火烧绵山的当月禁火，只能吃冷食，谓之"寒食节"。此后，历代王朝均沿袭此制，渐成风俗。

至于"改火说"，则源于先民的拜火习俗。在古代先民看来，给人们带来便利的火种，更像一种有生之物，如始终保持火种长年不灭，便会生出灾祸，因此，一年之中必须有一天要举行禳解仪式，熄灭旧火，重燃新火，是为"改火"。"改火"这天，人们必须以冷食代之，然后才能重新钻燧取到新火，作为新一年生产与生活的起点，用《论语》的话说，就是"旧谷既没，新谷既升，钻燧改火，期可已矣！"此后，经过长期的历史演进和民俗流变，渐渐发展成了一个固定的节日——"寒食节"。

由于"寒食节"的节俗是要禁火，吃生冷之食，一时间，"普天皆灭焰，匝地尽藏烟"，许多老弱病少因不堪冷食，"虽有疾病缓急，犹不敢犯"，甚至出现了"岁多死者"的现象，加之此时的寒食节已逐渐和人们的扫墓祭祖结合在了一起，更让这个节日笼罩上了一层悲伤哀戚的色调。然而，当这个节日走进唐朝，走进骨子里透着狂欢特质的唐人的生活之中，却发生了根本性的改变。彼时的唐人，依然遵循着寒食禁火的古老习俗，依然在慎终追远的哀思中涌动着晶莹的泪光，但这些古老的仪式，已经挡不住人们热情拥抱春天的脚步。在扫墓之后，人们便融入踏青郊游嬉戏狂欢的各项活动之中，此前提到的唐人斗鸡之乐，正是从寒食节这天开始的。由于阳气上升，天气适宜，人们纷纷走出户外，拿出自己的斗鸡，寻找对手，以求一时之乐。"烟火临寒食，笙歌达曙钟。喧喧斗鸡道，行乐羡朋从。"孟浩然的这首《李少府与杨九再来》，说的正是寒食节唐人斗鸡的场景。除了斗鸡，还有蹴鞠、角力、拔河等一系列热火朝天的体育活动，而在这其中，最飘逸、最优雅的娱乐活动，莫过于荡秋千。

> 四十九年身老日，一百五夜月明天。
>
> 抱膝思量何事在，痴男騃女唤秋千。
>
> ——白居易《寒食夜》

白居易在寒食之夜写就的这首诗，已然将高高荡起的秋千作为了寒食节的重要意象。事实上，不仅是白居易，许多唐代文人都将秋千这一轻灵潇洒的体育活动挫入到了他们歌咏寒食的诗行："不见红球上，那论彩索飞"，这是韩愈在为寒食遇雨，看不到有人荡秋千而扫兴；"十年蹴鞠将雏远，万里秋千习俗同"，则是杜甫在怀念寒食蹴鞠的同时，对秋千这一唐人广泛参与的寒食娱乐活动的深情回望。当然，唐代的诸多流行，还是从大唐的皇宫大内中传开的，秋千在民间的盛行也不例外。《开元天宝遗事》载："天宝宫中，至寒食节，竞竖秋千，令宫嫔辈戏笑，以为宴乐。帝呼为半仙之戏，都中士民因而呼之。"看，又是唐玄宗！这位将唐帝国的马车驰骋到极致的皇帝，总是能别出心裁，将他的子民带入到狂欢的氛围之中。正是秋千这种"半仙之戏"，让身处禁火之日的唐人无论在宫廷豪邸还是闾里坊间，都可以衣袂飘动，热情升腾，尤其是大唐女性，身轻裙薄，更可以灵动的身姿和绯红的笑靥，去对应万紫千红的无边春色。据说高宗时曾对"寒食上墓，复为欢乐，坐对松槚，曾无戚容"的唐人发出过一些禁止娱乐的禁令，但早已将传统礼法与世俗心理同时融入骨血的唐人，又怎么会完全以悲戚之情面对大好春光呢？当大唐宫廷的寒食狂欢行乐之风劲吹，当斗鸡百戏完全点燃了寒食节所缺失的热力，身处民间的唐人，随之掀起一轮又一轮高涨的狂欢热浪，最终，将慎终怀远与张扬趋乐这两种迥然不同的心理状态矛盾而统一地融汇成为寒食节里唐人的特有情绪。

> 朱骑传红烛，天厨赐近臣。
>
> 火随黄道见，烟绕白榆新。
>
> 荣耀分他日，恩光共此辰。
>
> 更调金鼎膳，还暖玉堂人。
>
> 灼灼千门晓，辉辉万井春。
>
> 应怜萤聚夜，瞻望及东邻。
>
> ——韩濬《清明日赐百僚新火》

有禁火，就要有取火，一禁一取之间，完成的正是寒食节的"改火"过程。由于寒食就在清明节气的前两天或三天，因此在相当长的时期内，清明一直是寒食节的重要组成部分。寒食初日，也是禁火初日，待两三日后迎来清明，则重新点燃新火，吃热食，寒食节也标志结束。作为节气的清明真正演化成节日，从寒食节剥离出来，源于唐人的节俗构建。在唐代，人们对清明取火的仪式极为重视。在唐人看来，寒食所灭之火为"旧火"，而清明生取之火则是旺盛的"新火"，它点燃的，不仅是一丛火焰，更是新年的新希望。韩滉的这首《清明日赐百僚新火》，描摹的正是唐朝皇帝在清明节赐百官新火的隆重仪典。《辇下岁时记》载："至清明，尚食内园官小儿于殿前钻火，先得火者进上，赐绢三匹，金碗一口。"以最原始的方式钻木取火，体现着唐人对火的敬畏，更做足了清明作为一个独立节日的仪式感；尤其是当大唐皇帝将宫人们辛苦钻取的火种赐给御座之下的文武百官，更加显示出其至高无上的威仪与绵延浩荡的皇恩。"火随黄道见，烟绕白榆新。荣耀分他日，恩光共此辰"，相信写下此诗的韩滉，和所有被赐新火的大臣一样，彼时心中荡漾起的，是一份独属于清明节的骄傲与荣光。

如果说赐新火的仪式感还是局限于皇宫御苑，那么对于闾里细民而言，清明节的意义，已在于能让人们的祭扫活动跃动起火光。"三日无火烧纸钱，纸钱那得到黄泉？"由于寒食节禁火，人们墓祭死者的纸钱不能烧而只能压于坟顶，只有在清明节这天，人们才能将纸钱焚化，"送达"黄泉之下的亲人，正因如此，人们在寒食节的墓祭活动开始逐渐在清明节完成。当然，和寒食节里人们的狂欢气氛一样，清明节同样也是人们亲近自然享受春光的好时辰。"清明不戴柳，红颜成皓首"，由于柳树具有强大的生命力和旺盛的繁殖力，扫墓归来的唐人喜欢将新生的柳条圈起来戴在头上，或是佩戴在衣服上，祈求生命的力量。踏青郊游的人们还有一项清明必备之物也是随身携带，那就是"彩蛋"。人们相信，清明吃"彩蛋"，可以"发积藏，散万物"，"补益滋味"，于是便将鸡蛋、鸭蛋、鹅蛋等各种蛋类染成"蓝茜杂色"，甚至还绘上精美的花纹，在清明时节，拿出来相互赠送，相互祝福。"著处繁花务是日，长沙千人万人出。渡头翠柳艳明眉，争道朱蹄骄啮膝。"杜甫笔下的长沙唐人，以倾城而出的阵势融入清明时节的浩荡春风里，而这种景象又何尝不是大唐全域的清明写照呢？当人们在墓祭之后，转而以欢娱之姿探春访胜感受春光，我们看到的，是唐人"行乐不违亲"的生命意识，是拒绝暮气充满朝气的生命状态！

当然，无论是寒食还是清明，在唐人眼中，多少还笼罩着一丝哀伤的情绪，毕竟祭祀扫墓是一件庄严肃穆之事，但清明过后，马上进入的上巳节，具备狂欢特质的唐人已经可以无须禁忌，将自己完全融化在春光里。上巳节也是缘于辟邪除灾的古老节俗，这一天，人们取水洗濯，以驱不祥，是为"修禊"。魏晋以后，上巳节被定在三月三，因此又有"三月三"节之称，这个时期，节日的娱乐气氛已渐渐冲淡传统的巫术意味。到了唐代，随着唐人纷纷在这一天踏青游宴，青年男女们在月下花前自由结交，上巳节已经成为唐人的狂欢之节。《开元天宝遗事》载，每到这一天，长安的贵家子弟，都"游宴供帐于园圃中，随行载以油幕，或遇阴雨，以幕覆之，尽欢而归"，而长安的仕女，此时也"游春野步，遇名花则设席藉草，以红裙递相插挂，以为宴幄"。当然，最热闹的还是长安的曲江之滨，在那里，唐人仿效魏晋的"曲水流觞"，盛聚曲江，大行"曲江流饮"之乐，而皇帝也会在此大宴群臣，于歌吹震天之中"倾动皇州，以为盛观"。

"一年之计在于春"，春天各种丰富多彩的节俗让唐人在后人的眼中更加立体，而夏秋两季接踵而来的端午节、七夕节、重阳节和唐代新置的千秋节，则让我们看到，唐人的狂欢性格已经和唐代所有的节俗发生了紧密的勾连。这些节俗，与其说是传统的嬗变，莫如说是欢乐的入口，彰显着唐朝的魅力，更彰显着唐人的活力。

五月五日天晴明，杨花绕江啼晓莺。

使君未出郡斋外，江上早闻齐和声。

使君出时皆有准，马前已被红旗引。

两岸罗衣破晕香，银钗照日如霜刃。

鼓声三下红旗开，两龙跃出浮水来。

棹影斡波飞万剑，鼓声劈浪鸣千雷。

鼓声渐急标将近，两龙望标目如瞬。

坡上人呼霹雳惊，竿头彩挂虹蜺晕。

前船抢水已得标，后船失势空挥桡。

疮眉血首争不定，输岸一朋心似烧。

只将输赢分罚赏，两岸十舟五来往。

须臾戏罢各东西，竞脱文身请书上。

吾今细观竞渡儿，何殊当路权相持。

不思得岸各休去，会到摧车折楫时。

——张建封《竞渡歌》

张建封这个名字，我们在前一节已有提及，这位中唐的封疆大吏，能文能武。之所以全文录入他的这首《竞渡歌》，是因为在《全唐诗》描写端午龙舟竞渡的诗歌中，这首诗是最有气势也是最注重细节的，诗里无论是竞渡的划手还是助阵的观众，都刻画得相当生动传神。作为一个纪念屈原的节日，阴历五月初五的端午节有着悠久的历史，而作为端午的一项重要活动——龙舟竞渡，同样也是世代传承。《隋书·地理志下》载："屈原以五月望日赴汨罗，土人追至洞庭不见……因尔鼓棹争归，竞会亭上，习以相传，为竞渡之戏。"如果说当年端午节的缘起还透着缅怀屈原的伤感，那么当这一节俗沿袭至唐代，已经成为唐人狂欢精神的外化呈现。

和历史的传承一样，每到端午这一天，唐人也要将五彩丝线戴在手臂上作"长命缕"，也要将艾草高悬于门扉之上，以禳灾祛疾，也要吃粽子，取百索粽、九子粽这些美丽的谐音求得多子多福。和以往的端午节不一样的，则是唐人将他们的戏谑态度和好勇争胜的个性也融入了这个悠久的节日，从而进一步提升了端午节的趣味性和狂欢色彩。《开元天宝遗事》载："宫中每到端午节，造粉团、角黍贮于金盘中，以小角造弓子，纤妙可爱。架箭射盘中粉团，中者得食，盖粉团滑腻而难射也。"会玩的唐人不会放过任何一个节俗，文中提到的角黍正是唐宫里的粽子，只不过这种粽子已然成为宫人们娱乐的道具，一支小箭射去，只有中者得食，什么都要斗上一斗的唐人总能在传统的节俗中创造着竞技的快乐。

当然，最充满烈度的竞技之乐，还是流行于江南水乡的龙舟竞渡。每到端午节这一天，生活于南方水乡的唐人们便会聚于江边水畔，观赏着一年一度的竞渡赛事。在祭祀过屈原之后，随着鼓声骤起，泊在江边的龙舟立时有如万箭齐发，向着终点冲去。但见龙舟上的众划手个个奋力划桨，白浪翻腾，而亢奋的击鼓手更是用密如雨点的鼓声，和岸边欢呼的人群形成热烈的对应。"鼓声渐急标将近，两龙望标目如瞬"，当最快的龙舟夺得锦标，挥汗如雨的唐人，欢呼胜利的唐人，已经将他们奔放的个性、好强的精神悉数抖落进浪花腾动的江水之中。

当喧嚣的端午节过去，人们的娱乐精神仍然在节日中延续。七月七的七夕节，人们会按例俗"设酒脯时果，散香粉于筵上"，全家老少同聚院中，共邀牛郎织女星；少女们也会在此时设香案，置瓜果，迎巧娘（织女），拿出自己最得意的女红向织女乞巧。八月十五的中秋节，因为传说唐玄宗梦游月宫，得到了霓裳羽衣曲，民间又将古已有之的祭月习俗固定成节日，这一天要祭拜月神，品尝据说从高祖年间就流传开来的军中祝捷食品——月饼。到了九月九的重阳节，人们更是纷纷遍插茱萸，饮菊花酒，结伴出行，登高求乐，常常是"幄幕云布，车马阗塞"。

盘点唐人的节日，无疑是密集而多元的。有学者统计，虽说以节为假制度始自秦汉，但将休假制度推向极致并对后世产生深远影响的朝代却是唐朝，一年中，唐人休假的天数加起来甚至超过了五十天！而如果说这些有着历史渊源的传统节俗让唐人的狂欢精神得以尽情释放，那么，唐朝皇帝将自己的生日纳入全民的狂欢之中，则更让唐人对自己身处的王朝有了深深的认同感和归属感。

洪迈《容斋随笔·诞节受贺》中曾说："诞节之制，起于明皇，令天下宴集，休假三日，肃宗亦然，代、德、顺三宗皆不置节名。及文宗以后，始置宴如初。"看看，唐玄宗的身影又从缄默的史书中跳将出来！史载，开元十七年（729）八月初五这天，适逢唐玄宗生日，玄宗在花萼楼大宴百僚，就在群臣山呼万岁之时，宰相张说上表陈奏："请以八月五日为千秋节，著之甲令，布于天下，咸令宴乐，休假三日。群臣以是日献甘露醇酎，上万岁寿酒，王公戚里，进金镜绶带。士庶以丝结承露囊，更相遗问。村社作寿酒宴乐，名为赛白帝报田神。上明元天，光启大圣；下彰皇化，垂裕无穷，异域占风，同见美俗。"张宰相在这篇洋洋洒洒的《请八月五日为千秋节表》中，引经据典，谀词飞扬，当然深契帝心。宰相带头了，百官们为何不顺水推舟呢？ 时间，群臣都异口同声，表请玄宗以八月五日为千秋节。玄宗当然喜欢这样隆重地"自我作古"，遂欣然同意，并下诏在千秋节这天，"天下诸州咸令宴乐，休假三天"。自此，千秋节正式进入大唐节俗；而将皇帝诞日作节，也从玄宗起，历朝历代延续下来。

皇帝的生日当然要更加隆重热烈，举国同乐。《新唐书》中，曾以这样一段文字，记录下千秋节的盛况：

其日未明，金吾引驾骑，北衙四军陈仗，列旗帜，被金甲、短后绣袍。太常卿引雅乐，每部数十人，间以胡夷之技。

内闲厩使引戏马，五坊使引象、犀，入场拜舞。宫人数百衣锦绣衣，出帷中，击雷鼓，奏《小破阵乐》，岁以为常。

从这段文字，可见唐宫里千秋节的奢靡排场，而千秋节里宫廷舞马的精彩表演，更让大唐君臣沉浸在盛世欢歌之中。当然，皇帝过生日，群臣要进献礼物，皇帝也要赐返给臣子们礼物，这礼物是什么呢？它们有一个统一的名字——千秋镜。将铜镜作为礼物，照见的是大唐的浮华，也照见了皇帝的恩宠。"铸得千秋镜，光生百炼金。分将赐群后，遇象见清心。台上冰华澈，窗中月影临。更衔长绥带，留意感人深。"当唐玄宗的这首《千秋节赐群臣镜》夹藏进《全唐诗》，一个盛世帝王的骄傲与光荣，仿佛就在眼前。而当我们将视线从宫廷移向民间，便会发现，千秋节和风行大唐的所有节俗一样，都已经成为唐人纵情狂欢的由头。三天的假期，是皇帝的生日，更给了唐人从自家封闭的空间走向街头的理由。当人们或兴致盎然，举家观赏精彩的坊间百戏，或主动参与，加入酣畅热烈的体育活动中，我们相信，这就是节俗的魅力，这就是节俗的力量。

"万里秋千习俗同"，没错，唐人的节俗，延续的是传统，激发的是活力，影响的则是后世的风尚，这个存续了近三百年的帝国，正是以精彩纷呈的节俗，强化并外化了只属于唐人的狂欢精神！

处处青楼夜夜歌

说到唐人娱乐，以乐舞悦人、以色艺事人的娼妓不可不提。这个曾主要由倡、伎两类女性乐人构成的职业，在放浪奢靡之风盛行的唐代，达到了相当的规模。风姿绰约的女子，抖动起绣襦，就抖落了一场炫目的花雨，而她们在秦楼楚馆中的一次颦眉一次浅笑，就可以让公子王孙文人士大夫对酒当歌，醉饮千盅。这群游走于历史长廊中的特殊影像，身姿婀娜，歌喉圆润，技艺娴熟，与文人和艺术都有联系，但同时，她们又蜷缩在历史的深处，一派沉歌醉舞之中，成为侑觞佐酒的道具，欢乐场的制造者，浮华喧嚣的一部分，而她们自己，又是那么地脆弱和卑微，很多人终其一生，都不知情归何处，甚至，都没有留下真实的名字。

早在春秋时期，贵族之家就已经开始蓄养"女乐"，春秋时的齐国，随着齐相管仲的力推，更是设立官家妓馆，旨在增加国家收入，清人褚学稼在其《坚瓠续集》中曾云："管子治齐，置女闾七百，征其夜合之资，以充国用，此即教坊花粉钱之始也。"

历史的辙痕一路延续，当大唐帝国积聚起巨大的社会财富，繁荣的商业经济刺激起唐人的消费欲望,娼妓业这种业已出现千年的娱乐消费也呈现出遍地开花之势。冶游、纵乐之风,和开放自由的大唐之风一起,毫无禁忌地愈刮愈烈,不仅王公贵族以偎红倚翠为乐,普通黎庶百姓也可以在相对低档的风月场寻找到欢娱的出口。史载,唐河东薛迥与其徒十人于洛阳狎妓,"留连数夕,各赏钱十千",睦州刺史柳齐物为了美妓,更是一掷千金,他曾欲睹当地名妓娇陈芳容,娇陈答之:"第中有锦帐三十重,即奉事终身。"没想到,她的这个意在抬高门槛的回复,却让柳齐物当了真,第二天,真就"如数载席帐以行",出手毫不含糊。可以说,正是这种消费需求的激增,让青楼妓馆迅速成为唐人娱乐消费产业中的一支力量。放眼大唐全域,从长安、洛阳两京到各道州县,"家家之香径春风,宁寻越艳;处处之红楼夜月,自锁嫦娥"。据说,当时控扼水陆交通的扬州,名妓云集,被认为是"灵淑之气所钟,诸方不能敌也",每到夜晚,"倡楼之上,常有绛纱灯万数,辉罗耀列空中,九里三十步街中,珠翠填咽,邈若仙境",烟花炫目灯影繁华之状可见一斑;而作为大唐新兴经济中心的苏州,同样是佳丽荟萃之地,"姑苏碧瓦十万户,中有楼台与歌舞",流红叠翠纸醉金迷之境总能让人沉醉其中,不知归路,在晚唐诗人韦庄的诗句"当年人未识兵戈,处处青楼夜夜歌"中,我们完全可以想见当年扬州青楼妓业的繁盛。

当然,最负盛名的秦楼楚馆,还是在京师长安,在长安人声鼎沸的里坊之中,平康坊之北里,也许并不是最显赫最具排场的一片唐人聚集区,但它无疑是长安最具人气、最充满笙歌管弦的一片唐人欢娱之所。早在初唐，平康坊之北里，就被文人们用诗歌打上了"欢场"烙印。"娼家日暮紫罗裙，清歌一啭口氛氲。北堂夜夜人如月，南陌朝朝骑似云。南陌北堂连北里，五剧三条控三市"，这是卢照邻在歌咏北里之盛；"听笙竽于北里，退思齐国之音；觌瑰宝于东山，自耻燕台之石"，这是杨炯对北里的理解；"弋阳公座辟青轩，饰开朱邸，金筵玉瑟，相邀北里之欢；明月琴樽，即对西园之赏"，这是陈子昂眼中的北里浮华……显然，长安平康坊之北里，已经成为唐人眼中娼妓的聚集之地，《开元天宝遗事》更称这里是"妓女所居之地，京都侠少萃集于此，兼每年新进士以红笺名纸游谒其中，时人谓此坊为风流薮泽"。当这处"风流薮泽"终日摇曳着灯红酒绿，充斥着淫声浪笑，平康坊，已经以其独有的标签，弥散进文人的诗行，而北里，实际上已经成为大唐风月场的代名词。

平康坊北里之所以负有如此盛名，首先还是因其在长安城中所处的地理位置。平康坊位于长安皇城东南角，并开四坊门，"皇城之左右共七十四坊，各四门，广各六百五十步"，这与仅开两门"广为三百五十步或四百五十步"的普通坊区相比，无论是从宽广度还是所开坊门数量上，都已占优；其次，是平康坊所邻皆"要闹坊曲"，东邻东市，北与崇仁坊隔道相邻，当时地方各方镇驻京办事处叫做进奏院，崇仁坊内有进奏院二十五个，而平康坊内就有十五个，这里自然成为举子、选人和外省驻京官吏和各地进京人员的聚集地。官场离不开酒场，酒场又少不了有娼妓助兴的欢场，平康坊之北里，正是在此起彼伏的觥筹交错声里，成为了长安乃至全唐最聚人气的欢场。

> 诸妓皆居平康里，举子、新及第进士，三司幕府但未通朝籍、未直馆殿者，咸可就诣。如不吝所费，则下车水陆备矣。其中诸伎，多能谈吐，颇有知书言话者。自公卿以降，皆以表德呼之。其分别品流，衡尺人物，应对非次，良不可及。

这段文字，出自晚唐僖宗时一位叫孙棨的官员写的笔记小说——《北里志》，记录的是黄巢攻入长安之前平康坊歌妓的生活，旨在缅想繁华，追慕盛时。曾经见识过平康坊无边风月的孙棨，认为生活在这里的娼妓"多能谈吐，颇有知书言语者"，她们"分别品流，衡尺人物，应对非次，良不可及"，而他在《北里志》记录下的若干青楼故事、娼妓小传，则从侧面让我们得以窥见这种奢靡的娱乐消费在唐朝的需要之广和经营之盛。

在长期的历史演进中，由于出身不同，素质有别，服务的对象有高低贵贱之分，倡伎也被分成了宫妓、官妓、营妓、家妓、私妓等几大类别，分处于这几大类别中的妓女，随着时代的变迁，王朝的更迭，在数量上越来越呈现出上升之势，尤其进入唐朝，更是从上到下，构成唐人娱乐消费的重要内容。

珠箔轻明拂玉墀，披香新殿斗腰支。

不须看尽鱼龙戏，终遣君王怒偃师。

——李商隐《宫妓》

　　读着李商隐的这首《宫妓》，让我们先走进"妓"的最高层级——宫妓。所谓宫妓，是指那些被从民间选来的女子，她们的服务对象，就是九五之尊的皇帝。尽管早在春秋战国、秦、西汉时期，后宫佳丽就成为了王朝的风景，但真正将从民间采选美女供帝王享乐作为一项制度传承，还始自东汉。东汉法令规定每年都要挑选民间女子入宫，而挑选的标准是：年龄在十三岁以上，二十岁以下，姿容妍丽，面相姣好的女子，选中者即乘车入宫，供皇帝"登御"，凡有幸承天子雨露，即有可能立为妃嫔。东汉以后，历代王朝基本上都要沿袭这项民间采选制度。隋炀帝时，这个纵欲无度的皇帝曾"密诏江淮诸郡阅视民间童女，姿质瑞丽者，每岁贡之"；唐玄宗时，为了将更多庶民之家的美貌女子揽入宫中，专设了"花鸟使"，玄宗下诏，若藏匿其女不应征选，即处死刑。《开元天宝遗事》曾记载，唐玄宗与杨贵妃"每至酒酣，使妃子统宫伎百余人，帝统小中贵百余人，排两阵于掖廷中，目为风流阵。以霞被锦被张之为旗帜，攻击相斗，败者罚之巨觥以嬉笑。"这些被锁入深宫的宫妓，她们不仅要求风姿绰约，同时还要才艺卓然，她们要随时准备帝王临幸，还要擅作一枝解语之花。然而，后宫粉黛三千，真正能被皇帝雨露恩泽的女子又有几人？流传于唐代民间的"红叶题诗"故事，说的正是来自宫妓的叹惋哀伤。

流水何太急，深宫尽日闲。

殷勤谢红叶，好去到人间。

——无名氏《题红叶》

据传这首诗，为唐僖宗年间一个无名宫妓所写，而这首诗被发现，则是因为一个叫于祐的士子。某日，于祐在皇城宫墙外漫步，路经御沟，忽然发现随着御沟流水源源不断漂出一些带着墨迹的红叶，他便好奇地捡起一片红叶，却发现红叶上分明上题着一首充满忧怨的诗："流水何太急，深宫尽日闲。殷勤谢红叶，好去到人间。"拾到这枚红叶的于祐心想一定是宫中某位才女所作，遂心生思慕，回到家中，辗转反侧不能成眠，第二天他也找来一片红叶，题了两句诗"曾闻叶上题红怨，叶上题诗寄阿谁？"将其放于御沟上游的流水后，于祐怅然离去。在这个多情的才子看来，红叶传情不过是一个美好的玫瑰梦。然而，世间机缘竟有如此巧合，几年之后，唐僖宗放出三千宫女回民间婚配，于祐经人牵线，与一位韩姓女子结缘，洞房花烛之夜，于祐赫然发现眼前的新娘竟保留着当年自己投进御沟的红叶，夫妻二人不禁百感交集，红叶为媒的故事由此成为民间传诵的一段佳话。

关于红叶题诗的故事，民间还有多种版本，《本事诗》里记当事人为顾况，而《云溪友议·题红怨》中则变成了卢渥。虽然版本不同，但结局都大同小异，一片红叶，两处相思，最后有情人终成眷属，由此，蘸满墨迹的红叶，在爱情的洪流中有了诗意的注脚，也让中国后宫演化的历史多了几分温情。然而，当我们透过厚重的宫墙，谛视宫妓这个咽泪装欢的后宫女性群体，我们不禁要问："红叶题诗"这个浪漫故事的可信度究竟有多少？这群粉黛囚徒，又有几人能将自己的青春寄托在一片红叶之上？

　　和宫妓一样，官妓、营妓也属公妓的范畴，而所谓公妓，则是指这些妓女为公家所属之物，她们不得擅自收费，唯有服从，任由宫廷官府支配，只不过宫妓的服务对象是皇帝，而官妓、营妓的服务对象则是公卿百僚，官帅将佐。在唐代，这些官妓、营妓，有的是出身微贱，被迫沦落风尘，有的则是名门闺秀，因父兄涉事牵连，打入娼门，她们与官府之间是一种契约关系，官府会给她们提供生活用度，而她们的名字则被官府记录在册，完全没有自己独立的人格，不得嫁作人妇，一入官府籍册，便要终生为妓，能成功赎身者寥寥无几。她们，是官场酒宴上招之即来挥之即去的侑酒工具，将桌酒上的调笑声不断放大，就是她们的职责所在。"公门衙退掩，妓席客来铺""妓筵今夜别姑苏，客棹明朝向镜湖"，当白居易乐而不疲地穿梭于各种公务消费的妓筵，这位乐天居士之乐，显然不在于满桌的珍馐美味，有俏佳人在侧，才是人生至乐。

　　而丧失独立人格的官妓、营妓，只能强颜作笑，稍有不慎，甚至会惹来杀身之祸。据说唐代岭南曾有一营妓，在宴席之上得罪了宾客，竟被当地官吏处以棒刑，看着这位营妓的娇躯被打得皮开肉绽，痛不欲生，这些官员竟然还能赋出诗来，"绿罗裙下标三棒，红粉腮边泪两行"，简直无耻之极。而一个叫杜红儿的营妓，命运就更加凄惨了，她也是在一次宴席上，被富州驻军长官手下一个叫罗虬的官员看上，被赠以缯彩，要其唱歌，可因这杜红儿早已被军中副帅看上，不允许她接受馈赠，更不允许她献歌，结果恼羞成怒的罗虬竟然挥刀将杜红儿砍死。倒在血泊中的杜红儿，命若蝼蚁，在大唐的遍地狂欢之中，她和那些被官府永久绑定的官妓、营妓一样，是制造狂欢的一分子，但真正的欢乐，根本与她们无关。

> 鬓鬟梳头宫样妆，春风一曲杜韦娘。
> 司空见惯浑闲事，断尽江南刺史肠。
>
> ——刘禹锡《赠李司空妓》

刘禹锡这首《赠李司空妓》，引出的是"司空见惯"的典故，而这则典故出自唐人孟棨的《本事诗》。《本事诗》中说，刘禹锡任主客郎中、集贤殿学士时，司空李绅仰慕刘禹锡之名，盛邀其到府中做客，酒酣耳热之际，李绅遂命家中一妙妓唱歌佐酒。刘禹锡被这位丽人的美貌和歌声所动，当即便挥毫泼墨，写作了此诗，而一句"司空见惯浑闲事，断尽江南刺史肠"，不仅让"司空见惯"不胫而走，成为人们沿用至今的成语，更让这位"诗豪"抱得美人归，李绅见刘禹锡如此钟爱这位歌妓，当即大方地将其赠给了刘禹锡。

这个故事中提到的歌妓，正是娼妓中的另一大类别——家妓，和前面提到的官妓、营妓不同，家妓是官绅豪富的私有之物。在唐代，朝廷的助推让官员的蓄妓成为一种风尚，天宝十载，唐玄宗下诏："五品以上正员清官，诸道节度使及太守，并听当家育丝竹，以展欢娱"，而此前也有规定，"三品以上，听有女乐一部，五品以上，女乐不过三人"，但事实上，大唐官吏们蓄养家妓的数量都远远超出了规定，很多官僚贵族家中蓄养的家妓数量都相当惊人，堪与宫妓媲美。这些家妓，是王孙贵胄的奴婢，更是他们在人前炫耀的资本，晚唐权臣郑注在太和初年赴任河中时，"姬妾百余尽骑，香气数里，逆于人鼻"，泾原节度使周宝年已八十三，"筋力尤壮，女妓百数，尽得七七之术"，而一个叫李义恭的官员更是"性豪奢，重游宴，歌姬舞女百有余人"。当然，蓄养家妓，也是文人官员的"雅好"，走进白居易诗行的樊素、小蛮，都是其买进府中的尤物，前面提到的刘禹锡，同样也是府中藏娇。据说有一次朝中权臣李逢吉在家设宴，邀请刘禹锡及另外几位大臣，每个人都带上了自家美妓，结果酒宴过后，刘禹锡带去的家妓被李逢吉看上，强留府中，刘禹锡只能徒唤奈何。"旧曾行处遍寻看，虽是生离死一般。买笑树边花已老，画眉窗下月犹残"，当刘禹锡一口气写下四首《怀妓》诗，我们隔着历史的窗棂，仿佛都能感受到这位"诗豪"如家中珍宝被抢一般的愤懑与无奈。

相比较而言，落入文人士大夫的府邸，对于这些家妓还是一件幸事，毕竟在这样的环境中，她们还能读一读诗书，抚一抚琴弦，如果落入了一些单纯为了满足肉欲的达官显贵之家，这些可怜的女人便只能成为贵胄们宣淫泄欲的机器，生命也如草芥一般廉价。唐玄宗时，有一位叫严挺之的官吏，对家妓玄英百般宠爱，其子严武极为不满，于是便趁玄英熟睡时将其锤杀。本来宠妓惨死，严挺之应当恼怒才是，不想他却大赞严武少年英勇，有杀人的勇气。更有变态者，如申王李撝，在风雪苦寒之际，家中不生炭火，他的取暖方式，竟是让一群家妓密围于坐侧，来为其抵御寒气，并美其名曰"妓围"。岐王李范更是有过之而无不及，这位王爷冬天取暖，也是"不近于火，惟于妙妓中揣其肌肤，称为'暖手'"。这些寄身于深宅大院中的女子，其实就是一群毫无尊严可言的粉黛囚徒，当她们在太湖石下埋下一方方泣血的香帕，她们的生命，她们的姣容，也随之化成尘土，随风而逝。

　　妓女的最后一个类别，就是散落在青楼之中的私妓，这些倚楼卖笑的倡优，不是官府的公有之物，也不是蓄养于官员家里的家妓，她们当中很多人，也许没有"出官使"的任务，但因隶属于私人经营的妓馆，她们更要频繁地陪酒侍宴，出入于仆马豪华之所，周旋于达官贵人之间，博取买春者的欢心。而尝尽狎妓之乐的官僚阶层，又怎会满足于家中的蓄妓，在遍布大唐的秦楼楚馆，他们仍是出手阔绰的常客。"腰缠十万贯，骑鹤上扬州"，每到烟花三月，大批官绅游吏，巨商富贾，便会拥进花街柳巷，拉动起整个扬州的消费热潮；而长安的平康里从来就不失热闹喧哗，一拨又一拨金榜题名的举子，在数载寒窗苦读之后，终于可以不必在书中意淫"颜如玉"，纷纷走进青楼妓馆，喷薄释放出自己的情欲；至于一拨又一拨进京跑官的地方官吏，则会以这些青楼妓女作为公开的贿赂，买通京城高官，谋得个上升的通道；更有甚者，拥有万千粉黛的皇帝，同样对这些散处民间的妓女大感其趣，史载唐睿宗常"置妓乐于中宵，杂郑卫之音，纵倡优之乐"，唐武宗更是曾让"宦者请令扬州选择妓女，诏扬州监军取解酒令妓女十人进入"。打开娼妓之门，大唐的歌舞升平全民娱乐，折射出物阜民丰的经济底色，更呈现出复杂多元的社会心理。

晴景悠扬三月天，桃花飘俎柳垂筵。

繁丝急管一时合，他庐邻肆何寂然。

——韦应物《酒肆行》(节选)

韦应物的这首《酒肆行》，描绘的是在酒肆妓馆中的倡优演唱助兴的场景，其实，这样的场景在唐代遍地皆是，而对于唐代娼妓而言，会引吭高歌，可抚琴弄筝，能临风而舞，更是她们从业的基本技能。这些曼舞笙歌的丽人，都非生而知之，而是学而知之，对她们进行的才艺培训，更是分出了若干等级。

优伶的才艺培训从周朝便已开始，但是真正进入盛期的，却是在唐代，其中隶属宫廷掌管的机构是教坊和梨园，隶属政府管辖的为大乐署和鼓吹署，史载，"唐之盛时，凡乐人、音声人、太常杂户子弟隶太常及鼓吹署，皆番上，总号音声人，至数万人"。在这些艺术机构中，不仅有类似李龟年这样的男艺人，还有大量女艺人和女"学员"。充斥教坊和梨园的女艺人和女"学员"们，大部分都是从宫妓中选拔而出，在严格的才艺培训中，她们要熟谙唱歌的技巧，要学会琵琶、五弦、古筝、箜篌等乐器，要对各种舞姿做到游刃有余。她们的任务，不仅要专门为皇帝妃嫔王公百僚的朝会飨宴助兴，更要在郊庙祭祀、国家大典中承担重要的礼仪职能。

宫妓们的才艺培训堪称高大上，而作为官妓的丽人们也被要求须具备高超的才艺，在各级州县的"衙前乐"和军队的"乐营"中，这些被编入"乐籍"的官妓，同样也都在外教坊中经历过严格的专业艺术培训。所谓外教坊，有别于专供皇家宫妓培训的"内"教坊，实际是朝廷设在民间的艺术学院。在这些外教坊之中，官妓们接受的培训丝毫不比宫妓们少，她们同样要尝尽学艺的各种苦头，掌握各项才艺技能，而她们这样做的一切，就是要承担自己"出官使"的责任与义务，用她们婉啭的歌喉曼妙的舞姿，去提升一场场公宴欢娱的烈度，去营造一次次应酬开心的氛围。

对于蓄养在达官贵人府中的家妓，同样也要色艺双绝。晚唐侍中路严镇守成都之时，"日以妓乐自随，宴于江津"，而白居易的家妓更是个个能歌善舞。唐人孟棨《本事诗》载，"白尚书姬人樊素善歌，妓人小蛮善舞。尝为诗曰：'樱桃樊素口，杨柳小蛮腰。'年既高迈，而小蛮方丰艳，因为杨柳之词以托意，曰：'一树春风万万枝，嫩于金色软于丝。永丰西角荒园里，尽日无人属阿谁。'"而至于像卖笑于平康坊的那些青楼女子，更是要相貌与才艺兼而有之，唯其如此，才能招徕生意，宾客盈门。在她们之中，同样有不输于宫妓和官妓的高手，像刘采春，可以做到"每一发调，闺妇行人莫不涟涕"，而张红红则善唱《长命西河女》，杜秋娘善唱《金镂衣》，刘采春之女周德华演唱的《杨柳枝》更是冠盖群芳，她们当中很多人，甚至由于善唱某曲，干脆被人以曲名代替了艺名。

　　当然，在文风浩荡的唐朝，娼妓们最值钱的"卖点"，便是她们的文采，不论是宫妓、官妓、家妓还是民妓，单有出众的相貌是远远不够的，而在她们接受的各种培训中，能够写得一手好诗文，才最能应和上时代的风尚。正如宋人张端义所说的"唐人尚文好狎"那样，在《全唐诗》中行进，我们能看到大量怀妓、别妓、寄妓、伤妓的诗作，这些和妓女有关的诗作加起来有两千余首，而很多出自娼门的女性，也因为写过百余首哀婉凄切的诗歌，得以将自己的名字汇入群星璀璨的唐代诗人方阵之中。身处在诗风盛行的唐代，妓女与文人之间，实际上已经形成了一种相互补充相互依存的关系，很多诗人诗作的流传需要由青楼歌妓们来推动，而诗人们的一首诗，则往往又能决定一个妓女的门前是车水马龙，还是门庭冷落。

　　我们不妨从唐人笔记小说《云溪友议》中找一个故事来做佐证。话说有个吴楚狂生崔涯，诗文很是了得，"每题一诗于倡肆，无不诵之于衢路，誉之则车马继来，毁之则杯盘失措"。据说有一次崔涯曾写诗对扬州名妓李端端大加嘲讽，"黄昏不语不知行，鼻似烟窗耳似铛。独把象牙梳插鬓，昆仑山上月初明"，将好端端的美人写成了一个丑八怪。随着此诗在坊间风传，李端端所在的青楼立刻生意萧条，乏人光顾，郁闷的李端端不得不肯求崔涯放自己一马，再写首诗为其恢复名声。崔涯见这位扬州名妓服软了，便很快又写了一首诗："觅得黄骝鞁绣鞍，善和坊里取端端，扬州近日浑成差，一朵能行白牡丹。"此诗一出，"富豪之士复臻其门"，李端端的妓馆再次热闹起来。

唐人的尚文好狎，无形之中提升的，是娼妓的艺术素养和文学品味。身处青楼妓馆之中，妓女们需要紧随文风时尚，不断将名人才子的诗作化入自己的角羽宫商，胡震亨在《唐音癸签》中曾说，"唐人诗谱入乐者，初盛唐以王维为多，晚李益、白居易为多"，当然，由于妓女面对的人三教九流，她们也最知道哪些名人的诗作更易于传唱，更能抬高自己的身价。元稹曾对江南歌妓刘采春"选诗入乐"的功力赞不绝口，认为刘采春"选词能唱《望夫歌》"。刘采春的女儿周德华在文学素养上也毫不逊色于母，这位生于妓家的丽人曾被裴诚和温庭筠延邀入席，希望将他们的新词化为轻丽动听的歌声，在宴席上"一陈音韵"，然而周德华却丝毫没给这两个诗人面子，在她看来，两人诗作均属"浮艳之美"，"终不取焉"。

当然，歌妓们除了需要用佳作名篇保持自己的热度，还要善于发现新人新作，借以在风月场中出奇制胜。让我们再次回到孙棨的《北里志》，在这部笔记小说中，记录了许多平康坊北里的娼妓的生活状态，她们当中，像郑举举、杨妙儿、王苏苏等人，都颇通诗文，而其中一个居于南曲的名妓颜令宾，更是"举止风流，好尚甚雅"，"颇为时贤所厚"，"事笔砚，有词句，见举人尽礼祗奉，多气歌诗，以为留赠，五彩笺常满箱箧"。这位风月俏佳人，将新科举子的诗作珍藏起来，既是在抬升着自己在秦楼楚馆中的身价，又是在写满五彩笺的字里行间，寻找着可以诗文互答心意相通的知己。也许正因如此，当这位叫颜令宾的北里名妓香消玉殒，竟收到大量书生举子不胜哀伤的挽词。身在青楼，能让这么多士人举子念念不忘，也算是颜令宾之幸了。

> 西风忽报雁双双，人世心形两自降。
>
> 不为鱼肠有真诀，谁能梦梦立清江。
>
> ——薛涛《江边》

放眼唐妓，最富文采的当属薛涛了。后蜀何光远在《鉴诫录》中说薛涛"姿容既丽，才调尤佳"，这位十六岁便入乐籍成为营妓的巴蜀才女，在《全唐诗》中留下了八十余首诗作，有相当一部分都是为情而歌，这首《江边》便是一首思妇之诗。明代文人钟惺对此诗评价甚高，认为"'人世'句之妙，真有烟波万里，苍茫一碧，忽想身形，陡然一惊，不知其语之何从生也"。事实上，在浮声浪笑里，这些人前作态的妓女不单纯在用诗文装点着自己的门面，提升自己的人气，更通过诗文表达着自己的怨怼与孤独。在尚文之风炽盛的大唐，她们汲取着文学的养分，同时也在寻找着生命的慰籍。薛涛曾和比自己小十余岁的风流诗人元稹有过一段刻骨铭心的姐弟恋，两人你来往来的文字，见证了他们如漆似胶的爱情，但是最终，元稹还是回复到了世俗的审视：一个是仕途上升的才子，一是身处青楼的娼妓，两个世界的生命，怎么可能在一个层面享受爱情？当一张张红色的薛涛笺，全都化成在秋风中凋零的红叶，薛涛，这位文采卓然的大唐奇女子，最终脱下了自己心爱的红裙，换上了一袭灰色的道袍，在清冷孤寂中度过余生。

比薛涛命运更为凄惨的，是关盼盼。生于唐德宗年间的徐泗歌妓，生就一副沉鱼落雁之貌，不仅琴棋书画皆通，歌喉舞姿更是优雅绝伦，白居易的《长恨歌》能让她歌咏得淋漓尽致，杨贵妃的《霓裳羽衣曲》更被演绎得一时无两。她曾被徐州守帅张愔重礼娶回为妾，这位颇通文墨的守帅将关盼盼视作掌上明珠，不惜斥巨资为其在依山傍水的徐州西郊建了一处别墅——燕子楼，在这座燕子楼，关盼盼度过了一段幸福时光。然而，随着张愔病死，关盼盼的人生也迅速进入了冷雨凄风的秋天。当这位风流守帅的三妻四妾纷纷各奔东西，关盼盼却选择了留下，十年时间，她硬是将带泪的青春化成了怀念的诗歌，填满了燕子楼的每一个角落。

　　然而，正是这份才情，最终使关盼盼香消玉殒，而关盼盼之死，和张愔的朋友白居易有着直接的关系。在白居易看来，关盼盼与其每天以泪洗面，不如随夫而去，这样更能成全其守节之名。为此，他特意写了三首诗捎给关盼盼，"满窗明月满帘霜，被冷灯残拂卧床。燕子楼中霜月夜，秋来只为一人长。""钿晕罗衫色似烟，几回欲著即潸然。自从不舞霓裳曲，叠在空箱十一年。""今春有客洛阳回，曾到尚书墓上来。见说白杨堪作柱，争教红粉不成灰。"当这位文坛巨擘的三首和诗递到了关盼盼的手中，痴情空守楼阁十年的关盼盼无论如何都不会想到，自己曾经景仰的一代宗师竟会给自己寄来三把锋利的刀子！"自守空楼敛恨眉，形同春后牡丹枝。舍人不会人深意，讶道泉台不去随。"就在写过这回应诗后，心如死灰的关盼盼开始绝食，十天之后，这朵曾在白居易笔下盛放的牡丹花最终枯萎凋零，沉落在燕子楼下冰冷的水中。

其实，薛涛、关盼盼也好，鱼玄机、刘采春也罢，包括那些被记录在唐人笔记中的王福娘、霍小玉……工具，永远是这些大唐妓女涂不去、抹不掉的胎记。她们是侑觞佐酒的工具，是宣淫泄欲的工具，更是建立封建道统的工具。她们，一生都在歌声中交叠着自己的命运，而被役使、被侮辱、被损害、被践踏，才是真正属于她们的宿命悲歌。

熔秦铸汉奏唐音

　　检阅唐史，我们的脑海中总是能回荡起恢宏壮丽的大唐之音。在《秦王破阵乐》的铿锵鼓点中，我们感受着一个马上天子冲锋陷阵所向披靡的英武之姿，而伴着《霓裳羽衣曲》的旋律，我们又会与玉骨冰肌的杨贵妃在历史的时空中相逢。这就是音乐的魅力，这就是音乐撑起的大唐帝国的骄傲。鼎盛的国力，给了这个帝国傲视万邦的自信，而开放的国策，又让这个帝国不断吸纳来自异域的文明之光和艺术营养，进而在兼收并蓄熔秦铸汉的进程中，唱奏出激越高亢的盛世唐音。

　　作为一个从隋王朝的废墟上崛起的帝国，在承袭的基础上创新，是大唐初期几代皇帝的为君思路。它不仅体现在对帝国的政治架构和国家运转体系的顶层设计上，还体现在对前朝文化要素的吸纳与改进上。在这一点上，音乐的传承与发展也不例外。应当说，早在唐朝立国的千年之前，音乐就以其独立的体系和成熟的构建，在周王朝的上空恢宏而起。《史记·周本纪》云："成王自淹归，在宗周作《多方》，既绌殷命，袭淮夷，归在丰作《周官》，兴正礼乐，度制于是改，而民和睦，颂声兴。"从这段文字看，周成王在平定淮夷之乱后，就已经开始将"礼乐"作为一个重要的社会"稳定器"加以构建。此后，历经春秋战国、两汉、三国两晋南北朝的历史演进，音乐文化也在不断地传承与创新。到了隋炀帝时代，这位颇通音律的皇帝已经开始注重从边地少数民族及异域外邦音乐中汲取养分，并与中原音乐融会贯通。为了炫耀威德，他将宫廷宴会的燕乐加以整理，定为九部，分别为：清商、西凉、龟兹、天竺、康国、疏勒、安国、高丽、礼毕。经过隋炀帝整饬而成的皇家九部乐，体现着隋炀帝的音乐才华，彰显着隋炀帝的文治武功。然而，当气势磅礴的帝国乐章最终被此起彼伏的倒隋风浪彻底湮没，融入了这位风流皇帝心血的九部乐，自然也成为其荒疏国政醉生梦死的亡国实据。

真正让前朝的音乐体系再次彰显出兼收并蓄的大国胸怀的，是马上天子唐太宗李世民。如果说当政时间太过短暂的唐高祖李渊还只是沿袭前制，无论顶层设计还是在文化构建上，还未来得及创新求变，那么当一路踩着"玄武门之变"血渍的秦王李世民践位登基，开启贞观之治，他已经有充分的时间，在前代的基础之上进行大胆的发展创新。和其在政治、经济、法律、军事等多个出口树立起属于贞观天子的标签一样，唐太宗在文化上的建构与创新，也体现了其治世的雄心，而作为文化的一个分支，对音乐体系的完善，同样也在唐太宗的操作步骤之中。这位被称为"天可汗"的大唐皇帝，在拓土开疆、威服四方的同时，也没有忘记吸纳引入少数民族及外邦的音乐文化。正是他在位期间，增"燕乐"，"高昌乐"，删"礼毕"，将隋炀帝的九部乐调整为十部乐，形成燕乐、清商乐、西凉乐、龟兹乐、天竺乐、康国乐、疏勒乐、安国乐、高丽乐和高昌乐的宫廷燕乐构建。当宫廷盛宴之上，来自外邦和异域的音乐共同交织成宏大的交响乐，这个在烽烟中肇建的王朝，实际也是在激发着唐人的斗志，树立着唐人的自信，提振着唐人的精神。

七德舞，七德歌，传自武德至元和。

元和小臣白居易，观舞听歌知乐意，乐终稽首陈其事。

太宗十八举义兵，白旄黄钺定两京。

擒充戮窦四海清，二十有四功业成。

二十有九即帝位，三十有五致太平。

功成理定何神速，速在推心置人腹。

亡卒遗骸散帛收，饥人卖子分金赎。

魏徵梦见子夜泣，张谨哀闻辰日哭。

怨女三千放出宫，死囚四百来归狱。

剪须烧药赐功臣，李勣呜咽思杀身。

含血吮创抚战士，思摩奋呼乞效死。

则知不独善战善乘时，以心感人人心归。

尔来一百九十载，天下至今歌舞之。

歌七德，舞七德，圣人有祚垂无极。

岂徒耀神武，岂徒夸圣文。

太宗意在陈王业，王业艰难示子孙。

——白居易《七德舞》

白居易的这首《七德舞》，正是其在欣赏了气势宏大的《秦王破阵乐》后挥笔写就的。彼时已是元和年间，距离贞观已历百年，但白居易在听过这支宫廷大曲之后，仍激动不已。从这首诗中，我们可以看到乐天居士对唐太宗文治武功的缅想与追念。事实上，这首大歌，本是秦王李世民在击败刘武周之后，由将士们创作而成的军歌，随着李世民即位称帝，被宫廷艺术家加工、整理成为一支气势雄浑的大曲，纳入十部乐里最慷慨激昂的开场曲中，尤其是特别加入的龟兹音调，高昂而极富感召力，声传百里的大鼓，更彪炳着唐太宗的赫赫武功。随着这支大型乐舞首次在贞观元年绽放，整个宫廷都被带入金戈铁马的征伐岁月之中。当然，就在臣僚们沉醉于宏大的乐阵中时，唐太宗仍保持着一份难得的清醒，对大臣们说，过去受命专征，民间遂有此曲，虽非文德之雍容，然功业由此而成，今陈此乐，是为了追思创业维艰，以示不敢忘本。应当说，正是这种朝乾夕惕的精神，让唐太宗伴着《秦王破阵乐》的铿锵鼓点，开创了彪炳史册的贞观之治。

南山截竹为觱篥，此乐本自龟兹出。

流传汉地曲转奇，凉州胡人为我吹。

傍邻闻者多叹息，远客思乡皆泪垂。

世人解听不解赏，长飙风中自来往。

枯桑老柏寒飀飀，九雏鸣凤乱啾啾。

龙吟虎啸一时发，万籁百泉相与秋。

忽然更作《渔阳掺》，黄云萧条白日暗。

变调如闻杨柳春，上林繁花照眼新。

岁夜高堂列明烛，美酒一杯声一曲。

——李颀《听安万善吹觱篥歌》

　　盛大的音乐，离不开乐器的支撑，而在唐代，随着朝廷对音乐的重视，许多来自西域外族的乐器也被大量地引入大唐，从而吹奏出大唐帝国的宏大乐章。盛唐诗人李颀的这首《听安万善吹觱篥歌》中所提到的觱篥，正是一种来自西域的乐器。作为致力音乐诗创作并名播于世的诗人，李颀的这首写给觱篥高手安万善的诗堪称经典。"枯桑老柏寒飀飀，九雏鸣凤乱啾啾。龙吟虎啸一时发，万籁百泉相与秋。"当这些杂糅了诗人通感的句子呼啸而出，我们的耳畔，喧响的已是风吹老柏，鸣凤啾啾，龙吟虎啸，万籁百泉，而这一系列极具穿透力的语言，描摹的正是盛行于大唐的觱篥之声。"南山截竹为觱篥，此乐本自龟兹出。"李颀这首诗平实的首联，实际已经点出了觱篥这种乐器的出处——龟兹。控扼丝绸之路北道的龟兹，自古以来就是连通欧亚大陆的桥梁与纽带，而这个西域小邦，在音乐艺术方面，更是有着骄人的成就，玄奘在他的《大唐西域记》中，对龟兹音乐赞不绝口，称其"管弦伎乐，特善诸国"。作为龟兹的本土乐器之一，觱篥在龟兹音乐中起着重要的作用。它类似于笛，有九个小孔，其声高亢而悲篥，常常被用作领奏的乐器，因取材自龟兹粗大而坚韧的芦苇，故觱篥又称"芦管"。应当说，觱篥在唐以前就已经传入中原，但其真正引领恢宏的皇家乐阵，却是在歌舞升平的唐代。觱篥的材质如李颀诗云"南山截竹为觱篥"，已经改为竹制，但其凄怆、悲咽的特点却不是减弱了，而是增强了：乐音低沉时，它能让"旁邻闻者多叹息，远客思乡皆泪垂"；乐音高奏时，它又可"碎丝细竹徒纷纷，宫调一声雄出群"。当这支来自西域的乐器成为唐宫十部乐的"头管"，它已经决定了一场宫廷宴乐的盛大与雄浑。

唐代吹奏觱篥的高手层出不穷。李颀诗中所提到的胡人安万善是声震长安的觱篥名家，除他之外，像王麻奴、尉迟青、李长史、李龟年、关璀、李衮等，都是觱篥大家，尤其是年仅十二岁就已名扬天下的薛阳陶，更是将一支觱篥吹得臻入化境。"山头江底何悄悄，猿鸟不喘鱼龙听。翕然声作疑管裂，诎然声尽疑刀截。有时婉软无筋骨，有时顿挫生棱节。急声圆转促不断，轹轹辚辚似珠贯。"擅长以声喻声的白居易，在他的《小童薛阳陶吹觱篥歌》中，对这位天才少年的赞美可谓不吝其词。而正是这些吹奏觱篥的高手，提升了大唐的燕乐品阶，也加速了这种西域乐器在大唐间里坊间的传播与普及。

如果说觱篥是大唐十部乐的"头管"，那么，琵琶，则构成了大唐十部乐的灵魂，而这个唐乐之魂，仍旧与唐人开放的音乐创作姿态密不可分。和觱篥一样，琵琶传入中原，也非自唐始。"琵琶"最早的称呼为"枇杷"，东汉刘熙在《释名》中说："枇杷本出于胡中，马上所鼓也。推手前曰枇，引手却曰杷，象其鼓时，因以为名也。"可见这种乐器最早是胡人马上演奏之器。当琵琶被引入中原后，历经数百年的传承，走到燕乐盛行的唐朝，这一外来乐器也便有了更加广阔的展现舞台。对于这件弹拨乐器，唐太宗甚为喜爱，弓马沙场的他，曾饶有兴致地以琵琶为题写过一首诗，在其多以纷争杀伐为底色的诗歌中，这种情况并不多见：

半月无双影，金花有四时。

摧藏千里态，掩抑几重悲。

促节萦红袖，清音满翠帷。

驭弹风响急，缓曲钏声迟。

空余关陇恨，因此代相思。

——李世民（一说为董思恭作）《咏琵琶》

当然，作为一国之君的唐太宗，绝不会将其对琵琶的喜爱局限在一首诗上，在他的诏命下，大唐乐工们在其钦定的十部乐中，除了康国乐，其余九部乐，每一部全都融入了曼妙的琵琶之声。随着宫廷大曲的不断创新与升级，唐代的演奏家们也在不断推陈出新，创造性地对传统的直项琵琶即"秦琵琶"和渐入中原的西域曲项琵琶进行融合与再造，不仅改革其形制，使音域更加宽广，表现更加细腻，更在制弦的材质上由过去的鸡筋向丝弦转变。制弦材质的改变，也在影响着弹奏的方式，唐人杜佑在其《通典》中云："旧弹琵琶，皆用木拨弹之，大唐贞观中，始有手弹之法，今所谓抍琵琶者是也。"当清越婉转的琵琶声以不容撼动的地位贯穿于大唐帝国的皇家乐阵之中，实际也在不无骄傲地彰显着唐王朝兼收并蓄创造性"拿来"的心胸与智慧。

　　和琵琶在唐乐中的地位相伴生的，是一大批琵琶演奏家的大受追捧。他们之中，有初唐的裴神奴，《通典》称其"妙解琵琶""声度清美，太宗悦之"；有中唐的西域曹国人曹刚，刘禹锡曾被其演奏深深折服："大弦嘈嘈小弦清，喷雪含风意思生。一听曹刚弹薄媚，人生不合出京城"；而关于唐德宗建中年间两个琵琶高手——康昆仑和段善本的竞技故事，则更加生动地呈现出琵琶在唐人中的辐射力与影响力。唐人段安节在其《乐府杂录》中，是这样记载的：

　　　　建中中，有康昆仑称第一手。始遇长安大旱，诏两市祈雨，及至天门街。市人广较胜负，及斗声乐。街东市则有康昆仑，琵琶最工，必谓街西无敌也，遂请昆仑登彩楼弹一曲新翻羽调《绿要》。至街西豪侯阅乐，东市稍诮之，亦于彩楼上出女郎，抱乐器，先云："我亦弹是曲，兼移于风香调中。"及下拨，声如雷，其妙绝入神。昆仑惊愕，乃拜为师。女郎遂更衣出见，乃庄严寺僧善本也。

　　从这段文字看，无论被誉为国中第一手的康昆仑，还是男扮女装的僧人段善本，都以高超的琵琶演奏技术征服了唐人，他们在闹市的竞技比拼，与其说是一僧一俗的较量，莫如说是琵琶这种外来乐器在中原的耀目呈现。其实，可称为弹奏琵琶高手的又何止前面提到的这些名家，许多唐代名人都是精通琵琶演奏的"跨界高手"。你能想到吗，以状写虚静的田园诗博得"诗佛"之名的王维，在琵琶演奏方面同样有着高深的造诣。唐《集异记》载："王维未冠，文章得名，又妙能琵琶，岐王引至公主第，使为伶人。维进新曲，号《郁轮袍》，主大奇之，令宫婢传教，召试官至第，谕之作解头登第。"你看，比起那些寒窗苦读屡试不第的文人，王维是多么幸运！只因弹得一手好琵琶，就科场得意，平步青云了。梨花带雨的杨贵妃，同样也因擅奏琵琶而成为后宫之师。《明皇杂录》上说，有人曾进献一名贵琵琶，"其槽逻皆秒檀为之，温润如玉，光耀可鉴，有金缕红文，影成双凤。杨妃每抱是琵琶奏于梨园，音韵凄清，飘如云外。而诸王贵主，自虢国以下，竞为贵妃琵琶弟子。每授曲毕，皆广有进献"。当杨贵妃用纤纤玉指拨响琵琶，也便拨响了生命里一段最美的芳华。

在构成皇家乐阵的外来乐器中，除了吹奏乐器觱篥、弹拨乐器琵琶，还有一件打击乐器——羯鼓，也相当值得一说。向达先生在《唐代长安与西域文明》中曾说："就《羯鼓录》附诸宫曲观之，疑唐代盛行于长安之羯鼓，其渊源实出于龟兹也。"由是观之，羯鼓的故乡仍是西域龟兹。向达先生提到的《羯鼓录》，出自唐人南卓之手。对于这件盛行大唐的乐器，南卓描述其形制，说其"如漆桶，下以小牙床承之，击用两杖"，故又被称为"两杖鼓"，其声"焦杀鸣烈，尤宜促曲急破，作战杖连碎之声；又宜高楼晚景，明月清风，破空透远，特异众乐"。因其节奏丰富，可随意调音，且有专门曲牌，实际在大唐燕乐中已经担纲乐队指挥的地位。

华清宫里打撩声，供奉丝簧束手听。

寂寞銮舆斜谷里，是谁翻得《雨淋铃》。

——崔道融《羯鼓》

晚唐诗人崔道融的这首《羯鼓》诗，描摹的正是羯鼓在大唐宫廷铿锵擂响的场景，而诗中提及的《雨淋铃》，正是极具音乐才华的唐玄宗亲手创制的羯鼓独奏之作。这位六岁能歌舞、少时自蓄散乐以自娱的大唐皇帝，有着极高的文艺禀赋，会演奏琵琶、横笛等多种乐器，尤以羯鼓最精。时任宰相的宋璟曾用"头如青山峰，手如白雨点"这样的诗句，盛赞唐玄宗的羯鼓之技。当然，高手绝非一朝一夕练就，据说这位将羯鼓视为"八音之领袖，诸乐不可方也"的皇帝练习时敲坏的羯鼓能装满满四大柜，足见他对羯鼓的钟爱。

当然，无论是次第而起的皇家十部乐，还是里坊巷陌的丝竹管弦，我们都能看到唐人博采众长兼收并蓄的姿态，而汇入宏大交响的异域乐器，也不止觱篥、琵琶、羯鼓，"中军置酒饮归客，胡琴琵琶与羌笛"。当众多音色各异的乐器共同建构起大唐的华彩乐章，沉浸其中的唐人，焉能不醉？

音乐和舞蹈从来就是一对双生子，就在大唐音乐广采博收发展创新的同时，舞蹈这一艺术门类也融入了丰富而灵动的异域之风，形成了一道壮丽的文化景观。尤其是在开天年间，西域舞技更是以其或热情奔放或轻柔细腻的风格征服了唐人，一时间，"伎进胡音务胡乐"，"臣妾人人学圆转"，上自宫廷下自民间，掀起了学习西域舞蹈的热潮，而将这些风格特异的舞蹈样态归结起来，则主要分为两大类——健舞和软舞。

先来说说健舞。顾名思义，健舞就是指刚健奔放的劲舞，它呈现的是快与欢，强调的是力与美，配乐往往伴以铿锵之声。在大唐十部乐中有着重要位置的《秦王破阵乐》，正是以一种奔放豪迈的健舞形式腾动在宫廷之中。据《通典》记载，贞观七年（633），唐太宗曾亲制《破阵舞图》，对舞蹈进行加工，并令吕才依图教乐工一百二十人披甲持戟执纛演习，当雄浑的龟兹乐被加入之后，更是充满了十足的力量感。这位从隋末烽烟中走来的大唐皇帝，在宫廷的欢宴之上，更喜欢用这支激昂高蹈的大型乐舞彰显帝国的力量和皇权的威严。据说秦王破阵舞规模宏大时，曾用马军两千人于玄武门外奏之，"擂大鼓，声震百里，气壮山河"，令公卿百僚及"蛮夷酋长"叹为观止。

如果说秦王破阵舞以气势恢宏的军阵见长，那么另一种风靡大唐的胡旋舞，则以其灵活矫健成为健舞中的代表。我们不妨先来看看唐代文人对它的描述：

美人舞如莲花旋，世人有眼应未见。

高堂满地红氍毹，试舞一曲天下无。

此曲胡人传入汉，诸客见之惊且叹。

138

曼脸娇娥纤复秾，轻罗金缕花葱茏。

回裾转袖若飞雪，左鋋右鋋生旋风。

琵琶横笛和未匝，花门山头黄云合。

——岑参《田使君美人舞如莲花北鋋歌》(节选)

以写边塞诗见长的岑参，以其特有的粗犷磅礴的诗风，对胡旋舞进行了生动的描绘。一句"此曲胡人传入汉"，道出了胡旋舞的"出身"——胡舞。事实上，在唐代，"胡"所指的区域已不像秦汉时期所说的生活在河套平原以北的匈奴和鲜卑等少数民族，而是进一步扩大到了从东北到西北的少数游牧民族和天竺、波斯等外族。胡旋舞的出处，据《旧唐书》记载，则为西域的康居国，说这种舞蹈"舞急转如风，俗谓之胡旋，乐用笛二，正鼓一，和鼓一，铜钹一"。从这段文字，我们可以看到胡旋舞是一种以舞者的急速旋转而呈现明快之美的舞蹈，为其所配的乐器也以打击乐器为主。"回裾转袖若飞雪，左鋋右鋋生旋风"，岑参为我们勾勒的这位跳胡旋舞的舞伎，由于其裙裾宽大，旋转起来更是虎虎生风，技惊四座。由于胡旋舞对舞者的旋转速度和身体的协调性都有很高的要求，唐人纷纷效仿，欲挑战这种高难度的舞蹈。据说能歌善舞的杨贵妃就是一位胡旋舞的爱好者，她跳的胡旋舞，常令唐玄宗拍手称赞。当然，你可能不会想到，自称有三百五十斤的安禄山才是真正的跳胡旋舞的高手。这个史载腹垂过膝、"马必能盈五驰者乃胜载"的大胖子，竟然出奇的灵活，昔日在邀宠时，常会为唐玄宗和杨贵妃跳上一段疾转如风的胡旋舞。而面对这个像陀螺一样飞速旋转的胖子，唐玄宗和杨贵妃常常会忍俊不禁，放声大笑。多年以后，白居易曾写过一首题为《胡旋女》的长诗，在描述此舞"左旋右转不知疲，千匝万周无已时"的惊人之美的同时，也没有忘记夹藏进自己对历史的反思——"禄山胡旋迷君眼，兵过黄河疑未反"。正是这个擅跳胡旋舞的安禄山，让一个帝国在毫无戒备的笑声中经历中了一场惨烈的风暴。

融入胡风的健舞还有很多，像"跳身转毂宝带鸣，弄脚缤纷锦靴软"的胡腾舞，"翘袖中繁鼓，倾眸溯华檐"的柘枝舞，都属于节奏明快身形矫捷的健舞。

和这些力量型舞蹈相对应的，则是以动作徐缓、表情温婉取胜的软舞。和健舞中大量导入胡风一样，盛行于大唐的软舞，同样也杂糅了异域之美，最为著名的，就是被无数文人盛赞的《霓裳羽衣曲》。

我昔元和侍宪皇，曾陪内宴宴昭阳。

千歌百舞不可数，就中最爱霓裳舞。

舞时寒食春风天，玉钩栏下香案前。

案前舞者颜如玉，不著人间俗衣服。

虹裳霞帔步摇冠，钿璎累累佩珊珊。

婷婷似不任罗绮，顾听乐悬行复止。

磬箫筝笛递相挽，击撅弹吹声逦迤。

——白居易《霓裳羽衣歌（和微之）》（节选）

擅写音乐诗的白居易，不仅为后世留下了脍炙人口的《琵琶行》，以"嘈嘈切切错杂弹，大珠小珠落玉盘"的传神之笔，写出了琵琶这种乐器特有的音色之美，同时，也以这首洋洋洒洒的《霓裳羽衣歌》，为这支曾经代表大唐的盛世之舞留下了美丽的注脚。从诗文中，我们能感受到，白居易在以其轻灵而精准的文字勾勒着霓裳羽衣舞似弱柳迎风若流云缭绕的翩翩舞姿的同时，也充满了对那个一去不返的盛世的深情回望。事实上，作为盛世乐舞的霓裳羽衣舞，同样是大唐王朝的外来品。据《唐会要》记载："天宝十三载七月十日，太乐署供奉曲名及改诸乐名，《婆罗门》改为《霓裳羽衣》"。从这则记载看，旋律悠扬的《霓裳羽衣舞》，可以追根溯源到天竺的《婆罗门曲》。据说当时的河西节度使杨敬述曾将此曲进献朝廷，精通音律的唐玄宗以这支"胡曲"为基础加以创造，杂糅了中原音乐，谱成了唐代大曲中的法曲精品——《霓裳羽衣曲》。"飘然转旋回雪轻，嫣然纵送游龙惊。小垂手后柳无力，斜曳裾时云欲生"，白居易在其精妙的诗行中构建着他对《霓裳羽衣舞》的缅想，而这支舞蹈的真正主人——杨贵妃，却成为中国舞蹈史上一个被时间凝固的记忆。当初玄宗在骊山温泉宫初召杨贵妃，曾以此曲拉开二人的爱情序幕，而此后，能歌善舞的杨贵妃更是深得《霓裳羽衣曲》的旨趣，创造性将"小垂手"的传统舞姿与西域的旋转动作完美结合，编排出了美妙绝伦的《霓裳羽衣舞》。当《霓裳羽衣曲舞》最终成为中国音乐舞蹈史上一颗璀璨的明珠，唐玄宗、杨贵妃这对中国历史上顶级的艺术家伉俪，为后人锁定的，是一生情缘和一世繁华。

在领略过大唐的音乐舞蹈样态之后，我们便要走进唐人的音乐教育与管理机制之中。唐代之所以能在音乐舞蹈艺术上取得令后世瞩目的成就，除了采取"不间华夷，兼收并蓄"的创作姿态，将各民族的音乐养分与业已形成的中原音乐传统交融互鉴，提纯再造，更重要的还在于其完善的音乐管理机制和完备的音乐教育体系。正是这两项重要的支撑，让唐代音乐得以推陈出新，人才不断，高手云集。

初唐的音乐机构，主要是太常寺，在其辖下，是太乐署、鼓吹署和教坊。作为前朝音乐机构的延续，太常寺下辖的太乐署一直是太常音乐机构的核心，主掌雅乐，负责管理国祭等仪典场合的奏乐；鼓吹署的职能，则是卤簿奉礼，在唐代，设有鼓吹令，"掌鼓吹施用调习之节，以备卤簿之仪……凡大驾行幸，卤簿则分前后二部以统之。法驾则三分减一，小驾则减大驾之半"。

随着唐帝国的发展与演进，最能看出变化的，是太常乐工人数的变化。这支乐工队伍，在初唐时已达万人，到了玄宗朝，"凡乐人、音声人、太常杂户子弟隶太常及鼓吹署，皆番上，总号音声人，至数万人"。随着唐玄宗对音乐的重视，曾经在太常寺中规模不大的教坊也在迅速地发生着裂变，分成了内教坊和外教坊。原来归太常寺管辖的内教坊，被移至宫廷禁地，由玄宗亲自统领或委派亲信管理；分别设在长安洛阳两京的四处外教坊，则由玄宗指派的宦官担任"教坊使"。外教坊的职能很像是大唐中央政府设在宫廷之外的音乐人才培训机构。设在长安的两处外教坊分左右两座，右教坊以教习声乐为主，左教坊以习舞为主，东都洛阳也是如此。正是因为教坊将歌唱与舞蹈分门别类，才使得大唐可以更好地吸取民间乐户，培养乐舞人才，从而使乐工队伍的建设更加趋向专业化。

有别于前朝的音乐建制，在玄宗时期，一个特别的音乐机构——梨园的出现，无疑是这位艺术家皇帝的一个创举。《新唐书·礼乐志》载："玄宗既知音律，又酷爱法曲，选坐部伎子弟三百，教于梨园。声有误者，帝必觉而正之，号皇帝梨园弟子。"从这则记载可知梨园为玄宗时所设。作为一个独立的音乐机构，梨园与专司礼乐的太常寺和充任串演歌舞散乐的内外教坊鼎足而立，而梨园弟子的来源，则有三类：一类是太常寺的坐部伎，一类是宫妓，还有一类，则是经过严格挑选的坊间艺人。梨园的管理者，有唐玄宗李隆基，有擅使琵琶的雷海青，有擅作剑舞的公孙大娘，他们都曾担任过乐营将的职务。"㸌如羿射九日落，矫如群帝骖龙翔；来如雷霆收震怒，罢如江海凝清光"，这是杜甫在回忆公孙大娘的剑舞。据说在开元年间，玄宗曾派雷海青率领一班皇家梨园子弟去其爱妃梅妃的故乡福建莆田，慰问梅妃的家乡父老，达到了观者如云、万人空巷的程度。当然，作为"梨园班头"的唐玄宗，更是培养了大批的梨园弟子。他们丰富了大唐宫廷的歌舞宴乐，提升了大唐音乐的质量品级，当然，他们在大唐皇帝带领下的沉歌醉舞，最终因安史之乱戛然而止。这些由唐玄宗亲自调教出来的梨园弟子，在乱世烽烟中，有如散落一地的棋子，或为叛军俘获，像雷海青那样身首异处，或浪迹民间，成为在风雨中卖唱的廉价歌手。

　　是的，这就是反映大唐繁华与衰没的大唐音乐。近三百年的时间，这个帝国熔秦铸汉，兼收并蓄，高奏出了属于自己的大唐之音。在恢宏的十部乐里，我们看到了一个帝国的骄傲，也看到了一个帝国的浮靡，而在《秦王破阵》和《霓裳羽衣》的乐舞中，我们看到了一个帝国的自信，也看到了一个帝国的奢华。世事如白云苍狗，其实，刮去它们或耀眼或黯淡的涂层，今天的我们，能记住中国音乐史上的这一段风华岁月，已经足够……

第三章

诗意栖居

金阙晓钟开万户

考察唐人的生活，"住"，是相当重要的一项。这群生活在公元七世纪至九世纪的中国人，在"住"的规划布局上有着怎样的宏阔视野？在"住"的质量上有着怎样的审美追求？在高阁金阙和里坊巷陌之间，唐人又与他们的栖身之所发生了怎样的联系？

我们都知道，唐初的很多政治建构、文化建构都沿袭了隋制，而在城市的规划与布局上，初唐的统治者们同样也选择了"拿来"。存在了仅仅三十八年的隋王朝，尽管只经历了两代皇帝，但其在诸多方面的设计，却是按照千秋基业打造的。隋的官僚体系，直接影响了唐代的三省六部制，由隋而兴的科举制，则成为此后一千多年的封建王朝世代沿用的选拔人才的重要通道；同样，在最初的城市布局尤其是帝都的布局上，隋朝更是为它的接棒者——唐帝国建立起了科学而缜密的规划设计方案。正是在此基础上，唐帝国的统治者们最终将长安城的周长拓展到三十多公里，面积八十多平方公里，是如今西安城墙内面积的近10倍，西汉长安城的约2.4倍，元大都的约1.7倍，明清北京城的约1.4倍，公元

447年所修君士坦丁堡的约7倍，公元800年所修巴格达的约6.2倍，古代罗马城的约7倍，当仁不让地成为当时世界上规模最大也是最繁华的城市。依据唐人李吉甫所著《元和郡县图志》，我们知道在唐代，大大小小的城市加起来差不多有一千五百多座，我们当然不能一一道来，不妨窥斑知豹，通过一座长安城，走进诗意栖居的唐人生活。

唐代长安城的前身，是隋都大兴。作为隋王朝的开国皇帝，隋文帝杨坚在定鼎之初，就有了"谋新去故"、另建新城的打算。在他看来，他所暂居的汉长安故城，历经八百余年的岁月侵蚀和烽烟丧乱，早已凋敝不堪，"不足建皇王之邑，合大众所聚"，必须另择新址。新址很快就被圈定了，那就是位于汉长安故城东南的龙首原及其以南之地，因为这里"川原秀丽，卉物滋阜，卜食相土，宜建都邑，定鼎之基永固，无穷之业在斯"（《隋书·高祖纪上》），甚合隋文帝之意。新都的营建很快便紧锣密鼓地开始了，而在忙碌的人群中，有一个灵魂人物我们必须予以关注，他就是宇文恺——尽管当时隋文帝"命左仆射高颎总领其事"，但新都真正的规划和设计却出自宇文恺之手。这位北周贵族出身的杰出建筑师，和"家世武将""以弓马自达"的宇文宗亲不同，从小就"博览书记，解属文，多伎艺"，也正因如此，在杨坚建隋大诛宇文氏时以其才而幸免于难。

事实证明，免于刀斧的宇文恺确实给了隋文帝一个大大的惊喜。在大兴城的规划设计上，宇文恺一反秦汉以来"前朝后市"的古制，把宫城的位置由以前的西南隅改移至正北，形成了"面市后朝"的空间布局。在这个南北长8.6公里，东西宽9.7公里，面积约84平方公里的长方形地域之中，宇文恺融入了"天人合一"的设计理念，将全城的布局分成了宫城、皇城、外郭城三个部分，由北向南，纵贯于同一中轴线上。宫城在正北，象征紫微垣，皇帝处理政务的大兴宫、寝宫以及太子、妃嫔所处的东宫、掖庭宫，均在此区；皇城在宫城之南，象征以北极星为圆心的天象范围，为中央机关行政官署所在；外郭城则在宫城、皇城东、南、西三面，象征周天，为官员住宅及工商市肆街。此外，宇文恺还创造性地将"棋盘"形式以东西十四条大街、南北十一条大街将郭城分为一百一十个坊，在皇城东南和西南分设两市——东市和西市；更具巧思的是，宇文恺在外郭城东南角的曲江之畔开渠引水，广种芙蓉，打造了风光旖旎的景区，从而让整座都城的气韵顿时灵动起来。当《周易》的乾卦理论和"左祖右社"的定制统统被融入城市的规划之中，当龙首原的高阜曲水与人居环境和谐相依，浑然天成，大兴城，这座按照先宫城、后皇城、最后郭城次序开建仅用九个月时间便初见规模的隋朝都城，最终以恢宏壮观的身姿崛起于关中平原之上。它所彰显的，是宇文恺高超的规划设计智慧，更是隋文帝延续千秋帝业的治世雄心。

　　然而，最终享受这一成果并使之愈加繁华的，却是在烽烟中挑起旗帜的李唐王朝。大兴城的总体格局彻底打造完成，是在隋炀帝大业九年（613），就在这一年，隋炀帝杨广动用十万余人修筑大兴城外郭城。然而，仅仅时隔五年，这个穷奢极欲的皇帝就在巡游江都时被宇文化及所杀，而留守大兴都城的杨广之孙——代王杨侑，在面对兵临城下的李渊部众时早已魂飞魄散，再加之城中守备不足，很快便被迫献城投降。当兵不血刃的李渊将水一样的马蹄声冲进这座历经三十多年精心营造的帝王之都，这位曾经的隋朝重臣，走向丹陛，抚摸着雕金刻玉的皇座，登上城墙，俯视着星罗棋布的皇城里坊，并没有喜形于色，而是在心里为这座帝国之都庆幸。毕竟，宏伟壮观的大兴城没有经过杀伐屠戮、兵燹火劫，而他，大唐帝国的开国皇帝，则可以在将大兴城重新更名为长安城的同时，将这座规划细密、布局完美的都城打造得更加完美，建设得更加长治久安。

秦川雄帝宅，函谷壮皇居。

绮殿千寻起，离宫百雉余。

连甍遥接汉，飞观迥凌虚。

云日隐层阙，风烟出绮疏。

——李世民《帝京篇（其一）》

这首《帝京篇》，出自唐太宗李世民之手。这位开创了贞观之治的皇帝，一共写了十首《帝京篇》，此为其一。在诗前的小序中，唐太宗饱含激情地写道："沟洫可悦，何必江海之滨乎！麟阁可玩，何必两陵之间乎！忠良可接，何必海上神仙乎！丰镐可游，何必瑶池之上乎！释实求华，以人从欲，乱于大道，君子耻之。故述《帝京篇》，以明雅志云尔。"正因如此，他在盛赞长安京都的雄伟壮丽的同时，也没有忘记借鉴前踪、抚躬自勉，表达自己虽贵为帝王之尊，生活嗜好却"皆节之于中和，不系之于淫放"的"雅志"。

然而，唐太宗李世民真的一直节俭了吗？回答当然是否定的，他所歌咏的"帝京"，正是在他执政期间，进行了大规模的营建和改造。这位在长安宫城北门——玄武门上演血腥的夺嫡之战的贞观天子，在执位之初，尚能抑止自己的欲望，而进入执政后期，营造宫室，兴建别馆，已经成为他彰显皇权的重要方式。彼时，在隋朝留下的宫城之中，被作为皇帝议政和居住的大兴宫已被崇信道教的李唐王朝更名为太极宫，而随着唐太宗的贞观之治渐入佳境，物阜民丰的帝国画卷全面铺开，太极宫堂皇宏伟的宫殿群也开始以更加壮观的气势矗立在整座长安城中轴线的最北端。在这片区域，自南向北依次排列着太极殿、两仪殿、甘露殿、延嘉殿、承香殿五座大殿，加上周围的配殿，共计二十余间，唐太宗正是在这片壮丽的宫殿群中，接受着文武百官的朝觐，享受着"天可汗"的尊号，驰骋着贞观之治的帝国马车。据说当年刚入长安城时，李渊曾有意拆除了一些宫室以示节俭，但是随着这些层楼广殿被重新修复得有过之而无不及，并在大唐的历史上以煌煌"北内"著称，大唐帝国的奢华与气派已初现端倪。

与"北内"形成接力的，是以大明宫为核心的"东内"。大明宫原名永安宫，是唐太宗给其父李渊修建的一座夏宫。当初宇文恺修建宫城的时候，按照《周易》的乾卦理论，将象征北极星的皇宫太极宫安排在长安城北部中央的位置。然而长于规划设计的宇文恺还是百密一疏，忽略了地形的缺陷：太极宫处于地势的最低点，夏季潮湿而燥热。正因如此，贞观八年（634），监察御史马周上奏请为太上皇新建一座"以备清暑"的新宫时，太宗也深以为然，认为此举"称万方之望则大，孝昭乎天下"，遂命人勘寻宫址，择定龙首原之后，便迅速启动新宫永安宫的建设，开工不久，又将新宫更名为大明宫。然而，退居深宫的李渊并没有等到这座可以避暑的离宫落成的那一天，就在大明宫大兴土木的第二年，李渊驾崩于长安大安宫寝殿内，大明宫建设随即终止。

大明宫成为大唐权力中心的一个重要时间节点，是龙朔二年（662），就在这一年，唐高宗李治开始对大明宫大兴土木，在原有的基础上进行大规模扩建。在时隔近三十年后，唐高宗为何要对处于太极宫东北隅的大明宫再起营建之声呢？其说法有三。第一种说法是因为太极宫地势低湿，而高宗患有风痹之疾，急于住在高敞之所，而位于"瑞云深处见楼台"的龙首原上的大明宫旧基，"北据高原，南望爽垲"，正合高宗之意。第二种说法是彼时的太极宫从隋朝算起，已历八十载，"屋宇拥蔽"，已经没有太多的营造空间。而第三种说法最怪诞也最有可能，那就是据说武后除掉王皇后和萧妃之后，常感太极宫有鬼魅出没，"频见王、萧二庶人披发沥血，如死之状，武后恶之"；加之彼时武后又将临盆，她便极力劝说高宗移居新宫。历史的雾霭升腾在史书与传说之中，我们姑且不去管它，但我要说的是，大明宫这座依龙首原形状而成的占地3.2平方公里的梯形宫殿群，在以崭新之姿迎迓高宗和武后之后，大唐的权力中心也完成了"东移"。昔日的太极宫自此成为失势的太上皇们的养老之所：唐睿宗在完成"禅位"之后，在太极宫百福殿走过人生的最后几年；历经安史之乱被以太上皇身份迎回长安的唐玄宗，同样也是在太极宫的神龙殿最终油尽灯枯。

在龙首原上以昂首之姿矗立的大明宫，以"东内"的标签，张扬起一个新帝王的赫赫皇权，当然，更确切地说，是张扬起一个女人问鼎皇权的政治野心。这座居高临下的新宫的修建，仅用了十个半月的时间，可谓神速。建成之后，"街广一百三十步，南北尽二坊之地，南抵永兴坊北门之东"，共设十一座宫门。穿越高大的丹凤门，在大明宫的中轴线上，由南向北依次排列开含元殿、宣政殿、紫宸殿。处在制高点上的这三座大殿，成为大明宫举行朝仪的所在，用《剧谈录》的说法，"罗列文武，缨佩序立，仰视玉座若在霄汉"。而与含元殿相连的翔鸾阁、栖凤阁，则有如凤凰的双翼，振翅欲飞。事实上，"东内"与"北内"的最大区别，已不是地理方位的变化，而是李唐王朝权力的转移。当大明宫上演二圣临朝的故事，当一系列宫阙楼宇的构建均以栖凤、翔鸾命名，"龙首原"上这片恢宏的建筑群，真正昂起的已是"凤首"，而不是"龙头"；大明宫最终让人记住的，也不是唐高宗李治，而是后来登基称帝的女皇武则天。

鸡鸣紫陌曙光寒，莺啭皇州春色阑。

金阙晓钟开万户，玉阶仙仗拥千官。

花迎剑珮星初落，柳拂旌旗露未干。

独有凤凰池上客，阳春一曲和皆难。

——岑参《奉和中书舍人贾至早朝大明宫》

岑参写这首诗时，已是唐肃宗乾元元年（758）春天。彼时，刚刚平息安史之乱收复两京的唐肃宗，已重回长安大明宫。当时岑参任右补阙，和诗人贾至、杜甫、王维为同僚。时为中书舍人的贾至先作了一首《早朝大明宫呈两省僚友》，杜甫和王维、岑参都作了和诗："五夜漏声催晓箭，九重春色醉仙桃。旌旗日暖龙蛇动，宫殿风微燕雀高"，这是杜甫眼中的大明宫；"绛帻鸡人送晓筹，尚衣方进翠云裘。九天阊阖开宫殿，万国衣冠拜冕旒"，这是王维眼中的大明宫；而以意象奇险的边塞诗见长的岑参，则用"鸡鸣紫陌曙光寒，莺啭皇州春色阑。金阙晓钟开万户，玉阶仙仗拥千官"这样嘹亮的诗行，在这组唱和诗中拔得了头筹。"抛砖引玉"的中书舍人贾至，当然会被这三位响当当的诗人压得声名不显，但他们四人在早朝之上对大明宫的这番讴歌，却折射出了经历丧乱的臣子们的共同心境，他们与其说是在描摹现状，不如说在缅想繁华，缅想大明宫在经历安史之乱之前的那段辉煌岁月。

如果说"北内"太极宫喧响着唐太宗李世民的名字，"东内"大明宫张扬着武则天的威仪，那么，"南内"兴庆宫，则与盛唐天子唐玄宗李隆基发生着不可切分的联系。因在大明宫南部而得名"南内"的兴庆宫，原为唐玄宗做临淄王时的所在地——兴庆坊。在平灭诸韦、铲除太平公主之后，唐玄宗开始将帝国的马车声势浩大地驶向开元盛世。他并没有在自己的祖母——武则天处理政务的大明宫住上多久，而是在开元二年（714），将自己的"龙潜旧邸"——兴庆坊改建成了一座豪华富丽的皇宫。兴庆宫是在玄宗开元二年开始兴建的，它的形制是南北长、东西窄的长方形，占地面积约114.5公顷，是现在故宫面积的近一倍。事实上，兴庆宫的前身兴庆坊，在过去并不单住着时为临淄王的李隆基，还有宁王、薛王、岐王、申王——李隆基的四个兄弟，是为"五王宅"。李隆基即位后，这四王纷纷献宅，将自己的旧宅共同纳入兴庆宫的扩建范围之中。即位的玄宗也感念兄弟献宅之恩，不仅给四王在兴庆宫周围重新赐宅，而且在兴庆宫里修建了一座花萼相辉楼——此名出自《诗经·小雅》"棠棣之华，鄂不韡韡"，以花萼相托喻兄弟手足之情。这座恢宏壮观的花萼相辉楼，不仅成为玄宗经常宴请众兄弟，以示兄弟和睦的地方，更成为他与民同乐的一处高台。宰相张说曾有一首《踏歌词》，记述了正月十五元宵节花萼相辉楼前人潮涌动火树银花的盛况。

> 花萼楼前雨露新，长安城里太平人。
> 龙衔火树千灯艳，鸡踏莲花万岁春。
>
> 帝宫三五戏春台，行雨流风莫妒来。
> 西域灯轮千影合，东华金阙万重开。
> ——张说《杂曲歌辞·踏歌词》

如果说兴庆宫的花萼相辉楼是一处宴乐之所，那么，真正将兴庆宫赋予"南内"意义的，则是勤政务本楼。这座占地面积约五百平方米的高楼，被唐玄宗作为处理政务、完成典仪、接受朝贺的重要场所；虽然在名称上不再称"殿"，但在建筑的高度和豪华度上，丝毫不逊色于大明宫和太极宫的任何宫殿。正是以这座楼为基点，唐玄宗将大唐的权力中心由大明宫南移，在整座长安城的规划格局中，与北内太极宫、东内大明宫形成鼎足之势。当一次次朝会在这里展开，一道道御旨从这里传出，兴庆宫，已然成为开元盛世的核心策源之地。

当然，颇具艺术气质的唐玄宗在营建"南内"兴庆宫的同时，也没有忘记以园林之美让其和大明宫、太极宫迥然有别。在这里，他建了一个仅次于曲江池的龙池，接天莲叶和满池的荷花，与周边的亭台楼阁相映成趣；而他专为杨贵妃营建的沉香亭，则以遍布亭周的牡丹花，彰显着皇家的富贵雍容。正是这座富丽堂皇的沉香亭，带动起了长安豪门贵胄广植牡丹的风尚，并直接拉高了牡丹的身价，《唐国史补》载，当时牡丹花的价值最高的竟"一本有价值数万者"。当兴庆轩、大同轩、南熏阁、长庆轩等一系列高标绮丽的建筑群最终构成兴庆宫的豪华阵容，当看似并不庄严规整的规划格局掩映于绿树红花之中，作为大唐权力中心的兴庆宫，已经以其特有的富丽奢华，不无骄傲地平摊开唐玄宗时代海晏河清的盛世气象。

领略过"三大内"的宏伟壮丽，我们的视线将掠过宫城的玉宇琼楼，飘向整齐规划、对称布局的长安里坊。"百千家似围棋局，十二街如种菜畦"，这是白居易登临观音台眺望整座长安城时的所见所感。长安城的最初设计者宇文恺正是以一张围棋盘一样的城市布局将一百十一个里坊拱卫于宫城与皇城周围，生活在这些里坊之间的百万唐人筑宅建屋，栽竹植柳，上演了近三百年的大唐故事。

长安城的里坊以朱雀大街为界，东西各有五十五坊，街东属万年县治，街西属长安县治。这一百十一个里坊，并不是面积均等的，皇城以南三十六坊面积最小，面积最大的坊位于皇城与宫城的东西两侧。尽管面积不均等，但从东西两侧里坊的布局上，又是规则有序的。这种规则有序，是用两种方式固化的，一个是坊墙，另一个便是"十字街"。郑谷曾有诗云："信马归来傍短墙"，所谓的短墙，正是指将坊与坊之间实现物理间隔的屏障。这些坊墙有近三米厚，每个坊都被高高的坊墙圈成一个相对封闭的区域，除了皇城南朱雀门大街两侧的三十六小坊，因恐损断地气破坏风水，只在东西两面各开一道城门，其余各坊都是东西南北四面各开一道坊门。出了坊门，面对的就是十五米宽的大道。由于长安城的"棋盘式"设计，每个坊面对的都是规制齐整的十字街，正是这些十字街，构成了长安城错落有致的经纬线，使在长安生活的百万唐人可以走出相对封闭的、自己居住的里坊，让整盘"棋"活起来，动起来。

晓声隆隆催转日，暮声隆隆呼月出。

汉城黄柳映新帘，柏陵飞燕埋香骨。

——李贺《官街鼓》(节选)

李贺的这首《官街鼓》，描摹的正是长安诸坊启闭坊门的状态。

如果说当初中央政府设立高高的坊墙，并三令五申禁止任何人突破坊墙侵街造屋，其目的在于使"逋亡奸伪无所容足"，那么宵禁制度的施行，则让长安城的每一坊成为便于控制的独立的居住单元。"晓声隆隆催转日，暮声隆隆呼月出"，每天黄昏，街鼓响起，每个里坊的坊正都会命人将四门关闭，禁止人们出入，长安各条大街上人声绝迹，直到第二天凌晨四点多，坊门方可打开。如果违犯夜禁，只能"无家可归"。《太平广记》曾讲了一个故事，说是"唐天宝十二载冬，有司戈张无是居在布政坊。因行街中，夜鼓绝门闭，遂趋桥下而蜷"。没有赶在坊门关闭之前回家的后果，只能是在桥下蜷缩一夜。归家晚者如此，出门早，同样也不行。唐传奇《任氏传》写了一个叫郑生天的唐人将晓时辞别任氏后，"乃里门，门扃未发。旁有胡人鬻饼之舍，方张灯炽炉。郑子憩其帘下，坐以候鼓"，由于晨鼓未敲，只能在胡人的一处饼摊等候，待晨鼓敲响之后方能出得坊门。当然，日常的宵禁与封闭并不能限制娱乐至上的唐人，而中央政府也算"体恤民情"，每年元宵节前后三天，坊门都彻夜开放。

星罗棋布的长安里坊，当然要承载不同的功能。依据功能划分，这座当时世界上最大的长安城可以分为住宅区、商业区和风景区三大类。我们不妨沿着这三类的功能划分走进长安里坊，走进唐人的生活。

先来看看长安城住宅区。作为大唐帝都和国际化大都会，长安自然是高官显爵权贵豪门的聚集之地。早在建国之初，唐太宗曾下令王公贵族的宅第要严格按照等级规定建造，不得逾矩。在这种尚俭之风的引领下，当时生活在长安城的官员和贵族们还不敢大兴土木，有的大臣的居所甚至可以用寒酸来形容:《贞观政要》记载，"岑文本为中书令，宅卑湿，无帷帐之饰";"温彦博为尚书右仆射，家贫无正寝，及薨，殡于旁室。太宗闻而嗟叹，遽命所司为造";一代净臣魏徵，生活居所同样简朴逼仄，其宅内"先无正堂，及遇疾，太宗时欲造小殿，而辍其材为徵营构，五日而就"。从这些记载来看，贞观年间的臣僚们，个人宅邸还是相当简朴的。然而到了贞观后期，随着经济的发展、国力的强盛和唐太宗治世惰性的滋长，奢靡之风日盛。不仅太宗本人开始大修宫室，王公贵胄的宅邸也开始竞奢斗富，当年"宠冠诸王"的魏王泰曾"盛修第宅"，有着拥立之功的尉迟敬德，更是"穿筑池台，崇饰罗绮"。

长安贵族生活的里坊真正成为一片奢华之地，是从高宗、武后时期开始的。当时的朝中权贵、武后从父姊之子宗楚客，其宅第在皇城西侧的醴泉坊，据说其"造一宅新成，皆是文柏为梁，沉香和红粉以泥壁，开门则香气蓬勃"。与宗楚客同在醴泉坊的武后之女太平公主，其宅第也极尽奢华，但看过宗楚客的豪宅之后，也自叹弗如道:"观其行坐处，我等虚生浪死。"而在唐代这几个有名的公主中，中宗之女安乐公主的宅第要算最奢侈了。《太平广记》载，安乐公主"夺百姓庄园，造定昆池四十九里，直抵南山，拟昆明池。累石为山，以象华岳;引水为涧，以象天津。飞阁步檐，斜桥磴道，衣以锦绣，画以丹青，饰以金银，莹以珠玉。又为九曲流杯池，作石莲花台，泉于台中流出，穷天下之壮丽"。当这个被中宗宠坏了的大唐公主建造一池都要和父皇的昆明池比拼奢华富丽，其宅邸的富丽堂皇更不消说。

当时间步入玄宗时代，王公贵胄高官显爵们大兴土木营建私宅的热情更是甚嚣尘上。宜阳坊内，凭着裙带关系上位的杨国忠和虢国夫人、韩国夫人、秦国夫人"构连甲第，土木被绨绣，栋宇之盛，两都莫比"。这些新贵们大兴攀比之风，"诸姨五家第舍联互，拟宪宫禁，率一堂费缗千万。见宅第有胜者，辄坏复造，务以瑰侈相夸诩，土木工不息"，一时间，宜阳坊内，成为天天土木不息的工地，拼奢比阔的舞台。而被玄宗宠幸的又何止杨氏一门，为了笼络安禄山，玄宗曾下旨在亲仁坊南街为其筑宅，特"敕所司穷极华丽，不限财物，堂隍院宇重复窈窱，匼匝诘曲，窗牖绮疏，高台曲池，宛若天造，帏帐幔幕，充牣其中。至于厨厩之内，亦以金银饰其器，虽宫中服御殆不及也"。然而，玄宗愈是对安禄山宠幸至此，就愈撑大了这个胖子的胃口，他最终要夺取的，已是一个帝国的江山。

王公贵族们营建私宅的热情几乎贯穿了唐帝国的始终，即便经过安史之乱，这些权贵也没有停止对美宅的追求：郭子仪的宅邸可以大到"家人三千，相出入者不知其居"；文宗时的翰林承旨学士王源中，甚至在家中建了球场。正是这样的奢华之风，直接影响了长安城的富商名流甚至普通庶民的居住观念。生活在怀德坊的富商邹凤炽，宅第极尽奢华；长安富民罗会，也是"馆舍甚丽"。一生不得美官居住在延寿坊的诗人贾岛，尽管生活俸禄不能与贵胄富贾们同日而语，但同样在院中盖起小楼，庭院之中，竹树环合。"寄居延寿里，为与延康邻。不爱延康里，爱此里中人。

人非十年故，人非九族亲。人有不朽语，得之烟山春。"躲进小楼成一统的贾岛，在物质条件不足的时候，也要营造一个相对舒适的精神院落，在这个院落中，苦吟终日，自得其乐。

"旅馆月宿永，闭扃云思兴。"在长安里坊的住宅功能中，旅邸业的兴盛和相当于驻京办性质的进奏院的设置，也在丰富着长安城的人居样貌。集中在务本、崇义、长兴、永兴、平康等毗邻皇城十坊的进奏院，接纳着往来京城的地方官员；设置在靖安、亲仁、道政、宣平等各大坊中的旅馆驿站，则寄住着远来赶考的举子，贸易经商的行贾。当然，长安城中唐人的密集流处之所，还有两处重要的工商业区——东市和西市。这两处基于隋建大兴城时所设的工商业聚集地，到了唐朝，已是相当繁华热闹，"市内货财二百二十行，四面立邸，四方珍奇，皆所积集"。东市西市，由于所处周边居住人口层级有别，因此在商业功能上，也有所不同。由于长安的三大宫殿有两座都在偏东位置，官员们为了朝谒方便，也大多将宅邸建在了皇宫东部，加之进奏院也主要分布于东市附近，因此，东市的消费层级相对高些。当然，若论消费人口，西市则更多一些，很多经由丝绸之路来到长安的西域商人，首先都要落脚西市，从而带热了整个西市的商业贸易。当喧嚣的两市从日出开始，便迎迓着来自四面八方的唐人和西域商旅，当秤行、药行、绢行、笔行、铁行等五花八门的商业行当在此起彼伏的叫卖声中构筑起长安的繁华，东市西市，已经成为大唐帝国物阜民丰最直接的呈示。

蔓草萧森曲岸摧，水笕沙浅露莓苔。

更无蕨蕨红妆点，犹有双双翠羽来。

——吴融《题延寿坊东南角古池》(节选)

　　看似被封闭于坊墙之中的唐人，不仅会走上十字街，会一会老友亲朋，逛一逛东市西市，还要去遍布长安的游赏胜地去玩一玩，乐一乐。吴融这首诗，描写的正是位于延寿坊东南角的古池，这里景色清幽，是唐人游赏的必去之地。在长安城，这样的公共游赏园林比比皆是，升平坊的东宫药园、休祥坊的奉明园、昌乐坊的官园、永宁坊的永宁园，都在以其小桥流水的园林布局和姹紫嫣红的园林花木，吸引调动着唐人的游兴。当然，在公共园林中，最热闹也是最著名的两处公共园林，还是乐游园和曲江池。乐游园是处于长安城东升平坊、新昌坊之间的一处高阜，玄宗朝，这里被精心打造，让游人流连忘返。"乐游古园崒森爽，烟绵碧草萋萋长"，这是杜甫对乐游园的歌吟；"独上乐游园，四望天日曛"，这是白居易的咏叹。而在长安胜迹中，文人墨客们留诗最多的，还是长安东南的曲江池。这座一半在城内一半在城外、水域面积达70万平方米的天然湖泊，因南北长而东西短，两岸斗折蛇行，故名"曲江"。水光潋滟之中，人们可以泛舟其上，沿池四坊宫阙连绵，遍植绿树红花。当卢纶用"菖蒲翻叶柳交枝"、杜甫用"一片花飞减却春"、韩愈用"曲江水满花千树"勾勒他们眼中的曲江之春，当"深紫浓香三百朵，明朝为我一时开"的探花使翁承赞和"春风得意马蹄疾，一日看尽长安花"的孟郊，共同在曲江之滨皇帝为登科举子特设的飨宴上张扬着人生的骄傲，曲江，成了整座长安城最灵动的所在。

雨细几逢耕犊去，日斜时见钓人回。

繁华自古皆相似，金谷荒园土一堆。

——吴融《题延寿坊东南角古池》(节选)

一座长安城，折射出大唐帝国的奢华与繁荣，也浓缩了大唐帝国的光荣与梦想。就是在这座当时世界上最大最繁华的长安城中，人们穿行于殿阁楼台，流动于闾里坊间，构建起属于唐人的诗意的栖居。然而，这座国际化的大都会，随着大唐帝国的没落，最终难逃兵燹火劫。天祐元年（904），乱世军阀朱温劫持昭宗迁都洛阳，令长安居民"按籍迁居"，还下令拆除了所有的宫殿房屋，将拆下的木料顺渭河而下，运往新都洛阳。曾经气势恢宏的"三大内"，就此成为历史的记忆，尤其是代表大唐盛世的大明宫，更是在唐末的烽烟中，经历了三次焚毁，最终，除了一些体积较大、搬不动的砖石类建筑物，全部荡然无存。当破坏殆尽的长安城变成一片废墟焦土，当曾经辉煌的长安城此后永远失去了大国都城的地位，我们再来回望吴融的这两句"繁华自古皆相似，金谷荒园土一堆"，便会发现，这位生于晚唐后期的诗人，已经提前用自己的诗行，为唐人曾经的诗意生活，画上了一个哀伤的句号。

云想衣裳花想容

在唐人世界里穿行日久，我们便会发现，唐人的开放意识和引领风气之先的豪情，实际已经渗透进了他们衣食住行娱的方方面面。他们的审美，直接影响了此后千年的中国审美，他们定下的诸多标准，亦成为后世可堪垂范的标准，而他们自由奔放的精神气韵，更是让大唐这个在中国历史上存在了近三百年的帝国活色生香，五彩缤纷。

由此，在考察了唐人的饮食文化，领略了唐人的娱乐精神，走近了唐人的金阙里坊之后，我们便要近距离去抚摸唐人衣襞上艳丽的纹路，去细瞧仕女们粉靥上黄金的花钿。"云想衣裳花想容，春风拂槛露华浓"，当年还是翰林待诏的李白曾在唐玄宗的要求下，以一首"务去陈词"的《清平调》歌咏杨贵妃的绰约风姿，而事实上，"云想衣裳花想容"，又何尝不是大唐女性的整体写照？正是这群活跃在公元七世纪至九世纪的中国女性，用她们飘动的衣袂和独创的妆容，引领了时代风尚，丰富了大唐气象。

直缘多艺用心劳，心路玲珑格调高。

舞袖低徊真蛱蝶，朱唇深浅假樱桃。

粉胸半掩疑晴雪，醉眼斜回小样刀。

才会雨云须别去，语惭不及琵琶槽。

——方干《赠美人（其一）》

生活在唐宪宗时代的文人方干，是个有趣的人。据说他每见人都要三拜，自云礼数有三，因此被时人呼为"方三拜"；因为喜爱吟咏，深得其师徐凝的器重；有一次，他偶得佳句，喜不自胜，竟不慎跌破嘴唇，所以人们又戏称其为"缺唇先生"。方干的《赠美人》是组诗，这是四首中的第一首。在这首诗中，尤其被后人广泛引用的，是"粉胸半掩疑晴雪"这一句。用这样美丽的句子形容唐代女性着装上的性感和开放的审美意识，也是再恰当不过。事实上，半露胸的性感装束，在中国古代的封建观念中是万万不可的，可是在遍吹自由开放之风的大唐帝国，着露乳之衫，半裸酥胸于人前，却成为唐代女性特别是唐代贵族女性的穿着时尚。历数封建王朝，唐代应当是空前绝后地将女性的形体美绽放到极致的王朝。中国传统的贞节观，进入唐代已不再严苛，《朱子语类》曾云："唐源流出于夷狄，故闺门失礼之事不以为异。"上层社会对女子失身、再嫁等已看得很淡。尤其是武则天当政时期，女权色彩加重，女性地位提升，唐代女性在服装上的开放程度更高。当一千多年的岁月倏忽而逝，我们仍旧可以在永泰公主墓壁画中，看到唐代女性低开的衫领，依稀可辨的胸乳；在《簪花仕女图》中，我们依然能够看到唐代女性雍容的身姿，丰满的上围。正是唐人留下的这些精美的艺术品，为我们定格了唐代女性的丰腴娇美，定格了专属于唐人的审美追求。

浸淫于这种以露为美自由开放的风尚，唐代女性的服装当然与历代封建王朝迥然有别。

首先，体现在面料上。精薄透明的面料广受唐代女性尤其是贵族女性的青睐。在唐代，随着种桑养蚕的大力推广，轻盈透明而又凉爽抗拉伸的丝绸面料大行其道。当时有一种备受玄宗和杨贵妃喜爱的"鲁山绸"，因其柞蚕茧个头大、丝层厚且富有光泽，遂成为妃嫔命妇眼中的极品，进而成了"丝绸之路"的重要货源。当然，"鲁山绸"不单纯是女性的最爱，也深得王公贵胄们的喜爱。据说唐代有位阿拉伯商人拜会一官员，隔着五层丝绸，都看到了这位官员胸口的一粒黑痣，这一方面说明丝绸薄透的质地，另一方面也说明，像丝绸这种轻薄的面料，不仅是唐代女性的最爱，同时也深受男性的欢迎。

其次，体现在服装的款式设计上。在唐代女性的着装法则中，裙、衫、帔是不可或缺的"三件套"。不论是贵族女子还是良家妇女，裙、衫、帔都是她们着装的基本构成。而在整体的穿搭设计上，则是上身着露体较多的短衫，可见女性高耸的胸型；下身穿腰线较高的长裙，凸显女性身材的颀长和秀美。一般而言，唐代女性的长裙都是由六幅布帛制成，李群玉曾有诗云："裙拖六幅湘江水"，说的就是唐代女性的六幅长裙；而六幅裙只是一个标准的款式，一些贵妇千金的长裙甚至可达七幅或八幅。以《旧唐书》所言布帛每匹"阔一尺八寸，长四丈"而论，唐代女性的一件八幅长裙已经远比现代女裙阔出太多。当上短窄下宽肥的衫裙穿在唐代女性的身上，还需再配上一件透明的薄纱做帔。这种帔巾既不能御寒，也不能掩体，实现的是中国女性服饰从实用向审美的跨越。正是这种自然下垂随风飘曳的帔巾，最终完成了唐代丽人着装的基本造型。当她们部分裸露的上身肌肤处于若隐若现之间，当唐代文人纷纷写出"慢束罗裙半露胸""长留白雪占胸前"这样香艳的诗句，我们看到的，是唐代女子千娇百媚的盛世风情。

当然，在以性感为底色的盛世风情中，一定要有缤纷绚丽的色彩作铺陈，而放眼历代女性对色彩的运用与偏好，唐代女性无疑是最大胆也是最自由奔放的一群。

"移舟木兰棹，行酒石榴裙"，这里李白提到了唐代年轻女子极为青睐的一种服饰款式——石榴裙。这种裙子色如石榴之红，不染杂色，却更加洋溢出青春、明快的气息，进而衬托出女子的楚楚动人。对于这款上至宫廷下至民间广泛流行的女裙，不仅是诗仙李白，唐代的很多文人都不惜笔墨，极尽讴歌之能："裙妒石榴花"，这是白居易的赞誉；"招腰争舞郁金裙"，这是李商隐的吟唱；"红裙妒杀石榴花"，这是万楚的描摹。当然，身处五彩斑斓的大唐，曼妙丰腴的女性们又怎么会仅仅用一抹鲜艳的石榴红装点自己呢？随着月青、草绿、绛紫、杏黄这些明丽的色彩被广泛采用，唐代女性已然将争奇斗艳的无边春色，悉数穿在了自己的身上，构成了一道万紫千红的秀美风景，尤其是大唐的贵族女性，更是将她们对色彩的偏爱铺陈到了极致。据说唐中宗之女安乐公主有一款"合百鸟毛"制成的毛裙和一件蜀川为她量身订制的单丝碧罗笼裙，在大唐后宫甫一亮相，就艳惊四座，一时间，"百官、百姓家效之"。正是这些绚丽奔放的色彩，扮靓了大唐女性，张扬起大唐的绝代风华。

在唐代女性服装的演进历程中，还有一个鲜明的特点，那就是胡化。早在初唐，受胡风影响，服装款式就出现了以小袖为尚的风气，到了盛唐，胡服更是深受唐人尤其是长安唐人的钟爱。《安禄山事迹》载："天宝初，贵游士庶好衣胡服，为貂皮帽，妇人则簪步摇钗，衣之制度，衿袖窄小。"以褊狭、翻领、左衽为主要特点的胡服，被唐人视为流行，而一袭胡服出行的唐人也没有忘记给自己戴上一顶惹眼的胡帽用以遮阳。这种胡帽，尖顶卷檐，用乌羊皮或厚锦缎制成，戴上它出门相信会有相当高的"回头率"，尤其是经过改进的女胡帽，更是透出唐代女性的别样风情。此前，唐代女子出行，多戴一种可以遮蔽面目的帷帽，但到了开元时期，随着胡风的劲吹，帷帽已渐为更加"拉风"的胡帽所取代。《唐会要》记载："开元初，从驾宫人骑马者，皆著胡帽，靓妆露面，无复障蔽。士庶之家，又相仿效，帷帽之制，绝不行用。"而在西安韦顼墓石椁线雕中，我们仍可以看到两种风格特异的女胡帽，其一装了上翻的帽耳，耳上饰有鸟羽，其二则在口沿部分装饰了皮毛。有了这样的实物摆在面前，我们完全可以想象，当生活在一千多年前的这些唐代丽人戴着五彩斑斓的胡帽走在长安的街衢里坊间，会是怎样一道光彩夺目的景致。

豪纵的唐人引领着豪纵的社会风尚，而作为豪纵之风的重要助推人群，唐代女性在吸纳异域文化扮靓扮美自身的过程中，也不受拘束，率性而为。就在露胸之衫大行其道的同时，一款深受龟兹文化影响的半臂装也成为女性大胆展露形体、张扬个性的标签。半臂一般都用厚实的彩锦制作而成，是一种短袖的对襟上衣，没有纽袢，只在胸前用带子系住，衣长至腰，紧贴身体，胸部几乎半袒。半臂初为宫女所着的"宫装"，便于宫中女侍供奉所用，着之以便劳役，后传至民间，唐代女性纷纷效仿，遂成时尚。史载，唐玄宗曾命皇甫询在益州织造"半臂子"，想来应当是一种专供制作半臂用的上等织物。"竹马梢梢摇绿尾，银鸾睒光踏半臂"，诗鬼李贺在他天马行空的诗歌中，也将绣着银鸾纹的半臂作为他文学表达的重要意象。而更能反证半臂在唐代大为流行的，是房琯的"家法"。这位泥古的官僚，不仅因为不懂变通，在平叛安史之乱时吃了败仗，在对内的"家法"上，也严循古制。据唐张泌《妆楼记》载，"房太尉家法，不着半臂"，也就是说，这位老夫子对露体太多的半臂装看不惯，也就不允许家人着半臂装。但这个事例，恰恰反证出在当时的大唐社会，着半臂之装，已然是相当流行的大众审美风尚。

身处开放的唐朝，女性始终在大胆实现着对封建道统的反叛。如果说以露为美的风尚，向世人展示出她们丰腴健硕的身材曲线，那么喜着男装，则是唐代女子特异于其他封建王朝女子的一个重要表征。我们先来看看元稹的这首《赠采春》：

新妆巧样画双蛾，谩里常州透额罗。

正面偷匀光滑笏，缓行轻踏破纹波。

——元稹《赠刘采春》(节选)

　　这首诗是多情的诗人元稹送给江南名妓刘采春的。刘采春玉骨冰肌，但在这首诗里的形象，却是裹着幞头、手执象笏、足蹬锦靴的男子形象。事实上，这正是唐代女性的一种流行风尚——着男装。这种"女扮男装"的风尚，早在初唐就已出现，《新唐书》载："高宗尝内宴，太平公主紫衫、玉带、皂罗折上巾，具纷砺七事，歌舞于帝前。帝与武后笑曰：'女子不可为武官，何为此装束？'"事实上，这位喜着唐代武官服装的太平公主，不仅用男人装包裹起自己的娇躯，更以强似男人的神经，一度效仿她的母亲武则天，将唐睿宗视为傀儡，全面架空，要不是后来玄宗率先出招，差点就改写了唐代的历史。至于前面提及的安乐公主，更是大胆挑战男权，尽管自己拥有一件流光溢彩的"百鸟裙"，可以尽显其作为女性的柔媚，但她的男装也是数不胜数。也正是这位中宗"最小偏怜"的爱女，曾大胆向中宗自请为皇太女，面对父皇的质疑，她亢然有辞："阿母子尚自为天子，况儿是公主，作皇太女，有何不可！"一袭男装，不仅遮蔽了这位大唐公主的性征，更膨胀了她的政治野心。

　　初唐女性对观念道统的反动，直接引领着此后大唐女性的审美追求。进入盛唐，女性穿戴自己丈夫的衣服、靴子、帽子行走于市，人们早已见怪不怪，而随着女着男装渐成风尚，唐宫侍女中也出现了一个特别的"工种"——"裹头内人"。所谓的裹头内人，就是头戴幞头身着男装的宫娥侍女。《资治通鉴》载："裹头内人，在宫中给使令者也。内人给使令者皆冠巾，故谓之裹头内人。"而这种风尚，在经历了安史之乱，走向中晚唐后，仍旧不曾消弭，尤其在贵族妇女中，依然相当流行。《唐语林》云："武宗王才人有宠。帝身长大，才人亦类。帝每从禽作乐，才人必从。常令才人与帝同装束，苑中射猎，帝与才人南北走马，左右有奏事者，往往误奏于才人前，帝以为乐。"你看，得宠的王才人着男装被大臣们误认作皇帝，而真正的皇帝武宗不但不恼，反以为乐。可见在唐代，女着男装的风尚早已不再是一件令人惊异之事，相反，愈是如此，愈能看出大唐女性在奔放的唐风之下，有着怎样的个性张扬的权力和引领时尚的自由！

> 晓日穿隙明，开帷理妆点。
> 傅粉贵重重，施朱怜冉冉。
> 柔鬟背额垂，丛鬓随钗敛。
> 凝翠晕蛾眉，轻红拂花脸。
> 满头行小梳，当面施圆靥。
> 最恨落花时，妆成独披掩。
>
> ——元稹《恨妆成》

如果说唐代女性在服装的穿搭上自由奔放，个性十足，那么，作为身体最重要的部分——面部，她们所引领的妆饰潮流更是大胆而前卫。元稹的这首《恨妆成》，正是通过对一位唐代丽人晨起梳妆的精致刻画，为我们呈现出了一位开帷对镜傅粉施朱的美人形象。

化妆，作为中国女性的一种日常生活习惯，有着悠久的历史。无论是春秋战国时代"巧笑倩兮，美目盼兮"的卫庄公夫人庄姜，还是《诗经》中的"窈窕淑女""静女其姝"，无论是屈原笔下的湘夫人，还是风华绝代的越国浣纱女西施，她们当然都是绝色美人，但即便如此，她们还是要轻施粉黛，在历史的水畔留下自己更加秀美的月貌花容。而当时光流淌到物阜民丰的大唐，生活在这个时代的女子，迎迓着遍地吹拂的开放之风，浸润着交融互通的西域文明，"女为胡妇学胡妆"，"军装宫娥扫眉浅"，她们更是创造了多种风格各异的化妆技巧和化妆方式，将自己的一张粉靥打扮得楚楚动人，姹紫嫣红地绽放在中国历史的深处。

有一桩记录于唐人《教坊记补录》的故事很是有趣，说的是当时京都长安有一精于化妆、能歌善舞的名优庞三娘，尽管韶华不再，但仍以精致的妆容扮作少女模样出现在舞场之中。一日，有客不约自至，庞三娘不及梳妆，仓促出迎，结果来人见是一人老珠黄的老妇，遂问庞三娘何在，这庞三娘也是喜欢逗趣之人，竟戏称自己是庞三娘之姨，让这位访客明日再来。结果次日客至，庞三娘早已妆饰一新，一改衰容，客人见到眼前这位面若桃花的美人，全然没有想到她便是昨日见过的老妇，竟对庞三娘道："昨天我已见到三娘之姨了。"

这则出自唐人笔记小说中的趣闻，不仅从侧面反映出了唐代女性对化妆的重视，更折射出她们化妆技巧的娴熟。那么，这群千年以前的中国女性，究竟是如何通过精致的化妆，让自己洋溢着青春的气息的呢？

化妆的第一步，是敷铅粉。敷铅粉是为了使面部增白。这个化妆步骤并非唐代女子的独创，宋玉在其《登徒子好色赋》中形容一位少女时，曾说"著粉则太白，施朱则太赤"，说明早在先秦时代，粉妆就已成为女性化妆的首要步骤。到了唐代，由于唐代女性以袒胸露乳为时尚，所以在颈、胸处涂粉者也大有人在，韩偓曾有诗云"鬓垂香颈云遮藕，粉著兰胸雪压梅"，说的就是唐代丽人的粉妆。当然，粉妆的原料一般除了铅粉，还有米粉，尤其有趣的是一种马嵬土。据传杨贵妃被赐死于马嵬驿后，她的坟冢周围土白如粉，很多妇人都争相取土以敷面，并给这种土起了一个好听的名字——贵妃粉。

敷粉之后，下一个步骤便是涂胭脂、点绛唇。胭脂的作用是使面色更加红润。唐代女性非常偏爱的一种面部妆型叫"斜红妆"，而关于"斜红妆"的产生，也有很多逸闻。唐人张泌在他的《妆楼记》中，讲了魏文帝的一个非常宠爱的女侍，名叫薛夜来。此女"初入魏宫，一夕，文帝在灯下咏，以水晶七尺屏风障之。夜来至，不觉，面触屏上，伤处如晓霞将散。自是宫人俱用胭脂仿画，名'晓霞妆'"。这种"晓霞妆"发展到了唐代，直接就演变成了一种特异的妆容——"斜红妆"。如果说当年的薛夜来脸颊触屏，伤处还只是如晓霞将散，那么到了张扬奔放的唐代，女性已将这种"晓霞"夸张成了两抹"斜红"——在鬓部与颊部之间，宛如两道弯月般的"血痕"。这种"斜红妆",在唐代盛行浓艳热烈的红妆造型中,使女性的妆面变得更加活泼而俏丽,两道"血痕"所营造出的明暗对比的光影效果,使女性的脸变得更加立体,更加惹人怜爱。

在面部施朱晕红之后,唐代女性就要点染朱唇了。虽然饰唇之风早在先秦时代就已出现,但到了唐代,女性妆唇之风已更加成熟。她们用条状的唇脂,凭自己的心意重新点画唇形,唇厚者可以画薄,口大者可以画小。唇妆造型的丰富性居历代王朝之首。《清异录》云:"僖昭时,都下娼家竞事妆唇,妇女以此分妍否;其点注之工,名色差繁。"据宇文士及称,唐末女性唇妆有胭脂晕品、石榴娇、大红春、小红春、嫩吴香、半边娇、圣檀心等,共计十七种之多。看来白居易笔下一句"樱桃樊素口",还是没有道尽唐代女性的美丽朱唇。

提到唐代女性的面妆,有一种相当流行的花钿妆是一定要说的。花钿妆又名"落梅妆",始于南北朝时期。据传有一年正月初七,南朝宋武帝之女寿阳公主在含章殿外梅树下小睡,微风拂过,一朵梅花正落额上,五个花瓣平伏伸展,竟拂之不掉,香气袭人,三日不绝。宫女于是都纷纷效仿,将五彩绸缎或金银箔剪成梅花形状的花钿,贴于前额,遂成风尚,名之曰"落梅妆"。还有一种说法要晚一些,段成式《酉阳杂俎》说:"今妇人面饰用花子,起自昭容上官氏所制,以掩点迹。大历以前,士大夫妻多妒悍者,婢妾小不如意,辄印面,故有月点、钱点。"这段文字中所说的昭容上官氏,正是武则天和中宗时代一位非常著名的女官——上官婉儿。上官婉儿是上官仪的孙女。当年上官仪因得罪武则天被斩,上官婉儿自幼随母配没宫廷，后来她为了遮掩面部受过黥刑后留下的点迹，便创制了花钿这种妆容。后来的一些士大夫之家因妒妇伤害而面容受损的婢妾也纷纷效仿上官婉儿，用花钿遮掩伤处，不想竟渐成风尚。

当然，花钿的创制者无论是寿阳公主还是上官婉儿都无所谓，重要的是这种特别的妆容给爱美的唐代女性提供了另一种想象的空间，她们不仅仅是沿袭，更在创造性地传承。用作花钿的材质，可以是金箔银箔，也可以是丝绸或纸，还可以是鱼鳞片、云母片或茶油花饼、翠鸟羽毛，这样无论是贵族千金还是贫寒之女，都有了美的权利。而至于怎样将这些精致的花钿粘贴在额心，唐代女性同样极具巧思。她们研制出一款"呵胶"，化妆时只需对呵胶呵上一口气，就能将它软化，进而将花钿牢牢地粘贴在额心。当然，不拘于传统的唐代女性在原有的梅花花钿的基础上，又相继创造出了桃形、宝月花形、月形、圆形、三角形、石榴花形、三叶形等共计三十余种花型，而在颜色上，更是突破了此前单一的粉红，加入了黄色、绿色等几种色彩。"春阴扑翠钿"，这是杜牧笔下着绿色花钿的女子，"扑蕊添黄子"，这是温庭筠笔下着黄色花钿的美人。当大唐女性用她们万紫千红的花钿去对应万紫千红的大唐春色，又有几个文人无动于衷，不像杜牧、温庭筠那样赶紧拿出纸笔赞美一番呢？

当然，喜欢制造惊奇的唐代女性在面妆上除了斜红妆、花钿妆，还要用更多另类的妆容吸引人们的眼球。她们有时会施以纯粹的白妆，最典型的例子就是宠冠后宫的杨贵妃，她最喜"偏梳朵子……作白妆黑眉",一时间,"宫中妃嫔辈施素粉于两颊,相号为泪妆"。她们有时也会敷面以紫,李贺的"青鸾立铜镜,胭脂拂紫绵",说的就是唐代女性的紫色面妆。当然,还有最大胆的"赭面",就是把脸面涂抹成赤褐色。这种"赭面"始自吐蕃,当年文成公主入藏,"恶其人赭面",松赞干布曾下令国人暂停此妆。然而随着汉藏的深度融合,这种颇显另类的"赭面"之妆竟也深得不少中原女子喜爱,尤其到了元和年间,"赭面"更是盛行一时。

时世妆,时世妆,出自城中传四方。
时世流行无远近,腮不施朱面无粉。
乌膏注唇唇似泥,双眉画作八字低。
妍媸黑白失本态,妆成尽似含悲啼。
圆鬟无鬓堆髻样,斜红不晕赭面状。
昔闻被发伊川中,辛有见之知有戎。
元和妆梳君记取,髻堆面赭非华风。

——白居易《时世妆》

唐代女性化妆的浓艳、大胆、奢华和前卫,让整个大唐都成为女性妆容的实验场。这群追求时尚的女性,"圆鬟无鬓堆髻样",爱梳"高髻"和"堕马髻",而云髻、惊鸿髻、回鹘髻这些美丽的发饰,则辉映起她们的一颦一笑;"斜红不晕赭面状","斜红妆""赭面妆"已然成为她们出行的常态;"乌膏注唇唇似泥",她们还会用乌膏将自己的嘴唇染成黑色,用特异的唇妆吸引人们的目光。白居易用这首《时世妆》对这些标新立异大胆另类的妆容给予了细腻的描摹。而在这首诗中，一句"双眉画作八字低"，更是道出了唐代女子在化妆时的重要一环——画眉。

女性画眉，由来已久，到了唐代更是进入极盛期。明代杨慎在《丹铅续录·十眉图》中记载："唐明皇令画工画十眉图。一曰鸳鸯眉，又名八字眉；二曰小山眉，又名远山眉；三曰五岳眉；四曰三峰眉；五曰垂珠眉；六曰月棱眉，又名却月眉；七曰分梢眉；八曰逐烟眉；九曰拂云眉，又名横烟眉；十曰倒晕眉。"你看，光是画眉就有十种。后世学者在对唐人画作和考古资料的研究中，发现唐代女性的画眉方式并不止于杨慎列出的这十种，累计竟达十五六种之多，可见这群生活在一千多年前的女性在自己的两道弯眉上下了多少功夫。

那么，唐代女性这些有着美丽命名的眉妆，都是什么样子呢？"双眉画作八字低"，我们不妨就从白居易诗中所写的八字眉说起。八字眉又称鸳鸯眉，这种眉妆，最直接的参照，就是周昉的《挥扇仕女图》。我们可以看到，画中仕女眉体稍粗，头高尾低，如两只鸳鸯对卧额头，而因其形似汉字"八"，故称"八字眉"。对于这款盛行于中晚唐的眉妆，韦应物的"宝镜休匀八字眉"、李商隐的"八字宫眉捧额黄"，皆是歌咏的妙句。同样的咏眉诗，还有说却月眉的。"长眉对月斗弯环"，这是李贺在热情吟咏；"娟娟却月眉，新鬓学鸦飞"，这是杜牧在挥洒才情。最喜欢这种妩媚秀美的长眉的，还是唐玄宗，曾以一句"眉黛不须张敞画，天教入鬓长"赞盛，一时间，宫中丽人纷纷"青黛点眉眉细长"，画起却月长眉，渐成风尚。

当然，追求标新立异的唐人既在不断地否定着前人，也在不断地否定着自己，到了盛唐末期，一种短而阔的眉型开始悄然替代长眉，迅速在宫廷坊间流行。这种眉型因其如新生之桂叶，又被称为"桂叶眉"。在《簪花仕女图》中出现的六位女性，无一例外，都是这种短阔的"桂叶眉"，配上她们丰腴的身姿，颇具一种别样的"富态美"。而这种"桂叶眉"也被一位落寞的大唐女性挫入了笔端，她就是唐玄宗曾经的宠妃梅妃。梅妃由于风头被后来者杨贵妃压过，心中郁郁不乐，即便仍对她怀有旧情的玄宗密送其一斛外国贡珠，她也全无喜色，不仅原样退回，还作了一首《谢赐珍珠》，向玄宗表达自己的旷怨：

　　桂叶双眉久不描，残妆和泪污红绡。

　　长门尽日无梳洗，何必珍珠慰寂寥。

——江采蘋《谢赐珍珠》

　　这位本名江采蘋的丽人，当年是多受玄宗的宠幸啊。因其酷爱梅花，玄宗便在其所居之处遍植梅树，每当梅花盛开，她都赏花赏到流连忘返，玄宗因此昵称她为梅妃，又戏称为"梅精"。然而，色衰则爱弛，当梅妃的荣宠被杨贵妃取代，这位凋伤的丽人只能"桂叶双眉久不描，残妆和泪污红绡"，在深宫中嗟叹逝去的青春，而那斛外国的贡珠，又怎能消弭梅妃的愁容呢？

　　当然，后宫从来不乏怨女，为了获幸邀宠，她们还是要扮靓自己，在自己的妆容上下足功夫。白居易《上阳白发人》中提到的"青黛点眉"的宫女也好，虢国夫人的"淡扫蛾眉"也罢，都在施朱敷粉的同时，将一对眉毛作为了吸引皇帝的重点。而宫中女性如此，民间女性亦然，朱庆余有一首《闺意献张水部》，写得就十分有趣：

洞房昨夜停红烛，待晓堂前拜舅姑。

妆罢低声问夫婿，画眉深浅入时无。

——朱庆余《闺意献张水部》

朱庆余的这首诗，字面上描写的是洞房花烛夜里一个新娘的焦虑。马上天将破晓了，新娘开始梳洗打扮，在一番敷粉施朱之后，她向新婚夫君低声问询"画眉深浅入时无"。显然，这位刚刚过门的新娘对自己画的眉妆还没有十足的底气，担心引来男方家人的嘲笑。可以说，正是这最后的金句，让朱庆余的整首诗立刻气韵生动起来，而我们也正是通过这句穿越千年的低语，看到了大唐女性对画眉的重视与在意。

"云想衣裳花想容，春风拂槛露华浓"，是的，这就是全方位追求时尚、引领时尚的大唐女性，正是她们在"衣""胸""面""唇""发""眉"等诸多方面的开放意识和审美嬗变，让我们看到了一个张扬自由一反传统的中国女性群体，看到了一个千姿百态的长安，看到了一个灿烂夺目的大唐。这群优雅绝伦的中国女人，是《簪花仕女图》里的雍容贵妇，是敦煌壁画中衣袂飘扬的飞天，更是凝固在历史时空里的永恒之美！

洞房昨夜停红烛

　　婚姻是庄严而神圣的，它是一种自然的两性关系，又是一种以制度为框范的社会关系。《礼记》有云："昏礼者，将合二姓之好，上以事宗庙，而下以继后世也，故君子重之。""敬慎重正而后亲之，礼之大体，所以成男女之别，而立夫妇之义也。男女有别，而后夫妇有义；夫妇有义，而后父子有亲；父子有亲，而后君臣有正。故曰：昏礼者，礼之本也。"《易经》认为："有天地然后有万物，有万物然后有男女，有男女然后有夫妇，有夫妇然后有父子，有父子然后有君臣，有君臣然后有上下，有上下然后礼义有所错。"可以说，定型于周礼时代的中国婚姻制度，已经成为封建宗法制度的一个重要构成。那么，这套婚姻制度走进封建社会最繁荣鼎盛的时期——唐朝之后，又呈现出怎样的变化？这个创意不断的帝国，在婚俗礼仪方面，进行了怎样的嬗变与创新？处于开放之风中的唐代青年男女，在婚姻观念和婚姻道德方面，又和固有的传统有着怎样的不同？

　　当然会有门第等级观念，这是封建婚姻制度需要迈过的第一道门槛。尽管唐代是中古史上一个重要的变革期，但作为社会生活的一项重要组成部分，婚姻门第观念在唐朝尤其是在唐前期，不是松动了，而是愈加紧固了。唐高祖李渊曾云："我李氏，昔在陇西，富有龟玉。降及祖祢，姻娅帝室。"唐太宗李世民在位期间，更是重修《氏族志》，以期建立起以李唐王室为核心的新的世家大族的门阀体系，并在《唐律》第四篇《户婚》中明文规定，"贵贱不婚""良贱不婚""当色为婚"，将婚姻门第等级固化成为严格的律令和不可逾越的鸿沟。当然，李唐王室这一新崛起的大族，并没有影响自魏晋南北朝时期业已形成的旧士族的门阀地位，尽管有些世家望族在经济政治上的特权正逐渐消弭，但这些望族之间"犹相矜尚，自为婚姻"，以使其"旧望不减"。当太原王氏、范阳卢氏、荥阳郑氏、清河与博陵崔氏、陇西与赵郡李氏七家五姓成为唐帝国耀眼的门庭，唐人的婚姻尤其是贵族的婚姻，已经与庶族之间隔了一道鸿沟，不得僭越，以至于后来官至宰相的唐河东人氏薛元超常对人说起"人生三恨"，其中之一便是未能娶五姓之女。

这种婚姻门第观念直接影响着唐人的社会风俗。尽管针对关东旧姓自相为婚的现象，唐帝王们一直力图改变，太宗曾多次降诏力刹此风，高宗也明令"凡七姓十家，不得自婚"，但观念的形成又岂是一纸诏令就能改变的。如果说宰相薛元超尚有"不娶五姓女"之恨，很多官僚贵族已经将与旧士族联姻的心理化成了行动，像高宗朝宰相李敬玄，"前后三娶，皆山东士族"，中唐名臣王锷，"附太原王翊为从子，以婚阀自炫"，都是以和这些世家望族通婚为荣。尽管一边在喊着戒除这种弊风，但实际上唐代的皇帝们也从未停止对门阀观念的推波助澜。宪宗朝，权德舆为相，他的女婿独孤郁因为老丈人这层关系，主动辞了内职，让唐宪宗十分满意。独孤一姓也是世家望郡，宪宗看到权德舆得此佳婿，马上也让宰相于士族之家为公主挑选驸马，不久，便将爱女岐阳公主配与了杜佑的孙子杜悰。

> 织夫何太忙，蚕经三卧行欲老。
>
> 蚕神女圣早成丝，今年丝税抽征早。
>
> 早征非是官人恶。去岁官家事戎索。
>
> 征人战苦束刀疮，主将勋高换罗幕。
>
> 缲丝织帛犹努力，变缉撩机苦难织。
>
> 东家头白双女儿，为解挑纹嫁不得。
>
> 檐前嫋嫋游丝上，上有蜘蛛巧来往。
>
> 羡他虫豸解缘天，能向虚空织罗网。
>
> ——元稹《织妇词》

　　婚姻门第观念不仅在贵族与庶族之间筑起一道高墙，就是普通的百姓之间，也因分出了三六九等，不能相互通婚。《唐律·户婚》规定："人各有偶，色类须同，良贱同殊，何宜配合！"农民中的自耕农被认为是"良人"，处于庶民的高端，因此自耕农间自相为婚方合规范；而杂户、官户以及工匠、乐工、太常音声人、奴婢则被视为"贱色"，他们作为唐代社会结构中最卑微的一群，"一沾此色，累世不改。婚姻绝于士庶，名籍异于编甿"，不仅终日遭受劳役之苦，就是婚姻嫁娶也大受限制，他们不能与良人成婚，无法通过"异色相娶"改变命运。"缲丝织帛犹努力，变缉撩机苦难织。东家头白双女儿，为解挑纹嫁不得。"元稹的这首《织妇词》有一段自注，说的是自己在湖北为官时，曾看到当地的贡绫户有终老不嫁之女。这些贱民的子女，往往因为沉重的劳作和严苛的择偶空间，而错失了婚配的机会，只能孑然一身，孤独终老。

那么，处在开放之风遍及全国的大唐社会，人们是不是真的完全被这些封建道统和一纸律令彻底禁锢住了呢？在"父母之命，媒妁之言"这种自古以来就天经地义的婚姻传统之下，在等级界限泾渭分明、门第鸿沟严格设定的背景之下，人们的反叛精神还有舒张的空间吗？

答案是肯定的，违逆婚姻制度，突破等级禁区，消弭门第界限，在开放的大唐子民身上，体现得相当充分。事实上，"我的婚姻我做主"，在唐代青年男女之间虽然没有形成普遍之势，但记录于正史、野史、笔记小说中的故事，足可以让我们相信，在中国封建体系建设正值春秋鼎盛的大唐时代，婚姻，已经成为唐人不拘于成法、不囿于传统的重要一角。

　　侬既剪云鬟，郎亦分丝发。

　　觅向无人处，绾作同心结。

　　　　　　　　——晁采《子夜歌（其一）》

这首被辑录进《全唐诗》的《子夜歌》，出自一位生活在唐代宗时代的美丽女性——晁采。在充斥着男性符号的《全唐诗》中，晁采的这首诗呈现给我们的，是一个不加掩饰敢于把爱说出来的大唐女性形象。事实上，晁采不仅给我们留下了这样情意缠绵的文字，更是将自己的婚姻掌控在了自己的手上。据说这位民间女子"少与邻生文茂约为伉俪。及长，茂时寄诗通情，采以莲子达意，坠一于盆。逾旬，开花并蒂。茂以报采，乘间欢合。母得其情，叹曰：'才子佳人，自应有此。'遂以采归茂"。这样从青梅竹马到私订终身的自由的婚姻意识，别说在门阀观念婚姻制度相当严格的唐代，就在放在今天，也相当开放。更值得一说的，还是晁采的母亲，一句"才子佳人，自应有此"，丝毫没有"父母之命"被忽略的盛怒，也不见"生米煮成熟饭"的无奈，倒是对这对有情人"终成眷属"充满喜悦。要知道，这是一位生在大唐时代的母亲，而这位母亲对这桩儿女婚姻的做法，是不是唐人开放之风的一种折射呢？

事实上，律令是律令，传统归传统，唐人下到民间上至贵族，有相当一部分人在婚姻问题上都走在自由与保守的边界。据《开元天宝遗事》记载，唐代名将郭元振年轻时，丰神俊朗，才艺超群，深得当时的宰相张嘉贞赏识，有意纳之为金龟之婿。按理说，当朝宰相看上自己了，不得赶紧攀高枝啊？可这郭元振偏偏要自己的婚姻自己说了算，竟回复张嘉贞说："知公门下有女五人，未知孰陋。事不可仓卒，更待忖之。"言语之中表达的意思已经很清楚：听说您有五个女儿，我也不知哪个会长得丑。事情太突然，我再考虑考虑。看看，郭元振这番话，有一个字考虑当朝宰相的面子了吗？而更有趣的，是接下来发生的情节。张嘉贞被郭元振这个毛头小子怼了这么一下，不但不恼，反而想出了个令人叫绝的办法。他对郭元振说："吾女各有姿色，即不知谁是匹偶，以子风骨奇秀，非常人也，吾欲令五女各持一丝，幔前使子取便牵之，得者为婿。"郭元振听闻，"欣然从命。遂牵一红丝线，得第三女，大有姿色，后果然随夫贵达"。这个发生在玄宗朝的"牵丝娶妇"的故事，现在读来，仍是满满的画面感。一根红丝，连接的不仅是一对才子佳人，更张扬起唐人追求婚姻自由的勇气，尽管这份"自由"还隔着一层幔帐，但对于这个故事的任何一位当事者，都已经非常难能可贵！

当然，比起张嘉贞的女儿，李林甫的千金在选择如意郎君的自由度上就更高一些了。还是出自《开元天宝遗事》，说的是玄宗朝的权相李林甫有六个女儿，都各有姿色，到了出阁的年龄，李林甫没有对女儿们的婚事大包大揽，而是给了她们充分的自由。当然了，这种自由并不是让六个女儿走进长安里坊，可以去随意地交友，而是在李林甫经常会客的客厅开了一个横窗，"饰以杂宝，缦以绛纱"，平日里让六个女儿戏于窗下，每当有贵族子弟前来拜谒，李林甫便让女儿们隔着窗纱自己选出如意郎君。李林甫为相十九年，史载其"口有蜜，腹有剑"，在中国历史上并未落下什么好名声，但偏偏这个"选婿窗"的故事，倒让我们看出了这位一代权相可爱的一面。在"父母之命，媒妁之言"被格外看重的时代，李林甫把选择配偶的权力直接交给了他的六个女儿，让她们可以跳开门户之见，超越婚姻制度，找到自己真正喜欢的另一半，这个父亲还是相当称职的。

宗法社会，婚姻礼仪是相当严格和隆重的。初唐青年男女的婚龄，规定男二十娶，女十五嫁，到了玄宗朝，则更改为"男年十五，女年十三以上，听婚嫁"。当然，走进婚姻，要经历一套繁缛的礼俗，这套礼俗，名曰"六礼"，成于周朝。据说是战国之后的一班文人不厌其烦地做了一项文化工程，将各地的婚俗加以编辑整理，收录进了《仪礼·士昏礼》和《礼记·昏仪》两部书中，内中涉及了婚仪必须遵循的六道程序，总称为"六礼"。此后，"六礼"便被正式固定下来，唐人结婚，同样绕不过这六道延续了千年的婚姻程序。

那么，这"六礼"是如何设定了婚姻的步骤，框范了婚姻的流程呢？我们不妨一起看看。

首先是纳采。纳采为"六礼"之首，《礼记·昏仪》曰："纳采者，谓采择之礼。"清人秦蕙田的解释是："将欲与彼合婚姻，必先使媒氏下通其言，女氏许之，乃后使人纳其采择之礼。"这道程序说白了，就是男方家托媒人带着礼物去女方家提亲，女方家如果同意了，就接着走下面的程序，如果不接受，便到此为止。第一次去女方家，不论你带了多少礼品，有一样是必须带的，那就是雁。而提亲用雁又作何解呢？《仪礼·士昏礼》上说："用雁为贽者，取其顺阴阳往来者。"《白虎通·嫁娶篇》的解释就更清晰了些："用雁者，取其随时南北，不失其节，明不夺女子之时也；又取飞成行止成列也，明嫁娶之礼，长幼有序，不逾越也。又婚礼贽不用死雉，

186

故用雁也。"你看，古人结婚的仪式感有多强，一只大雁，既有随阳而动随夫而动的意味，又有了行止成列、忠贞专一之意，用大雁叩开女子家的门扉，完成婚姻的第一道程序，唐代青年沿袭着旧制，也充满了对未来的希冀。

接下来是问名。由于男方在纳采的环节已经通报了自己的名字和出生日期，因此，在问名这道程序中，主要是男方家请媒人带上大雁去女方家，问出女方的名字和出生日期。当然，问名的目的可不只是知道对方的称呼和年龄，更主要的是防止同姓或近亲结婚。早在周代，人们就基于伦常和生理的观念，规定凡同姓，不问远近亲疏，或相隔几代，均不能通婚。至于为什么不能同姓为婚，《左传》早有解释："男女同姓，其生不蕃。"而《晋语》则云："同姓不婚，惧不殖也。"看来古人早已熟知近亲结婚的严重后果，以至于早早就将同姓不婚纳入了婚姻制度之中。此外，问名的意义还在于通过得知当事人的生辰，占卜这桩婚姻是否适宜。

接下来的步骤便是纳吉。即男方将女子的名字、八字取回后，在家庙占问吉凶。这个环节大雁仍不可少，若卜得吉兆，便要备礼通知女方家，双方相约决定缔结婚姻。对此，东汉末年经学大师郑玄曰："归卜于庙，得吉兆，复使使者往告，婚姻之事于是定。"

纳吉之后，便要纳征。征，成也，意即男方家要遣人带着聘礼以成婚礼。这是成婚阶段的重要礼仪。当男方带着礼单，抬着装有礼品的箱笼，在媒人的导引下叩开女方家门，预示着这对青年男女好事将近。

随后，请期便顺理成章。在这个程序上，男方家要卜问神灵，确定了娶亲吉日后，带上大雁，备礼告知女方家，求其同意。

　　在完成以上五道程序之后，便进入"六礼"的最后一项——亲迎。即新郎亲自去女家迎娶新娘。这是"六礼"中最烦琐的一项，也是庄严与喜庆、神圣与戏谑并行不悖的一项。

> 鸾车凤传王子来，龙楼月殿天孙出。
>
> 平台火树连上阳，紫炬红轮十二行。
>
> 丹炉飞铁驰炎焰，炎霞烁电吐明光。
>
> 绿軿绀幰纷如雾，节鼓清笳前启路。
>
> ——张说《安乐郡主花烛行》(节选)

　　张说的这首《安乐郡主花烛行》，描绘的正是唐中宗小女安乐公主初嫁武崇训时的盛大场景。"丹炉飞铁驰炎焰，炎霞烁电吐明光"，从这位大唐宰相的诗句中，我们可以得知，安乐公主是在黄昏时分举行的婚礼。这正是唐代婚礼中所沿袭的古制，即以"昏为期"，亲迎必在黄昏之后。对此，《释名》有云："婚，昏时成礼也。"而段成式在《酉阳杂俎》中则说："《礼》，婚礼必用昏，以其阳往而阴来也。"

　　就这样，在落日的余晖中，新郎祭过先祖后，便在众傧相的陪同下，一路敲锣打鼓去迎娶自己的新娘了。经历了纳采、问名、纳吉、纳征、请期五道关口，新郎已经迫不及待想掀开新娘的红盖头。但是且慢，如果说迎亲之前的程序已经让我们觉得烦冗，那么真正到了娶亲这一天，注重仪式感的唐人们又怎么会让婚姻这件人生头等大事浮皮潦草地过去呢？

奠雁，是新郎走近新娘的第一步。看，这回又是大雁唱了主角！之前的纳采、问名、纳吉、请期都用到了雁，但哪一次也没最后这次这么隆重。这个被赋予了多重意味的美好生灵，成为缔结封建社会青年男女的重要信物，体现在"奠雁"这个环节，更是做足了仪式感。关于"奠雁"的细节，敦煌伯2642号写本书仪表述得比较详尽："升堂奠雁，令女坐马鞍上，以坐障隔之。女婿取雁，隔障掷入堂中。女家人承将其雁，以红罗裹五色绵缚口，勿令作声。奠雁已后儿家将赎取放生。如无雁，结彩代之亦得。"从这段描述中，我们看到，隔着一道红色的幔帐，大雁已然神圣地缔结起一桩美好姻缘。当然，由于大雁殊为难得，唐人便选择面塑的大雁或乡村随处可见的鹅来替代，及至后来，当茶成为大唐"比屋之饮"，唐人便取"茶不移本，植必生子"之意，和大雁的忠贞不贰实现意象的交叠，渐渐以茶代雁，既保留了原初的内涵，又减少了婚礼的铺张，也算是唐人的一大进步。

完成了奠雁的仪式，新郎是否就能抱得美人归了呢？别急，还差得远呢。接下来，新郎还要耐住性子，接受女方家亲友们的一顿戏弄，是为"下婿"。亲友们轻一点的只是口头戏谑一下了事，有玩过头的，则会拿起竹杖敲打新郎，新郎呢？当然不能有半分恼怒，没有办法，只能忍着。

云安公主贵，出嫁五侯家。

天母亲调粉，日兄怜赐花。

催铺百子帐，待障七香车。

借问妆成未，东方欲晓霞。

——陆畅《云安公主下降奉诏作催妆诗》

　　这首诗是顺宗女云安公主下嫁刘士泾时，作为新郎傧相的陆畅所作的一首诗。大唐皇帝的女儿要嫁人，是件大事，也是件难事。由于生于帝王之家，这些金枝玉叶多带骄娇二气，故皇帝每托媒于朝中宰相，士人并不以攀龙附凤为荣，相反都视驸马为畏途，避之唯恐不及。在这种背景下，皇帝的女儿能出嫁，做父亲的更要隆重地操持一番。陆畅写的这首诗，正是顺宗之女云安公主大婚中的一个小插曲——催妆。"催铺百子帐，待障七香车。借问妆成未，东方欲晓霞。"这个情景画面感十足，新郎宝马香车在外面候着，可新娘却迟迟化不完妆，眼看天都要亮了！事实上，这云安公主可并不是因为自己是大唐公主，才让新郎等得这么心焦，实在是因为"催妆"是结婚仪式中一个环节，在这个过程中，新娘一定要好好地梳妆打扮一番，即使化完了妆，也要磨蹭个把时辰，以示对娘家的不舍。这个时候，在外苦苦等候的新郎不能干等着，尤其在诗风炽盛的大唐，定要吟出几首催妆诗，新娘才会千呼万唤始出来。想那刘士泾，估计才情比自己的傧相陆畅要逊色一些，所以，干脆便将作催妆诗的活儿也一并交给了他。但刘士泾也许不会想到，千年以后，人们会因为这首生动的催妆诗，得以想见他大婚的现场！

　　催妆之后，便是蔽膝。《酉阳杂俎》说："女将上车，以蔽膝覆

190

面。"这个"蔽膝",就是我们所说的盖头。在对女儿千叮万嘱之后,父母会用一方大红方巾盖在女儿头上,据说这个旨在避邪的习俗始于东汉魏晋时代,而它最初的出发点,想来还是要保留婚姻的一丝神圣与神秘。

新娘总算上车了,新郎还要骑马绕车三圈才能启程,但新郎这个时候就能痛痛快快地领走新娘了吗?非也!接下来的"障车",同样也在考验着迎亲的仪仗。"障车"之风始自汉魏,至唐代颇为盛行。在敦煌文献中,有"荆轲(柯)满更(埂),徒劳障车"的字样,就是女方家的亲友会有意设下荆棘、树枝等一些路障,阻止迎亲车队的行进,为了顺利通行,迎亲队伍仍要准备诗文。这些障车文多通俗易懂,老妪能解,字里行间充满了喜庆之意,每有人读到兴处,众人便齐声相和,场面甚是壮观。大概这就是浸泡在唐诗里浪漫的唐人生活,他们的生命已经须臾离不开诗歌,在结婚这桩人间喜事中,更要用诗歌来参与、见证。

何处春深好,春深嫁女家。

紫排襦上雉,黄帖鬓边花。

转烛初移障,鸣环欲上车。

青衣传毡褥,锦绣一条斜。

——白居易《和春深(其一)》

白居易的《和春深》一口气写了二十首,这首写的正是婚嫁的场面。在白乐天的文字中,我们能看到之前提到的"催妆""障车"这样的婚俗，而还有一个婚俗更是有趣，那就是"青衣传毡褥，锦绣一条斜"这句诗里反映的"转席"婚俗。"转席"的婚俗究竟是怎样的呢？在古人的观念里，新娘下车走进新郎家，脚是不能直接沾地的，否则就会冲犯鬼神，因此，必须有人拿着准备好的毡席事先铺好，新娘方能入户。但是因为毡席的长度毕竟有限，所以迎亲的队伍便须随着新娘的莲步一路转移接铺，"转席"之名由此得来。当然，白居易诗中所描绘的应是大户人家的迎新排场，当一群青衣奴婢如同接力一般转接拼铺起一条锦绣之路，实际铺就的是钟鸣鼎食之家的豪奢和气派。

新娘"转席"之后，迈进的是"青庐"，唐人又称"百子帐"。这个据说始自南北朝时期的婚俗在唐代仍是相当盛行，"上自皇室，下至士庶，莫不皆然"。在亲迎之前，新郎一家早早就在家门内外选了一块"吉地"，支起帐篷，以青布幔围之，很像蒙古族的毡帐。正是在这间青庐里，新郎和新娘的新婚大礼进入高潮，在行过夫妻对拜共结镜纽之礼后，女人们会以金钱彩果散掷，谓之"撒帐"，而宾客们不论是老人还是小孩，都会争抢钱、果，图个热闹喜庆。

婚礼的最高潮，便是新郎新娘的同牢与合卺。牢者，牲也。古人宴饮，猪牛羊肉都是分餐制，每人一份，而"同牢"，就是新婚夫妇共食一份。比"同牢"更能体现"你中有我，我中有你"意味的，是"合卺"，也就是我们今天所说的"交杯酒"。合卺是将一个瓠分作两半，并酌上酒，合起来还是一个完整的瓠。对于"合卺"这一婚俗，《礼记》的解释是："合卺而酳，所以合体，同尊卑，以亲之也。"清人张梦元的解释更具体一些，他说："婚礼合卺同用瓢，今作卺。用卺有二义：瓢苦而不可食，用之以饮，喻夫妇当同辛苦也；瓢，八音之一，笙竽用之，喻音韵调和，即如琴瑟之好合也。"当一对新人食则同牢，饮则合卺，一世姻缘也便就此锁定。

前引朱庆余的《闺意献张水部》（又名《近试上张籍水部》），字面上以一位新婚女子的口吻描绘了她新入夫家的兴奋、紧张的情绪。在行过同牢合卺之礼后，新娘也便迎来由女孩向女人的转变之夜，参加婚礼的亲朋好友们久久不愿离去，他们还要"看花烛""看新妇"，也就是今天我们所说的"闹洞房"，非要对新郎新娘戏谑捉弄一番，方才允许一对新人入洞房，行周公之礼。作为新娘，彼时并非已经完全可以卸去压力，因为她知道，第二天她还必须早早起床，梳洗沐浴，拜见公婆，也就是拜见舅姑，为舅姑奉上自己亲手做的肉馔，以示孝顺，同时，还要将舅姑回敬的一杯酒一饮而尽，新妇才会真正成为夫家的一员。只有行过舅姑之礼，整个繁缛复杂的婚礼仪式才算结束。

婚礼结束了，新婚夫妇也将开始正式过起自己的小日子。那么，身处开放的大唐社会，婚姻之门进与出的自由度又如何呢？事实上，在贞节观念相对淡薄的唐代，离婚与再嫁并不是一件可耻之事，无论对男方还是对女方，都有再次选择的自由。

男方休妻自然不用过多解释，在男权社会，"七出"是丈夫对妻子提出离婚的最堂皇的理由。"无子""淫佚""不事舅姑""口舌""窃盗""妒忌""恶疾"，这七条罪状，无论犯了哪一条，都可能成为丈夫休妻的理由。而往往的情况是，其错并非在女方，而在男方，当妻子色衰，丈夫爱弛，这个时候，被绑定在封建婚姻制度上的"七出"，便会成为一个女人被夫家残酷休掉的借口。风雨黄昏，当年亲迎的钟鼓之声依旧在耳，但新妇已成满脸泪痕的悲凉弃妇。

封建社会，男子弃妻之事自是常事，但在大唐社会，女方提出离婚的也不在少数。普通民女如不满夫家，可以主动提出离婚，而她们的离婚要求，在《唐律》中是被允许的，一句"若夫妻不相安谐而和离者，不坐"，从法律上就给了大唐女性向不和谐婚姻说"不"的权利，这无疑和唐人的开放意识有着密不可分的关联。"愿妻娘子相离之后，重梳蝉鬓，美裙蛾眉，巧逞窈窕之姿，选聘高官之主。解怨释结，更莫相憎，一别两宽，各生欢喜。"这段文字，出自敦煌文书，感谢瀚海黄沙为我们留存住了一段关于大唐婚制的生动记载。当这段出自丈夫之手对妻子再婚的祝词，穿越历史的时空呈现在我们面前，我们看到的，已不仅是这对唐代夫妻的和平分手，更有大唐社会的开放与包容精神。这只是一个平民女子的主动离婚。在唐代公主之中，离婚再嫁、三嫁者更是相当之多，前面提到的安乐公主就结过两次婚，同样是中宗之女，定安公主甚至三次婚配！有学者曾做过统计，仅以肃宗以前的公主计，凡九十八人，其中嫁过两次的二十七人，嫁过三次的三人，共三十人，占了总数的三分之一！

当然，大唐的开放与包容，给了女性一定婚姻自由，但也在某种程度上构成了"阴阳倒错"，助长了女性的妒性，形成了唐朝男子的惧内之风。《酉阳杂俎》云："大历以前，士大夫妻多妒悍者。"《太平广记》里记载的李廷璧妻，更是因为丈夫宴饮不归，而欲"来必刃之",吓着李廷璧只得"徙居佛寺"。

关于唐代妒妇最极端的,要数《御史台记》以下这段文字:

> 唐管国公任瑰酷怕妻。太宗以功赐二侍子,瑰拜谢,不敢以归。太宗召其妻赐酒,谓之曰:"妇人妒忌,合当七出。若能改行无妒,则无饮此酒。不尔,可饮之。"曰:"妾不能改妒,请饮酒。"遂饮之。比醉归,与其家死诀。其实非鸩也。

从文中可以看出,这位任瑰的妻子性子也够烈的,太宗皇帝赐给了夫君两个侍女,任妻便不依不饶,哪怕就是毒酒,也要去喝表明自己的态度,这个"大唐第一妒妇"真的是当得其名!当然,唐太宗赐给任妻的并非真是毒酒,而是醋,任妻自然不会中毒身亡,但自此以后,"吃醋"便成了妒忌的代名词。

考察了唐人的婚姻观念,走进了唐人的婚姻礼俗,管窥了唐人的婚姻道德,我们可以看到,尽管中国的婚姻制度在周朝便已成型,但当历史的脚步迈入唐代,迈入这个个性舒张、自由奔放的时间段落,唐人的创新精神、娱乐精神和开放精神,已经让婚姻制度发生了一定的嬗变。这种嬗变,插着大唐的显赫标签,谁也拔不走,谁也抹不去。

寒食家家出古城

    中国是礼仪之邦，一个人从出生之日起，就经历着生命的仪式。形成于西周时期的"五礼"，更是将这些礼仪分门别类，固化成一套深入中国文化肌理的制度。祭祀之事为吉礼，冠婚之事为嘉礼，军旅之事为军礼，宾客之事为宾礼，而丧葬之事则为凶礼，每一种礼制，都有着繁缛的形式和复杂的典仪。如果说古人从呱呱坠地开始，就与中华礼仪形成了紧密联系，那么当他走到生命的尽头，依照事死如事生的观念，作为凶礼重要构成的丧礼，更是被历代王朝纳入国家与社会管理的范畴之中。肇建初期，唐帝国在着力发展经济增强国力的同时，也在有意恢复和整饬遭到破坏的传统儒家礼仪文化体系。正因如此，在大兴礼乐文明的同时，丧礼作为其中的重要组成部分，自然成为大唐社会自上而下以礼为治的重要抓手。那么，在此背景下，唐人的丧葬观念又呈现出怎样的特点？丧葬礼仪又有着怎样的变化？而丧葬制度又发生了怎样的嬗变？

    作为大唐以礼为治的一大成效，首先便是唐人让"父母合葬"

这一前人最为看重的"孝行"得以回归。早在唐朝立国之初，大臣韦挺曾针对彼时"承隋大乱，风俗薄恶，人不知教"的现状，痛心疾首地上疏指出："父母之恩，昊天罔极；创巨之痛，终身何已。今衣冠上族，辰日不哭，谓为重丧，亲宾来吊，辄不临举。又闾里细人，每有重丧，不即发问，先造邑社，待营办具，乃始发哀。至假车乘，雇棺椁，以荣送葬。既葬，邻伍会集，相与酗醉，名曰出孝。"在这位活跃于武德贞观年间的高官眼中，彼时的唐人太不重孝行，对亲人的丧礼也仅仅走走过场。然而，随着唐中央政府以礼为治的大力推行，上至达官贵族下至闾里细民，已经对丧礼愈加重视，尤其是自商周时期就已开始的"父母合葬""夫妻合葬"，更是被唐人视为对父母尽孝的重要表现。无论父母的亡故时间相距多长，也无论父母亡所的空间距离有多远，做儿女的都要不惜一切代价将父母同穴而葬。《旧唐书·列女传》曾记载，唐宣宗大中五年（851），兖州人郑神佐战庆州战死，其女"乃剪发坏形，自往庆州护父丧还，至瑕丘县进贤乡马青村，与母合葬"。从这段记载看，唐人对"父母合葬"这一丧习已经相当重视，即使山高路远，家贫体弱，也要替父母完成这道最后的生命仪式。

如果说在唐朝立国之初，像韦挺这样的士大夫阶层还在对"风俗薄恶，人不知教"的现象忧心忡忡，那么很快，唐人对丧礼已不是简简单单，而是变成了极度铺张。早在贞观朝，唐人的厚葬之风就已经抬头，比之秦汉的厚葬心理，唐人有过之而无不及。在唐人尤其是士家望族的观念里，葬礼一定要办得风风光光、轰轰烈烈才行，"以厚葬为奉终，以高坟为行孝，遂使衣衾棺椁，极雕刻之华，灵辄冥器，穷金玉之饰。富者越法度以相尚，贫者破资产而不逮"（唐太宗语），唯其如此，方显至德至孝。到了高宗朝，厚葬之风开始进一步升级，据说当时权势熏天的李义府为了改葬其祖父，声势规模空前，"王公已下，争致赠遗，其羽仪导从、辒辌、器服，并穷奢极侈，又会葬车马，祖奠供帐，自灞桥属于三原七十里间，相继不绝。武德以来，王公葬送之盛，未始有也"，甚至还出现了当地一县令"不堪其劳，死于作所"之事。可以想见，在一派挽歌响器、鼓吹震天之中，这位因攀附武则天被时人称为"李猫"的李义府是何等得意！走在浩荡的出殡队伍的最前头，李义府与其说在为已成一把枯骨的祖父风光改葬，莫如说是在人前张扬着自己的风光。然而，这位李义府的风光时刻毕竟短暂，当他作为武则天权力之路上工具的意义消失殆尽，他最终的结局，只能是被贬谪流放，死于贬所，至于他本人，更是被草草埋葬。

朝中显宦的丧礼铺张隆重，普通官吏的丧礼也是竞奢比阔，毫不含糊。史载，代宗大历年间战将李光进"葬母于京城之南原，将相致祭者凡四十四幄，穷极奢靡，城内士庶，观者如堵"；而《唐语林》则记载，一个薛姓节度使死了，归葬绛州，沿途"每半里一祭，至漳河二十余里，连延相次。大者费千余贯，小者三四百贯。互相窥觇，竞为新奇。枢车暂过，皆为弃物矣"。

与达官显宦的风光葬礼相应和的，是大唐民间的厚葬之风。中央政府的以礼为治，让唐人由最初的不以礼仪为意，到了玄宗朝，厚葬之风已"浸成风俗"。人们竞相攀比，在丧礼的规模和花销上一掷千金，即便家中资财不及高官富贾，也要在丧礼上挣回一点颜面，以至许多唐人"既竭其家，多至凋敝"。更令人咋舌的是，这种厚葬之风几乎贯穿了整个唐王朝。中唐李德裕的一份奏表对民间百姓的厚葬心理曾作过一番描述，说他们在丧礼的操办上，往往"结社相资，或息利自办，生产储蓄，为之皆空，习以为常，不敢自废"，为了面子甚至倾家荡产，唐人的厚葬观念显然已经深入民风。

对于大唐上下的厚葬之风，唐政府曾发出过多项禁令，从唐太宗的《薄葬诏》到唐宪宗的《禁厚葬诏》，历代唐帝都没有停止过诏敕禁令，但民风已成，想要刹住厚葬之风谈何容易。更主要的是，大唐皇帝们从李渊开始，就没有停止过厚葬！高祖李渊驾崩后，唐太宗曾下诏参照汉代厚葬标准，要求高祖的葬礼"山陵制度准汉长陵故事，务从隆厚"。及至唐太宗本人，更是打着"于九嵕之山，足容棺而已""务从俭约"的幌子，实则大兴土木，将自己的昭陵墓室修造得"闳丽不异人间"。史载，五代后梁有个叫温韬的节度使，因管辖关中一带，于是便近水楼台，"在镇七年，唐诸陵在其境内者，悉发掘之，取其所藏金宝，而昭陵最固。韬从埏道下，见宫室制度闳丽，不异人间，中为正寝，东西厢列石床，床上石函中为铁匣，悉藏前世图书，钟、王笔迹，纸墨如新，韬悉取之，遂传人间"。至于此后诸帝，更是在陵寝规模建制上纷纷效仿。高宗第五子李弘二十四岁薨，高宗按天子之礼将其葬于恭陵，"功费钜亿，百姓厌役，呼嗟满道"，及至恭陵建成，高宗因"玄宫狭小，不容送终之具"，竟派专人继续施工。而到了玄宗执政，令人卜地寻址，在亲拜五陵后，见到桥陵所在的金粟山岗"有龙盘凤翥之势，复近先茔"，于是对侍臣提出，"吾千秋后宜葬此地，得奉先陵，不忘孝敬矣"。当然，玄宗的"得奉先陵，不忘孝敬"是一定要大费周章的，史载这位风流皇帝从始丧到祔庙，葬期持续了将近一年，其奢华铺张可想而知！"上有所好，下必甚焉"，当大唐皇帝们纷纷大兴厚葬之风，一道道义正词严诏告天下的薄葬令，又有多少人会真正落实执行呢？

说过了唐人的丧葬观念，接下来就让我们一起看看唐人的丧葬礼仪。沿袭传统丧俗，唐人在殓殡祭奠流程上，也经历停尸、招魂、殓殡、吊丧、服丧、送葬等重要环节，而玄宗朝制定的《开元礼》中的《凶礼》卷，更是对丧葬礼仪做了具体而明确的规定。那么，唐人从初丧到终丧，具体的礼仪程序又表现出怎样的特点呢？

疾困，去衣，加新衣，撤乐，清扫内外。四人坐而持手足，遗言则书之，属纩。气绝，寝于地。

这段文字，出自《新唐书·礼乐志》，内中所云的"属纩"，正是丧礼的第一道程序。属纩之仪，源自周朝，郑玄注的《礼记》对属纩的解释是这样的："纩，今之新绵，易动摇，置口鼻之上以为候。"就是用新的丝绵放在处于弥留之际的人的口鼻上，因为新丝质轻易摇，如临终者尚有呼吸，则丝绵会摆动，如气息全无，则丝绵也便不复摇摆。一般进行这道仪式时，亲友要为临终者脱去内衣，换上寿衣，为防临终者手脚痉挛，要有人把住其四肢，临终者彼时若有遗言，也要马上记下来。当临终者吐尽其在尘世中的最后一缕气息，这个古老的"属纩"丧仪也随之结束。

> 延客已曛黑，张灯启重门。
> 暖汤濯我足，剪纸招我魂。
> 从此出妻孥，相视涕阑干。
> 众雏烂熳睡，唤起沾盘餐。
>
> ——杜甫《彭衙行》（节选）

杜甫的这首《彭衙行》是一首长诗，记叙的是杜甫北行灵武，投奔肃宗时，在老友孙宰家受到热情接待的事。彼时，战乱未已，盗贼横行，杜甫一路颠沛流离，魂魄沮丧，孙宰遂为杜甫打了盆热水烫脚，并亲手剪纸以招其魂，一句"暖汤濯我足，剪纸招我魂"，道出了杜甫对这位患难之交深深的感恩之情。事实上，招魂不仅是流行于唐朝关陕一带人们祓除不祥的风俗，更是唐代沿袭周代丧仪的一个重要步骤。在古人看来，"属纩"之后，魂魄刚刚脱离死者肉体，这个时候，亲人应立刻登上屋顶，向着"幽阴之方"——北方连喊三声逝者的名字，以期祈求鬼神，让死者的魂魄重由幽阴之地回复肉身，死而复生，是为招魂。人死当然不能复生，但人们这种美好的祈盼，却成为丧礼的一个必经程序。《新唐书·礼乐志》载，唐人在完成这道程序时，要"以死者之上服左荷之，升自前东霤，当屋履危，北面西上。左执领，右执腰，招以左。每招，长声呼'某复'，三呼止，投衣于前，承以箧，升自阼阶，人以复尸"。当招魂幡高高飘扬，当亲人悲戚的呼喊此起彼伏，忧伤的唐人已经难掩伤逝的泪水。

在沐浴死者周身之后，便是"饭含"。所谓饭含，就是将米饭放入死者口中。在古人的观念里，真正的孝子要对亲人事死如生，孝子不忍露亲人之口，一定要在亲人入土之前为其含一撮米饭入口。这个朴素的愿望，在厚葬之风盛行的汉代已发生嬗变，士家望族在为死者丧礼进行"饭含"这道程序时，很多人早已不用米饭，而是以珠玉代之。成书于东汉的《白虎通》认为，饭含用珠宝，"有益死者形体，故天子饭以玉，诸侯饭以珠，大夫以米，士以贝也"。这种风俗在厚葬之风日浓的唐代，更是被明确地规定下来，唐代皇帝饭以玉，三品以上官员饭以璧，四品五品饭以碧，六品至九品饭以贝，彼时，"饭含"最初的意义已然被放大，成为死者彰显身份地位的道具。

饭含之后，便是殓殡。所谓殓殡，就是将逝者装入棺材，将殓尸后的棺材置于正堂西阶，停柩待葬。古人有小、大殓之说。小殓于逝者死后第二天早晨进行，主要为逝者"更衣加衾"，待到逝者死后第三日，再进行大殓，也就是将裹好的尸身放入棺材中盖棺。那么，这种三天之后方可入殓的丧仪又作何解呢？《礼记·问丧》认为："孝子亲死，悲哀志懑，故匍匐而哭之。若将复生然，安可得夺而殓也。故曰三日而后敛者，以俟其生也。三日而不生，亦不生矣。孝子之心亦益衰矣；家室之计，衣服之具，亦可以成矣。亲戚之远者，亦可以至矣。"从这段文字，我们可以知晓，三日殡殓，既是候死者复生，又可为置办丧具腾出时间，还有一点，便是可以等候远方的亲友。

大殓之后，死者亲属都要穿戴丧服。根据亲属与死者的亲疏远近，丧服又分为斩衰、齐衰、大功、小功、缌麻五种，是谓"五服"。斩衰服是用剪刀将生麻布斩断而成，"不言裁割而言斩者，取痛恨之意"，穿斩衰之服的，皆为死者的直系亲属，服丧期也最长，时间为三年。斩衰服之后，齐衰、大功、小功、缌麻这四种丧服，在面料和做工上将逐级精细，尤其在最后一级——"缌麻"上，已由斩衰服的生麻换成了缕细如丝的细熟麻布。当然，随着面料做工的区别，穿戴它们的亲属与死者的关系也越来越疏，而他们服丧的期限也会越来越短，分别为一年、九月、五月、三月。

缀玉联珠六十年，谁教冥路作诗仙。

浮云不系名居易，造化无为字乐天。

童子解吟长恨曲，胡儿能唱琵琶篇。

文章已满行人耳，一度思卿一怆然。

——李忱《吊白居易》

这首《吊白居易》，出自唐宣宗李忱之手。会昌六年（846）八月，就在唐宣宗即位不到五个月之时，七十五岁高龄的白居易溘然而逝，颇好诗歌、对白居易十分敬重的唐宣宗听闻噩耗，不胜哀伤，遂写下了这首字字含悲的《吊白居易》。在唐人丧仪中，吊丧是非常重要的一道程序。自小殓报丧之日起，死者亲属便会在家中迎来一批又一批的吊丧者，他们之中，有的是死者亲朋，有的是死者故旧，当然还有死者的上司。像唐宣宗这样最高层的"上司"，如果朝中老臣近臣病逝，即便不去家中吊丧，也要遣使送吊文临吊。在唐杜佑《通典》中，对吊丧礼仪有一段比较详尽的描述："宾至，掌次者引之次，宾者素服。相者入告。内外缞服。相者引主人以下立哭于阼阶下，妇人升哭于殡西。相者引宾入立于庭，北面西上。为首者一人进，当主人东面立，云：'如何不淑。'主人哭，再拜稽颡。为首者复北面立。吊者具哭十余声，相者引出。少顷，相者引主人以下各还次。"从这段描述中，我们看到，唐人的吊丧礼节还是相当繁缛的。在唐代，凡诸司三品官"经任将相密近者"薨卒，皇帝都会辍朝举哀以示恩典，如初唐功臣李勣病逝，"帝为之举哀，辍朝七日"；宪宗朝李吉甫卒，宪宗"伤惊久之，遣中使临吊，常赠之外，内出绢五百匹，恤其家，再赠司空"。王侯将相若此，闾里细民对吊丧也极为重视，不仅有周到细致的吊答之词，在致赙之礼上也有相应的要求。《酉阳杂俎》有云："送亡者，又以黄卷、蜡钱、兔毫、笃机、纸疏、挂树之属"，而"不可送韦革、铁物及铜磨镜奁盖，言死者不可使见明也"。

在经历停尸、招魂、殓殡、吊丧等一系列环节之后，丧礼便进入到送葬这一最后的环节，而这一环节在唐代也是最为复杂的。

行至上留田，孤坟何峥嵘。

积此万古恨，春草不复生。

悲风四边来，肠断白杨声。

借问谁家地，埋没蒿里茔。

古老向余言，言是上留田，蓬科马鬣今已平。

昔之弟死兄不葬，他人于此举铭旌。

一鸟死，百鸟鸣。

一兽走，百兽惊。

桓山之禽别离苦，欲去回翔不能征。

田氏仓卒骨肉分，青天白日摧紫荆。

交柯之木本同形，东枝憔悴西枝荣。

无心之物尚如此，参商胡乃寻天兵。

孤竹延陵，让国扬名。

高风缅邈，颓波激清。

尺布之谣，塞耳不能听。

——李白《上留田行》

　　李白的这首《上留田行》，以诗歌的形式，记录他在上留田这处地方看到一座新坟而生出的感慨。"昔之弟死兄不葬，他人于此举铭旌"，通过和当地老人攀谈，李白才得知新坟里埋葬的是一个英年早逝的田姓青年，由于其兄对弟弟的死置之不理，甚至连他的尸首都不肯埋葬，当地人只好将他埋在这里，在坟旁按照习俗插上了铭旌。

　　事实上，插铭旌正是唐人在送葬时需要做的一道程序。一般而言，在停枢待葬时，亲属便要依据死者的身份等级地位，在一道长帛上书写死者的官阶、称呼，然后用竹竿挑起，竖于灵前右方，是谓铭旌。除此之外，死者亲属还要做一系列凶具的准备。所谓凶具，主要指寿衣、棺椁、明器、葬车等。这些凶具，对于皇室、百官、宫女而言，皆无须准备，政府会统一供给，而普通百姓则要到专门出售和租赁凶具的"凶肆"去采办。这些"凶肆"往往不仅出售、租赁一系列凶具，同时还提供执丧葬礼之人和唱挽歌之人，也算是周全细致的"一条龙"服务了。

在厚葬之风盛行的唐代，人们对墓地的选择自然更加重视。《旧唐书》有云："陵墓所安，必资胜地，后之胤嗣，用托灵根。或有不安，后嗣亦难长享。""若葬得其所，则神安后昌；若葬失其宜，则神危后损。"由此可见，唐人已将墓地的好坏，和子孙后代的兴旺与否紧紧联系在了一起。正因如此，唐代皇帝建陵对风水龙脉、山川形势的要求相当严苛，而普通百姓也对当时专门从事卜择构冢的堪舆家们言听计从。每逢丧事，葬师之家便被踏破门槛，而这些据说"能通鬼神之意"的葬师们自然乐得赚个盆满钵满。

在完成了前面的这些准备之后，唐人的出殡下葬就要隆重地开始了。王公贵族之家，所用仪仗规模与死者生前官级品阶毫无二致。披麻戴孝的浩大仪仗，不仅配有阵势庞大的鼓吹手，同时还有挽郎分列送葬队伍两侧，高唱戚伤的挽歌。这些挽郎，皆"歌《薤露》之章，举声清越，响振林木。曲度未终，闻者觑歔掩泣"。当然，最隆重的"挽郎"队伍还是在唐朝皇帝的出殡队伍之中，足有二百人之多，"皆服白布深衣，白布介帻"。当飘飞的纸钱和凄凉的挽歌飘满长安道，当厚重的棺椁和堆积成山的随葬品被封存于悠深的墓室之中，一个时代便宣告终结，另一个新的时代随之开始。

在梳理和考察了唐人的丧葬观念、丧葬礼仪之后，我们再一起回顾唐人的丧葬制度。

先来看看唐人在墓葬上有什么讲究。中国历史源远流长，人们的丧葬传统也是不断演进。远古时期，人死后多采取野葬。《吴越春秋》载："古者，人民朴质，饮食鸟兽，渴饮雾露，死则裹以白茅，投于中野。孝子不忍见父母为禽兽所食，故作弹以守之，绝鸟兽之害。"《周易》的说法更简洁："古之葬者，厚衣之以薪，葬之中野，不封不树，丧期无数。"从这些记载看，远古时期的人们还没有土葬的概念，人死之后便被裹上茅草投之于荒野，所谓的丧制极为简单。中国人观念里真正的"入土为安"实行墓葬的源头，始于殷商，《礼记》有云："葬也者，藏也。藏也者，欲人之弗得见也。是故衣足以饰身，棺周于衣，椁周于棺，土周于椁。"随着深埋深葬的观念相沿成习，历代王朝在墓葬制度上极为重视，尤其是历代的很多帝王，统治期间最重要的两件事，就是造陵与求仙。他们关注自己的生存，在祀神求仙的烟霭中祈祷长生；同时，他们也关注自己的死亡，从即帝位起就开始营造陵寝，以期延续自己在尘世的生活。史载汉武帝从十六岁君临天下，就开始征集数以万计的民工为自己修建茂陵，每年都有成批的稀世珍宝被送进墓室。当汉武帝七十岁驾崩，历时五十多年营建的茂陵被嵌进最后一块青石，这座精心营造的幽冥世界已经塞满珠宝，无法再装。

比起汉代皇帝陵寝的奢华，唐朝皇帝有过之而无不及。在渭北高原，唐朝有十九位皇帝的十八座陵寝（高宗李治与武则天合葬）巍然矗立，俗称"渭北唐十八陵"。而在这十八陵中，以领军之姿屹立的自然是唐太宗的昭陵。昭陵在唐帝陵中是最大的一座。如果说这位贞观天子为其父高祖李渊修造的献陵还是依照汉制，积土为陵，那么到了他为自己修建陵寝，则开创了"依山为陵"的先例。贞观十年（636），长孙皇后病逝，昭陵随之起建，因为九嵕山一带曾是自己当年打仗和狩猎之地，唐太宗将昭陵建在了孤耸回绝山高九仞的九嵕山。他任命阎立本为昭陵的"总设计师"，将墓室穿凿于九嵕山主峰半山腰，墓室"深七十五丈，为玄宫。缘山傍岩，架梁为栈道，悬绝百仞，绕山二百三十步，始达玄宫门，顶上亦起游殿。文德皇后即玄宫后，有五重石门，其门外于双栈道上起舍，宫人供养，如平常"（《唐会要》）。而这项仿照长安城建造的浩大工程，从贞观十年一直持续到了贞观二十年（646），这一年，唐太宗驾崩。在举行了盛大的葬礼之后，工匠们拆除了所有的栈道，一座陵山遂潜形于苍松翠柏之中。当昭陵六骏和十四国君长石刻一起拱卫住昭陵，唐太宗，已用一座山的巍峨耸峙，彰显出马上天子的恢宏气度！

唐太宗开了头，接下来的历代唐陵，除了敬宗、武宗、僖宗和葬于河南的昭宗、葬于山东的哀帝，其余十四座全部依山为陵。无论是李治与武则天的乾陵、中宗的定陵、睿宗的桥陵，还是玄宗的泰陵、肃宗的建陵、代宗的元陵，都依托渭北高原的山梁，形成了威仪沉整的墓葬群，而至于封藏于这些帝陵中的明器珠宝，更是数不胜数。当长长的墓道用繁复的壁龛和天井彰显着这些唐代帝王的骄傲，当事死如事生的壁画呈现着这些唐代帝王的显赫，当写满功德学行的谀墓词镌遍这些唐代帝王的碑碣，唐王朝已然将中国的墓葬制度推向了极致。

当然，专属于高官重臣的哀荣，同样也体现在墓葬的形制、墓内的陈设和地面设施上。天井和壁龛的数量，直接对应着官员的官品与爵位；随葬明器的尺寸、数量及所用材质，与官员的官阶息息相关；而墓前神道两侧的石像生，更是显示着墓主的高下尊卑。有研究者指出，依唐制，"三品以上官墓前可置石人、石羊、石虎各二件，成对排列；四、五品官员只能置石人、石羊各两件，六品以下不得置"。至于唐代坟地周围步数、坟高，更有明文规定：一品官墓地方九十步，坟高一丈八尺；二品墓地方八十步，坟高一丈六尺；三品墓地方七十步，墓高一丈四尺；四品墓地方六十步，坟高一丈二尺；五品墓地方五十步，墓高九尺；六品以下墓地方二十步，墓高七尺。当这些严格的丧葬制度在有唐一代被具象成一座座高低不等的坟茔，一通通大小不一的碑碣，一尊尊数量参差的石像，唐代社会森严的等级制度和不可逾越的地位鸿沟，已经在历史的时空中一览无余。

寒食家家出古城，老人看屋少年行。

丘垄年年无旧道，车徒散行入衰草。

牧儿驱牛下冢头，畏有家人来洒扫。

远人无坟水头祭，还引妇姑望乡拜。

三日无火烧纸钱，纸钱那得到黄泉。

但看垄上无新土，此中白骨应无主。

——王建《寒食行》

王建的这首《寒食行》，描写的是寒食节里的唐人纷纷出城墓祭的场景。寒食墓祭的风俗并非始于唐朝，墓祭烧纸钱的传统据说也源于魏晋南北朝时期，但唐朝丧葬制度的特点在于，它将积久成俗的民风以法律的形式固定下来，比如在唐代律例认定的"十恶"之罪中，"不孝"和"不义"都有和丧葬相关的规定，如"不孝"中"居父母丧，身自嫁娶，若作乐，释服从吉；闻祖父母、父母丧匿不举哀"，"不义"中的"闻夫丧匿不举哀，若作乐，释服从吉及改嫁"，当唐人有此"不孝""不义"之举，将受到法律最严厉的惩罚。史载唐高祖李渊的小儿子滕王李元婴，在太宗丧期，"集官属燕饮歌舞，狎昵厮养"，因为是自己的叔叔辈，高宗只能对其切责道："朕以王至亲，不忍致于法，今署下上考，冀愧王心。"而宪宗对自己的女婿就没那么手软了，听说驸马都尉于季友在其母丧期间欢饮达旦，十分生气，当即就削夺了于季友的官爵，将其鞭笞四十，贬往忠州，他的父亲于頔也因为教子不严被削官。从这点看，唐代政府对丧葬制度的维护与管理，已经相当严格。

居丧期间，唐人要面对许多严苛的规定，许多行孝道的孝子会被旌表为时人的道德楷模。如《唐书》记载有个叫梁文贞的，从军归来时父母已双亡，"乃穿圹为门，磴道出入，晨夕洒扫，结庐墓侧，未尝暂离"，"泣血庐墓三十余年"，一时传为美谈；另一个孝子叫王道彦的，据说其父去世，他"庐于墓侧，负土成坟，躬植松柏，容貌哀毁"，以至最后"亲友皆不复识之"。当这些孝子的孝行深入唐人心中，许多唐人都争相效仿，甚至出现了守孝至死的事情。

至于唐代官员，在遭遇父母之丧时，则需沿袭周礼，解除现任官职，回家料理丧事，并在家守制三年，谓之丁忧，守制期满，方可重新复职。唐律中对一些不愿丁忧者有着严厉的处罚条款："诸父母死应解官，诈言馀丧不解者，徒二年半。"当然，如果守制未满朝廷急召，这些制度也可以有所松动，当守丧官员在守丧期内被朝廷召出而任职，谓之"夺情起复"。被"夺情"起用的官员，当然要对皇帝隆恩深深感激，毕竟能被"夺情"，说明了皇帝对自己的重视。正因如此，许多丁忧的官员都想方设法买通皇帝身边的宦官，以求皇帝能对自己夺情起复。据说顺宗朝主导过永贞革新的王叔文，就是在与朝堂势力抗衡的关键阶段，赶上了母亲病逝，不得已解官丁忧。在守丧期间，他曾"日夜谋起复"，然而旧的朝堂势力岂容他再卷土重来？丁忧，恰恰成了王叔文被挡在朝堂之外的最佳借口，而永贞革新的成员由于失去了王叔文的主导，最后也成一盘散沙，在与旧党的斗争中情势急转直下，最终仅维持了一百多天，便偃旗息鼓了。

回顾唐人的丧葬观念、丧葬礼仪和丧葬制度，我们可以看到，在历经近三百年的时光之后，唐代社会早已不是立国之初"风俗薄恶，人不知教"的状态，相反，经过以礼为治的政策推进，唐人在丧葬问题上的一系列做法，不仅接续了周礼，更在某些方面出现了嬗变。这些嬗变，深深浸入了民风，流入了民俗，不论后人对其是褒是贬，它们就沉潜于历史的卷册之中，附着于高高的陵山之上，从另一个侧面，昭示着一个天朝大国的气象。

第四章

精神之乡

三教之中儒最尊

二十多个世纪以前，一位没落的贵族后裔面对着剧烈转型与嬗变中的东周社会，发出了"礼崩乐坏"的浩叹。于是，他开始寻找一种重建礼乐的方式。在悉心研究国家制度礼仪之后，他提出了一套叩其两端而执中的思想。他办了私学，在尼山脚下教授三千弟子；他周游列国，在诸侯争霸的烽火里种下"中庸"的种子。他就是被后世尊为"圣人"的孔丘，他的思想后来被传承和发展成中国的儒学。

很明显，一种意识形态的产生和确立，离不开社会各阶层对它的认可，也离不开它的思想内核本身。《诗经》《尚书》《周易》《礼记》《春秋》，用厚重的竹简张扬起儒学的博大混一。它没有法家苛刻寡恩的面孔，也极少黄老宁静无为的心境；它不能制止纷乱和战争，却以克己复礼的道德面貌维持着社会的秩序。这套理论深得中国人、中国文人、中国皇帝的欢心，尽管被梦魇吓得半夜惊起的秦始皇用一把大火烧毁了堆积如山的儒家经典，儒学的脚步还是健朗依然。汉元光元年（前134年），刚刚即位不久、踌躇满志的汉武帝在整饬吏治、与民休息之后，便将治世的目光投在了意识形态的建立上。彼时，文景时代所尊崇的清静无为的黄老之说，显然已经不能适应这位意气风发的新皇帝，于是就在这一年，汉武帝将景帝时代的博士，深谙儒家思想的董仲舒请来，诏命其建立完善一套独断专制的思想体系。在董仲舒的力推下，儒家的大一统思想、仁义思想和君臣伦理观念与汉武帝的政治诉求达到了统一，兴奋之余，急于一统国内思想意识形态的汉武帝迫不及待地颁布了一条颇显霸气的诏令——"罢黜百家，独尊儒术"。随着儒学被独定一尊，备受宠幸的董仲舒开始了扩大儒家学说外延的工作。他吸收阴阳五行思想，建立了一个以阴阳五行为基础的宇宙图式，经过汉武帝的钦定，原始的孔孟儒学正式从私家性质的子学上升为一门官方学术。当汉武帝以不容置疑的皇命将专制的"大一统"思想作为一种主流意识形态定型，当"内圣外王"、刚柔相济、人治社会的政治理想首次因为具备了一套完备的仕进制度而得以确立，汉武帝已经将儒学放大成为后世君主师法沿袭的封建宗法制国家的基石。

时间进入唐朝，这个刚刚定鼎未稳的帝国很快也将治世的目光投向了儒学。彼时的天下，烽火刚熄，民生凋敝，以一种什么样的治国理念来复振民生延续国祚？又以什么样的治国方略来统驭万民缔造盛世？当唐代统治者最终将儒家思想视为"盛衰是系，兴亡攸在"的核心支撑，儒学，也便成为濡养唐人近三百年的精神气血。

太宗身囊鞬，风绸露沐，然锐情经术，即王府开文学馆，召名儒十八人为学士，与议天下事。既即位，殿左置弘文馆，悉引内学士，番宿更休，听朝之闲，则与讨古今，道前王所以成败，或日昃夜艾，未尝少怠。

这段文字，出自《新唐书·儒学传》。这位马上天子，早在即位之前还是秦王时，就十分注重与儒士的交往，以杜如晦、房玄龄、孔颖达、虞世南等人为代表的十八学士构成的秦王府文学馆，在武德朝一度是极为耀眼的一角。彼时，唐高祖李渊承袭隋祚，自开国之日起，便选择将儒家思想作为治理国家的利器。他供奉周礼，崇视儒学，颇好儒臣，诏令恢复学校，置"国子、太学、四门生，合三百余员，郡县学亦各置生员"，据说这位大唐开国皇帝还亲临国子学，听诸生讲解经义。及至唐太宗即位，当年的秦王府十八学士不仅成为其治世安邦的良佐，更成为其尊儒崇经推行贞观之治的重要力量。在"隋季板荡，庠序无闻，儒道坠泥涂，《诗》《书》填坑阱"的背景下，唐太宗和他的贞观僚属以儒学为根本国策，坚持认为"礼乐之兴，以儒为本。宏风导俗，莫尚于文；敷教训人，莫善于学"，将贞观这个年号矗立成了盛世的标杆。太宗之后，大唐王朝虽兼容三教，但儒学作为治国之本，仍一以贯之。高宗朝的"永徽之治"，无疑是"贞观之治"所秉承的儒家精神的延续；玄宗朝虽道家香火炽盛，但真正成就开元盛世的仍是儒家精神；及至安史之乱后的中晚唐，尤其是贞元、元和年间，面对朝廷暗弱、政出多门、藩镇割据的社会现实，儒学在历经了波谷之后再次被推向波峰，成为朝廷强化中央集权的重要抓手。

> 三教之中儒最尊，止戈为武武尊文。
>
> 吾今尚自披蓑笠，你等何须读典坟。
>
> 释氏宝楼侵碧汉，道家宫殿拂青云。
>
> 若教颜闵英灵在，终不羞他李老君。
>
> ——罗隐《代文宣王答》

　　这首《代文宣王答》，出自晚唐诗人罗隐之手。这位被称为"罗衣秀才"的晚唐诗歌圣手，一生信奉儒家思想，尽管经历十余次考试而不第，并在晚年出入佛道之间，但内心从未放弃儒家思想和儒家信条。而在罗隐的儒学坚守背后，是唐代社会的崇儒轨迹。放眼大唐帝国的发展航程，儒学这支思想根脉始终承担着重要的支撑与引领作用。尽管在近三百年风云变幻中，唐代儒学有过鼎盛期，也有过式微期，有过复振期，也有过衰没期，但在这道波形的曲线上，我们看到，儒学之盛带来的也是治世之盛，儒学之衰引发的则是兵燹火劫，正是在持续数次的儒学复振中，我们看到一系列灿烂的光与影。那么，大唐儒学的光与影，又具体有着怎样的呈现呢？

　　唐代的尊儒，先是从尊孔开始的。早在武德二年（619），唐高祖就下诏国子太学立周公、孔子庙各一所，遍寻孔子后人欲封以爵位；武德七年（624），唐高祖尊奉周公为先圣，以孔子配享；及至武德九年（626），又立孔子第三十三代孙孔德伦为"褒圣侯"。

在编纂《隋书》时，这样一段文字，更是体现出武德时期朝廷对儒学对孔子的尊崇：

> 儒之为教大矣！其利物博矣！笃父子，正君臣，尚忠节，重仁义，贵廉让，贱贪鄙，开政化之本源，凿生民之耳目。百王损益，一以贯之。虽世或污隆，而斯文不坠，经邦致治，非一时也。涉其流者，无禄而富；怀其道者，无位而尊。

唐太宗即位后，对孔子的尊崇更是超越了其父，在与贞观群臣的思想碰撞之中，他曾提到："梁武帝父子，志尚浮华，惟好释氏、老氏之教……未尝以军国典章为意。及侯景率兵向阙，尚书郎以下，多不解乘马，狼狈步走，死者相继于道路。武帝及简文卒被侯景幽逼而死。"正因如此，他认为"此事亦足为鉴戒。朕今所好者，惟在尧、舜之道，周、孔之教，以为如鸟有翼，如鱼依水，失之必死，不可暂无耳"。作为这段记录于《贞观政要》的语录的直接呈现，便是贞观二年（628），唐太宗采纳房玄龄建议，下诏命太学不再供奉周公，转尊孔子为圣人，以颜回配享；贞观四年，又诏命各州县设孔子庙；及至贞观十一年（637），唐太宗再次下诏尊奉孔子为"宣父"，在兖州特设殿庙，专拨二十户人家为其供养，与此同时，"数幸国学，令祭酒、司业、博士讲论，毕，各赐以束帛"。正因为唐太宗的尊孔崇儒，在其治下的贞观一朝，儒学的发展才形成了兴盛之势，一时间，"四方秀艾，挟策负素，坌集京师，文治煟然勃兴。于是新罗、高昌、百济、吐蕃、高丽等

219

群酋长并遣子弟入学，鼓箧踵堂者凡八千余人。纡佟袂，曳方履，闾阎秩秩，虽三代之盛，所未闻也"。

及至永徽，唐高宗在泰山封禅之后，驾幸曲阜孔庙，特增修庙宇，亲自以少牢之礼祭祀孔子，追赠孔子为太师；进入开天年间，尽管崇道之风日盛，但唐玄宗对孔子仍不敢轻慢。开元十七年，他下诏尊奉孔子为"文宣王"，并为之立庙。当孔子的地位被不断抬升，当从长安、洛阳两京到全国各州郡的孔庙香烟不绝，孔子这位奠定了儒学根基的东方大哲，在历经了汉的尊崇、魏晋南北朝的纷乱之后，重新又以圣人之姿被唐人虔诚供奉。在儒、释、道三教并存的有唐一代，他也许不是所有唐人的精神引领，但毕竟在香烟缭绕的殿堂之上，孔子及其所代表的儒家精神已经得到持久的弥散与传扬。

唐代重儒，还体现在对儒学经典的厘正与统一。在汉代，儒学虽被定于一尊，但进入魏晋南北朝，随着政治版图的分裂，儒学流派也层出不穷，形成了南学北学的对峙局面。这种局面的表征，就是遍注经籍，纷争不断，固有的西汉经学失去了权威地位，剧烈振荡的经学流派各自形成了一套话语体系，各承师说，互诘不休，无法统一，以至进入隋末，"先代之旧章，往圣之遗训，扫地尽矣"。为了更牢固地树立儒学的地位，在政治上实现大一统的唐朝统治者首先要做的，就是消弭流派之争，对魏晋以来的五经读本进行系统的校刊与整理，一改"儒学多门，章句繁杂"的现状，统一儒家经学的官方注疏。

这是一项庞杂琐碎而又意义深远的文化工程。开启贞观之治的唐太宗先是找来了鸿儒颜师古，诏令其利用秘书图籍，对当时散行于世的五经版本进行系统的整理。五经被称为"群言之祖"，考订五经绝非普通儒士所能为，而对颜师古耗时两年完成的"五经定本"，朝中诸儒本来就存在门户之见，对颜师古并不以为然，但这位初唐的儒学大师却斯文不坠，一一辩答，"所立援据详明，或出其意表，诸儒皆惊所未闻，叹服而去"。不久，唐太宗再次下诏，命自己早年秦王府十八学士中的核心成员国子祭酒孔颖达带领朝中宿儒，继续以统一的"五经定本"为蓝本，进行细致的考订和注疏，是为《五经正义》。

孔颖达这位初唐鸿儒，乃是孔子第三十二代孙，史载其天资聪慧，饱读经传，早在少年时代，便拜当时的名儒刘焯为师，为其日后成为一代经学巨匠夯实了良好的基础。隋大业年间，孔颖达以明经高第的身份崭露头角，以三十二岁的韶华之年被隋炀帝委以太学助教，成为当时应诏的诸儒中最年少的大师。及至唐太宗贞观朝，孔颖达的渊博学识和丰富的儒家思想再次让其成为国宝级人物，唐太宗对这位在朝堂商榷经义、议论礼义时"金汤易固，楼雉难攻"的儒学大师赞不绝口，正因如此，才诏命其编纂《五经正义》，以期考订异说，定于一尊，实现朝廷对传统经学的官方解读。而孔颖达也确实不负圣托，在融合南北诸多经学家见解的同时，进行了大量细致的考订和严谨的注疏，最终于贞观十六年（642）撰成。"卿等博综古今，义理该洽，考前儒之异说，符圣人之幽旨，实为不朽。"当唐太宗见到这部集魏晋南北朝以来经学大成的著作，并对孔颖达及其率领的编纂团队发出这段记录于史书中的赞誉，相信这位马上天子绝非泛泛之赞，而是对孔颖达这位儒学大师投去的深深敬意。尤其是此后唐太宗命人绘其像于凌烟阁，与大唐开国功臣共荣于世，更足见唐太宗对孔颖达的莫大尊重。及至永徽四年（653），唐高宗颁孔颖达《五经正义》于天下，诏令将这套统一的儒学国家读本作为大唐举子们科举"释褐"的重要内容。《五经正义》由此成为国家政权促进王道教化的重要载体，大唐儒学之盛，自然成为题中应有之义。

> 功成理定何神速，速在推心置人腹。
> 亡卒遗骸散帛收，饥人卖子分金赎。
> 魏徵梦见子夜泣，张谨哀闻辰日哭。
> 怨女三千放出宫，死囚四百来归狱。
> 剪须烧药赐功臣，李勣呜咽思杀身。
> 含血吮创抚战士，思摩奋呼乞效死。
> 则知不独善战善乘时，以心感人人心归。
>
> ——白居易《七德舞》（节选）

如果说以儒学的统一实现思想的统一，是唐代统治者尤其是初唐统治者治国安邦的理论之基，那么，身体力行地以儒家的"仁"治天下，则足见儒家思想对唐代皇帝的影响之深。早在李渊建国之初，就将"宽仁"政治作为武德朝的重要标签。待到唐太宗即位，在与朝中群臣的数次思想碰撞之中，更是朝乾夕惕，始终以隋亡的历史教训为鉴，将"君者，舟也；庶人者，水也。水则载舟，水则覆舟"这一儒家理论，凝聚成为一种自上而下的国家意志，锻造成为一把贞观君臣借以治国理政的钥匙。而正是在这一"民本"思想的指导下，才出现了白居易《七德舞》这首诗中所描述的场景：阵亡的戍卒遗骸得以有尊严地安葬，三千怨女被遣散出宫适嫁他人，而放归回家过年的四百囚徒，竟在年后无一例外地归狱！儒家的"仁"，被唐太宗李世民具象成了一部文辞有力深邃透彻的论政之著——《帝范》，作为督促自己施行仁政重视民生的"紧箍咒"。而在国家法典的制定上，一部慎狱恤刑的《唐律疏议》，更是让我们看到了唐太宗的继任者——唐高宗李治将大唐法律儒家化的努力。

《唐律疏议》又称《永徽律疏》，是唐高宗永徽年间完成的一部极为重要的法典。这部法典，是在唐《贞观律》的基础上进行修订的。如果说《武德律》《贞观律》已经将"德主刑辅"作为了制定大唐法典的重要宗旨，那么在大唐历经贞观之治的深耕，渐入盛期，"依礼制律，引礼入律"，这部《唐律疏议》更是成为中国古代法律的集大成者，成为后世统治者施行仁政的标杆。在《唐律疏议》中，我们可以看到，关于死刑的条款是此前所有封建法典中最少的，而即使被判了死刑，也有"三覆奏""五覆奏"的必经程序保证法律的公正与宽仁。《唐律疏议》明文规定："诸死罪囚，不待覆奏报下而决者，流二千里。即奏报应决者，听三日乃行刑，若限未满而行刑者，徒一年；即过限，违一日杖一百，二日加一等。"至于在刑讯阶段的杖责，《唐律疏议》更是明令审慎为之，内中规定："诸拷囚不得过三度，数总不得过二百，杖罪以下不得过所犯之数。拷满不承，取保放之。"当《唐律疏议》承袭汉代"引经断狱，以礼入法"的宗旨，并将"法礼合一"作为大唐律法的基本样貌，我们看到，儒家思想已然渗透进了唐代立法思想、司法制度的每一个角落，融入了唐代律典的字里行间，并最终让封建法律的儒家化有了一条完整清晰而又具备操作性的准绳，成为后世王朝立法的模板与基础。

如果说儒家思想是支撑唐王朝的一条暗脉，那么在其近三百年的历史演进中，层出不竭的文人儒士则成为这条暗脉中汩汩奔流的血液。他们之中，有的位高权重，堪称社稷的心膂股肱，有的沉居下僚，甚至屡试不举以至家徒四壁。但恰恰是这样一群大唐文儒，始终怀抱儒学的精神之乡，以儒家信条为行为圭臬，身居庙堂之高，则辅助君王施行仁政，甚至不惜以死谏争，散处江湖之远，则独善其身，以道德文章让儒学的种子在闾里坊间生根发芽。接下来，我们就走近这些活跃在大唐不同历史时期的文儒。

> 孔圣家邹鲁，儒风蔼典坟。
> 龙骖回旧宅，凤德咏馀芬。
> 入室神如在，升堂乐似闻。
> 愚知一王法，今日待明君。
> ——张说《奉和圣制经邹鲁祭孔子应制》

盛唐文儒张说，执掌文坛三十年，为开元前期一代文宗，与许国公苏颋齐名，号称"燕许大手笔"。这首《奉和圣制经邹鲁祭孔子应制》，正是时任宰辅的张说在玄宗封禅归途，经由曲阜祭拜孔子时的一首奉和之作。"悬知一王法，今日待明君"，走在这支浩荡的皇家仪仗的最前面，身为封禅使的张说对大唐的礼乐政策和明君政治充满期待。早在做太子侍读时，张说就极力以自己文儒领袖的身份，劝导玄宗执经遵道，博采文士，在《上东宫请讲学启》中，张说这样写道：

> 臣闻安国家定社稷者，武功也；经天地纬礼俗者，文教也。社稷定矣，固宁辑于人和；礼俗兴焉，在刊正于儒范。顺考古道，率由旧章。故周文王之为世子也，崇礼不倦；魏文帝之在春宫也，好古无怠……副群生之望，作累圣之储，殿下之于天下，可谓不轻矣！监国理人，可谓至重矣！莫不拭目而视，清耳而听，冀闻异政，以禅圣道。臣愚伏愿崇太学，简明师，重道尊儒，以养天下之士。今《礼经》残缺，学校凌迟，历代经史，率多纰缪，实殿下阐扬之日，刊定之秋。伏愿博采文士，旌求硕学，表正九经，刊考三史，则圣贤遗范，粲然可观。况殿下至性神聪，留情国体，幸以问安之暇，应务之余，引进文儒，详观古典，商略前载，讨论得失，降温颜，闻谠议，则政途理体，日以增益，继业承祧，永垂德美。

在这段切中肯綮的文字中，彼时还是太子侍读的张说对李隆基这位大唐未来的掌舵者可谓语重心长；及至其力促玄宗平灭太平公主后，更是不遗余力，对即位称帝的唐玄宗积极建言献策，将儒家正统不断渗透进这位意欲有一番作为的皇帝的思想之中。他力主儒家礼乐政策在大唐的全面施行，为开元时代赋予了实实在在的"文治"内涵，而作为倡导礼乐文化的最高呈现，便是促成了玄宗的泰山封禅，曲阜祭孔。此后，这位致力复振礼乐教化的盛唐大儒，又身体力行，让开元这个年号深度浸润了儒学的静水流深：因为他的积极推动，集贤院"刊辑古今之经籍，以辨明邦国之大典，而备顾问应对。凡天下图书之遗逸，贤才之隐滞，则承旨而征求焉。其有筹策之可施于时，著述之可行于代者，较其才艺，考其学述，而申表之"，成为开元时代礼乐政教、崇兴儒学的重要载体；因为他的一视同仁，打破了当时按官阶高低举觞饮酒的惯例，一句"儒以道相望，不以官阀为先后"，抬高了学士的地位，尊重了士人的尊严；还是因为他的拔擢后学，让一大批文儒之士走上大唐政治舞台，成为开元盛世中耀眼的星辰……"（说）善用人之长，多引天下知名士以佐佑王化，粉泽典章，成一王法。天子尊尚经术，开馆置学士，修太宗之政，皆说倡之。……及太平用事，纳忠惓惓，又图封禅，发明典章，开元文物彬彬，说力居多"，这段记录于《新唐书》的评价，对于大唐文儒宰辅张说而言，可谓公允切当。

鲁叟谈五经，白发死章句。

问以经济策，茫如坠烟雾。

足著远游履，首戴方山巾。

缓步从直道，未行先起尘。

秦家丞相府，不重褒衣人。

君非叔孙通，与我本殊伦。

时事且未达，归耕汶水滨。

——李白《嘲鲁儒》

这首《嘲鲁儒》，为开元末年李白初游东鲁时所作。鲁地有儒者虽皓首穷经，却死守章句，不懂安邦治国之策。李白自恃其才，曾受到某些"鲁儒"的轻视和嘲笑，遂以此诗反讥之。对于儒家思想，李白既有认同，同时也有批判。他坚信自己能经天纬地，"天生我才必有用"，同时又对一生埋头于五经的儒生不以为然。正因如此，李白没有走科举入仕这一常规的入仕之路，而是一生云游四方，狂放不羁。事实上，李白这首诗所折射的，也是唐朝统一儒家经说之后，所呈现的硬币的反面。孔颖达《五经正义》的颁行天下，止息了此前儒家各流派的学术纷争，使中央政府有了王道教化的官方注疏，让天下儒生有了科举仕进的统一读本；但从另一方面看，又让学术"无异文""无异说"，经学遂废，争鸣不再，"一代谈经之人，寥寥可数"，消弭了儒学的灵性，至于应试的举子，更是抱定章句，不通世务，成为缺乏独立思考的人。而历经安史之乱的荼毒，随着儒学进入下行的轨道，一批儒生文士开始意识到，若要复振儒学，就要反对过去那种不穷旨义、墨守章句的习经之法，将所学施于实物，才是真正的儒家精神。在这群发出质疑之声的文儒中，啖助和赵匡、陆质，无疑是其中的代表。

啖助与赵匡、陆质师徒三人是以治"春秋学"闻名于时的。这三位处于安史之乱由盛转衰期的文儒，与寻章摘句读死书的唐代儒士不同在于，敢于质疑经典，挑战权威。作为"春秋学"的首倡者，博通经学的啖助大胆疑经，如其言孔子修《春秋》的立意，"是知《春秋》用二帝、三王法，以夏为本，不壹守周典，明矣"。又认为《左传》非左丘明一人所作，"盖左氏集诸国史以释《春秋》，后人谓左氏，便傅著丘明，非也"，同时指出公羊名高、穀梁名赤，不知何据，未必是实。正因如此，啖助倡导为学不必严守"师法"和"家法"，应变《春秋》学专门之学为通学，并以十年之功，写就《春秋集传》和《春秋统例》二书。在其汪洋恣肆的文字中，啖助不再受春秋三传的束缚，儒家经典更不再是不容撼动的铁律。而师承啖助的质疑精神，他的弟子赵匡、陆质继续高扬起"新春秋经学"的旗帜，不仅对啖助的著作进行了补充完善，更大胆地对春秋三传发出疑问，直抒见解，形成了自己的著述。

对这师徒三人的质疑精神，《新唐书》并不认可。在这部官方正史的编纂者看来，"啖助在唐，名治《春秋》，摭诎三家（即《左传》《公羊传》《穀梁传》），不本所承，自用名学，凭私臆决，尊之曰：'孔子意也。'赵（匡）、陆（淳）从而唱之，遂显于时"。而放在中国儒学发展的宏阔背景之下，治学风格有异于先儒的啖助师徒，公允地说，却应是在学风上开启了"宋明理学""空言说经，任意附会"的先河。正是因为他们师徒三人的出现，才让安史之乱后的儒学复振没有成为简单的复振，而是改变了中国儒学的走向，完成了经学的嬗变。当以训诂为特色的汉章句之学逐渐向以陈析义理为特色的宋代新儒学过渡，啖助师徒的努力，绝对不能抹杀。

《春秋》三传束高阁，独抱遗经穷终始。

往年弄笔嘲同异，怪辞惊众谤不已。

——韩愈《寄卢仝》(节选)

　　如果说啖助师徒的质疑精神让宋明理学有了"空言说经，任意附会"的底气，那么韩愈、李翱师徒的探索精神则为宋明理学注入了思想的内核。这首《寄卢仝》，实为韩愈以诗歌的形式写给友人卢仝的一封信。在这封"诗札"中，韩愈认为文人儒士不仅要考辨《五经》，更应延宕开自己的学术视野，进行横向的分析和纵向比较。正是由于不固守儒家经典，才让他为传统的儒学理论注入了新的血液，他的《原道》《原性》《原人》《原毁》《原鬼》，无不闪烁着深刻的哲学光芒，而蕴含于这些著述中的"天命论""道统说""人性论"，更是构成了韩愈的新儒学理论。在韩愈看来，"道"乃儒家之道，"博爱之谓仁，行而宜之之谓义，由是而之焉之谓道，足乎己无待于外之谓德"。而他对"人性论"的阐释，则是"上之性，就学而愈明，下之性，畏威而寡罪，是故上者可教，而下者可制也"。在他眼中，"性也者，与生俱生也；情也者，接于物而生也"。而面对当时佛教盛行的状况，韩愈更是站在儒家立场上，以儒家"道统"对抗佛家的"法统"。他的辟佛理论甚至惹怒了当朝皇帝，差点为此丢了性命。但必须承认的是，正是他的"道济天下之溺"，让中晚唐的儒学样貌呈现出更加丰富的精神内核。及至他的学生李翱，更是在韩愈儒学探索的基础上，以"性情"为中心，大胆发声，结合《中庸》《易》等儒家文本，开始了将儒学理论重心向心性论的转轨。

韩愈师徒对儒学的不断求索，被宋明理学充分地继承和弘扬。在宋明理学的儒学理论框架内，韩愈的"性"被发展成为"天命之性"，韩愈所云的"情"被提升为"气质之性"。当宋儒以重阐释义理取代汉儒的重治经训诂，当程朱理学和此后的陆王心学蔚为大观，形成一场波澜壮阔又影响久远的儒学运动，并迸发出思考和解决现实社会问题与文化问题的哲学智慧，深深影响中国封建社会后半期的社会发展和文明走势，我们其实真要对生活在公元八世纪的啖助、韩愈这两对师徒投去深深的敬意。正是他们对中国儒学创造性的复振，点亮了后世的思想之光，让中国儒学的发展延伸出更多的可能。

"三教之中儒最尊，止戈为武武尊文。"儒学在唐代的运行轨迹，经历的是一道峰谷互现的曲线，而在三教并存的大唐社会，儒释道的交叉与融合，也让"援佛入儒""援道入儒"成为中晚唐儒学的特别样貌。而我要说的是，从唐代中央政府到文人儒士对儒学的敬畏与创新，坚守与超越，正是近三百年的辗转起伏，让唐人的这片精神之乡延宕开了更广阔的视域，释放出更多的可能性。正因如此，唐代儒学，绝非儒学的断层期，而是儒学发展史中一段承前启后的光荣岁月！

心行归依向一乘

　　佛教作为一种源自古印度的宗教，大致于西汉末年东汉初年传入中国，当时一些外籍僧侣，翻过葱岭，走过丝绸之路，穿越西域诸国，将这一由释迦牟尼创立的宗教植入中国文化的土壤。佛教传入中国之初，信徒自然寥寥，人们对这一外来宗教知之甚少，到了东汉桓帝即位，这位好神的皇帝在宫中立"浮屠之祠"，佛教才算有了点转盛的迹象。及至魏晋南北朝，佛教的发展开始进入兴盛阶段。据北魏《洛阳伽蓝记》记载，洛阳城中寺庙鼎盛时达到了一千三百六十七所，而南方的建业（今南京）也有佛寺数百座。也就是在这个时期，佛传禅宗的第二十八祖达摩乘一叶扁舟自海路前往中国弘法大乘佛教。迎着汹涌的浪涛，手持金色的禅杖，这位据说当时已经一百五十岁的大师口唱南无，从广州登陆，一路北上，并在河南嵩山脚下的少林寺落迹面壁，最终以"壁观"禅理传给了断臂求法的慧可，从而使禅宗在中国开始有了传世法系。当时针指向唐朝，在历经近千年的漫长浸润之后，佛教也随之进入它在中国发展的全盛期。正是在这个开放的帝国，佛教开枝散叶，真正实现了其由外来化向本土化、由贵族化向世俗化的转变。如果说最初人们还将其归附于汉代道术或魏晋玄学，那么进入大唐王朝，佛教已经与产自中国本土的儒教、道教一起，共同构成了唐人的心灵栖所和精神之乡。

　　俗既病矣，人既愁矣，不有释氏使其安分，勇者将奋而思斗，智者将静而思谋，则阡陌之人皆纷纷而起矣。

　　这段文字，出自唐人李节《饯潭州疏言禅师诣太原求藏经诗序》。正是因为佛教具备佐治安民的社会效能，在大唐历代皇帝的执政期内，除了武宗朝出现了"会昌法难"，基本都呈现出弘扬佛教与王化之治并驾而行的状态。立国之初，高祖太宗承袭隋代重佛崇佛的社会氛围，虽并未刻意强化佛教的地位，但也认可其安定社会教化民众的作用。武德八年(625)，高祖曾颁诏令，提出"老教、孔教，此土先宗；释教后兴，宜崇客礼。令老先、次孔、末后释"，直接给儒释道三教作了排序。待到太宗即位，这位贞观天子虽将儒教视作治国理政的首要载体，声称"朕所好者，唯尧舜之道，周孔之教"，但对佛教同样不敢轻慢。为了安抚阵亡将士，他曾请高僧入宫设斋，并下诏在自己曾经冲锋陷阵的七处战场建了昭仁寺、普济寺等七座佛寺，旨在超度亡灵，获取民心，至于取经归来弘扬佛法的玄奘，太宗更是对其礼遇有加，不仅为其提供经济上的支持，更为其在长安设立译经院，专事译经弘法。

　　佛教在唐代开始日趋隆盛是在武周朝。从感业寺走出的武则天，尽管那段与青灯古佛为伴的岁月是其最不愿回首的岁月，但为了打压李唐势力，让自己称帝的理由更具说服力，于天授二年（691）谕令"释教宜在道教之上，缁服（僧人）处黄冠（道士）之前"，不仅让自己的得意男宠薛怀义把持素有中国佛教祖庭之称的白马寺多年，更将象征着天授神权的《大云经》"制颁于天下，命诸州各置大云寺，总度僧千人"，让遍布大唐各州的大云寺成为其宣传武周新政合法性的重要道场。玄宗即位后，道教成为朝廷首尊，但玄宗对佛事仍很重视。他曾对"开元三大士"——印度僧善无畏、金刚智和不空给予优待；天宝五载（746），他还被不空授了"灌顶法"，成为"菩萨戒弟子"。及至安史之乱后，肃宗、代宗、德宗、顺宗、宪宗直到文宗，都达到了崇佛甚至佞佛的程度。尤其是代宗，在其统治的十九年中，大小佛寺更是多如牛毛。此后，尽管经历武宗会昌毁佛，拆除了大量寺院，遣散了大批僧尼，但到了宣宗即位，这位有过佛门经历的皇帝马上便将其复兴佛教的举措由两京向全国推行，被拆毁的寺院在原地被重新矗立起来，大批僧尼重新捧读起贝叶之书，甚至禁宫之内也开始经常有高僧大德出入，与信仰佛教的宣宗探讨佛法。以至到了懿宗执政，担任翰林学士的刘允章抗颜直谏"国有九破"，将"广造佛寺"列入"九破之一"。

大唐皇帝的重视，首先体现在对佛教的整饬与维护。《法琳别传》记载，由于有唐一代佛教盛行，"寺塔遍于九州，僧侣溢于三辅"。以长安城为例，由于佛教的兴盛，在如棋盘般布局的长安城中，有七十七坊设有寺院，共一百九十九座，这其中，佛教十宗的八个宗派的祖庭均设在长安城。与寺院相伴生的，是一座座高标峻嶒的佛塔，如荐福寺塔、大小雁塔、香积寺塔、兴教寺塔等。当高耸的佛塔和香烟缭绕的寺院占据于长安城这张"棋盘"的核心位置，唐人对佛教的信奉已达到极致。

在林林总总的佛寺禅刹之中，官寺占了相当大的比重。这些寺院，均由朝廷以诏令形式在全国各大州郡统一设立，除了弘扬佛法，还承担着政治宣教、接待外籍僧众、完成佛教仪轨、管理地方僧政的功能。纵观唐代近三百年历史，朝廷一共颁布了四次在全国设立官寺的诏令，均出现于初盛唐时期，分别是高宗乾封元年（666）、武周天授元年（690）、中宗神龙元年（705）和玄宗开元二十六年（738）。这四次诏令的颁行，彰显了大唐统治阶层对佛教的重视，也由此强化了国家寺院与山野私寺的区别。这些分布于天下诸州的官寺以宏大的规模和建制耸立于大唐全境，在木鱼佛号声中营造出一派清凉世界；而纷至沓来的国外僧众则因这些官寺强大的经济实力得以在这里潜心研读佛教经典；至于声势浩大的国忌行香设斋仪典和对僧政的管理掌控，更让这些气势恢宏的寺院成为大唐政治权力的外化与延伸。

日宫开万仞，月殿耸千寻。

花盖飞团影，幡虹曳曲阴。

绮霞遥笼帐，丛珠细网林。

寥廓烟云表，超然物外心。

——李治《谒大慈恩寺》

234

唐高宗这首诗，是其在大慈恩寺祈福行香时所写。坐落于唐长安城晋昌坊的大慈恩寺，是中国"佛教八宗"之一"唯识宗"的祖庭，也是长安三大译场之一。这座肇建于贞观二十二年（648）的皇家寺院，为太子李治追念其母文德皇后长孙氏所建，是长安城中规模最宏大的佛寺。当年，玄奘正是在这里主持寺务，并领管佛经译场，创立了汉传佛教八大宗派之一的唯识宗。而寺中最显眼的标志便是建于高宗永徽三年（652）的慈恩寺塔，据说当时玄奘法师曾"亲负篑畚，担运砖石"，"首尾二周，功业斯毕"。而慈恩寺塔建成之后，不仅让大唐皇室的行香祈福多了一项内容，更成为天下举子的题名之地。当金榜题名的举子们在慈恩寺塔的砖墙上镌刻下自己的名字，他们实际刻上的，是值得矜夸一生的荣耀。

　　当然，大唐皇帝在寺院高调地行香祈福，并非始自高宗。从立国之初，他们便极为重视佛教仪轨，将其看作一项重要的国事活动。贞观十九年（645），唐太宗就曾于弘福寺迎佛骨舍利，一时间，从朱雀大街至弘福寺寺门，都人士子百官僚属分列道旁，长达数十里。到了武则天统治时期，佛教更是进入黄金时代，"铸浮屠，立庙塔，役无虚岁"。及至玄宗即位，全国大旱，玄宗为禳灾祈福，也请印度僧不空焚香求雨，据说当日便"云物凝晦，暴雨骤降"。安史之乱后，由于时局动荡，天灾人祸不断，唐朝皇室的消灾祈福行香愈加频繁。他们不仅多次大费周章地迎奉佛骨，更对寺院大加修缮，慷慨布施，这其中，尤以代宗佞佛最甚。据说永泰元年（765）吐蕃兵临城下，代宗在开战前亲自前往西明寺行香礼佛，诏命百官齐颂《仁王经》，并设法座让不空讲经，"已而寇平"。此后，代宗便对佛教深信不疑，"常于禁中饭僧百余人，有寇至则令僧讲《仁王经》以攘之，寇去则厚加赏赐"。唐朝皇帝们对佛祖的这份虔诚，即使到了风雨飘摇的晚唐，仍旧是有增无减。《杜阳杂编》载：懿宗咸通十四年（873）迎奉佛骨，"以金银为宝刹，以珠玉为宝帐香舁……计用珍宝不啻百斛"；迎佛骨之日，"夹道佛声振地，士女瞻礼，僧徒道从。上御安福寺亲自顶礼，……长安豪家竞饰车服，驾肩弥路，四方挈老扶幼来观者，莫不蔬素以待恩福"。在佛号声声法器轰鸣中，大唐的皇帝们相信，以最虔诚的阵容行香礼佛，内忧外困也好，水旱灾害也罢，佛祖都会庇佑其帝业永昌，平安度过。

如果说大修庙宇、行香祈福，体现了唐朝政府对佛教的虔敬，那么加强僧籍制度的管理，则体现出皇权对佛教的控制。随着佛教的兴盛，佛教度僧事务已然成为国家政务。由于僧尼不在纳税之列，寺院又占据大量土地，因此，加强僧籍制度的管理也便成为唐朝政府的一项重要政务。在唐代，童行制已成为度僧制度的前提条件。所谓童行制，即在未被剃度成沙弥之前，先留发在寺中修行，考查其对佛祖的虔诚之心。而"童行"只是第一关，接着还要让欲出家者诵读经论，以试学力。如玄宗朝规定的试经数量为二百纸，肃宗时，则增加到了五百纸。到了佞佛之风极盛的代宗朝，更是规定试经者不仅要背诵经文，同时还要通过佛教经律论三科的综合考核方得出家正度，被授予度牒，成为合法的僧尼，由此时人感叹"敕条严峻"，其难度丝毫不亚于士子们的科举考试。

无生深旨诚难解，唯是师言得正真。

远近持斋来谛听，酒坊鱼市尽无人。

——姚合《听僧云端讲经》

随着佛教在唐代的香火鼎盛，这一外来宗教不仅实现了彻底的本土化，更重要的体现，便是完成了由贵族化向世俗化的转型。佛教不仅成为皇亲贵胄热衷的宗教，更成为闾里细民的精神信仰和人生慰藉。如果说当佛教在东汉初年刚刚传入中国时，还只是局限于皇室与士大夫阶层，那么历经数百年的演进，已经从"汉代佛教依附道术"、魏晋释子援理老庄的阶段，进入到出现华严、唯识、禅宗等诸多宗派并形成各自独立的理论体系的中国化阶段。普通世俗百姓则已经被中国化的大乘佛教深深浸润，其教义中对芸芸众生的引领与慰藉，已经得到唐人的接受与崇信，许多人将饭僧、礼佛、造佛像视作行善修功德，作为考量奉佛虔诚的重要标准，至于日常去寺院聆听高僧大德的讲经说法，更是成为唐人生活的一部分。"远近持斋来谛听，酒坊鱼市尽无人"，姚合的这首《听僧云端讲经》，描述的正是人们在寺院听高僧讲经说法万人空巷的盛况。彼时的僧人讲经，往往不是单调地宣讲佛家教义，而是结合通俗易懂的故事增强对民众的吸引力，从而更大地拓展了信众的层次和范围。如此一来，每当高僧大德在名寺宝刹举行俗讲，自然听者云集，"酒坊鱼市尽无人"的状态也便成为唐人信奉佛教的直接反应。

当然，佛教带给唐人的不仅是慰藉与顿悟，更为唐人提供了娱乐的载体和空间。在长安城，一些大型的寺院每当举行俗讲之日，也是长安百姓的娱乐时光。彼时，这些佛门清静之地，都会开设各种戏场。据《南部新书》记载，"长安戏场多集于慈恩，小者在青龙，其次荐福、永寿"。这些寺院，都位于长安的中心城区，百姓不费舟车劳顿便可参与其中，自然是人声鼎沸，辐辏云集。

与此同时，一些重要的佛事活动和佛教节日也让充满了娱乐精神的唐人常常是乐不知返。如七月十五的中元节，又是佛教的"盂兰盆节"，也就是俗称的"鬼节"。"盂兰"，为倒悬之意，形容苦厄之状，盆则指盛供品的器皿，佛教认为供此具可解救已逝去父母、亡亲的倒悬之苦，正因如此，"盂兰盆节"也便有了"解倒悬"的意味。在这一天，人们会身着盛装，聚集于寺院，参加在那里举行的诵经法会、放灯活动，同时，杂耍、百戏也会在这一天精彩纷呈地上演。至于四月八日的佛诞节、与道教节日重合的上元节，更是让唐代的大小寺院和街衢巷陌成为欢乐的海洋，朝廷不仅给人们放假，并且取消宵禁，让喜玩好玩的唐人彻底玩得开心，玩得尽兴。当五颜六色的彩灯照亮大唐的夜空，当善男信女们肃穆庄严地对佛祖焚香礼拜之后，转而以戏谑之姿品尝琳琅满目的庙会小吃，欢声雷动于百戏杂耍的开心时刻，佛教在中国，在大唐，已不仅仅是高高在上的远方神祇，而是贴近芸芸众生散发出浓重烟火气的世俗化宗教。

唐代佛教的兴盛，带动起唐人的信仰热情，而人们的信仰热情，又使得佛教在大唐近三百年的历史演进中，不断涌现出一批又一批的高僧大德。他们当中，有的凭借广博的学识自创宗派，有的则依靠其极强的号召力大开禅法，还有的不辞万难远涉重洋，完成了彪炳史册的佛教之旅。

　　当然首先要说到玄奘大师。这位活跃于初唐时代的著名僧人，已经成为大唐佛教之盛的第一代言人。早在二十多岁时，玄奘就已经穷尽各家之说，誉满京师，但随着钻研的深入，他愈发感到异说驳杂，有必要去佛教的故乡——印度（天竺）去求得真经。他孑身走险，潜行甘肃瓜州，穿越莫贺延碛戈壁。正是在这片恐怖的无人区，他将寸草不生的戈壁变成了蒸腾燃烧的圣地，将破碎的袈裟铺展成龟裂的河床。"宁可西行而死，决不东归而生"，四天五夜，滴水未进的玄奘，选择在海市蜃楼出现之时，折下红柳加固麻鞋，最终走出这片八百里死亡之海，并翻越葱岭，经过西域十国，来到了当时的佛教圣地——天竺那烂陀寺。在这座古印度佛教的最高学府，他面对多达九百万卷的藏书，如饥似渴，披寻决疑，而身处上万僧人学者之中，这位来自长安的唐朝僧人更是广泛参学，不舍昼夜。他的勤学笃行，得到了印度全境大小乘佛教徒的一致推崇，被尊以"大乘天"和"解脱天"的称号。

　　贞观十九年九月，玄奘回到长安。彼时距他出走长安已历十六年，当年风华正茂的法师，已然成为一位通晓三藏的高僧大德。玄奘归来，共带回佛舍利一百五十粒、佛像七尊、经论六百五十七部，太宗命其根据游历见闻，修撰成书，同时召集了二十余僧众，协助玄奘翻译佛经。贞观二十年，长达十二卷的《大唐西域记》编撰完成，内中详录了玄奘西游亲身经历的一百一十个国家及传闻的二十八个国家的山川、地邑、物产、习俗；而仅仅又过了两年，一百卷的《瑜珈师地论》便翻译完成。

> （贞观二十二年）十二月戊辰，……己巳旦，集安福门街，迎像送僧入大慈恩寺。至是陈列于通衢，其锦彩轩槛，鱼龙幢戏，凡一千五百余乘，帐盖三百余事……又于像前两边各丽大车，车上竖长竿悬幡，幡后布师子、神王等为前引仪。又庄严宝车五十乘坐诸大德；次京城僧众执持香华，呗赞随后；次文武百官各将侍卫部列陪从。太常九部乐挟两边，二县音声继其后，而幢幡钟鼓，訇磕缤纷，眩日浮空，震耀都邑，望之极目，不知其前后……

这段文字，出自僧人慧立《大慈恩寺三藏法师传》。就在玄奘《瑜珈师地论》翻译完成的贞观二十二年冬天，长安大慈恩寺宣告落成。玄奘和他的弟子们被朝廷以盛大的礼仪迎入此寺，转而在此继续其繁重的译经工作，直至麟德元年（664）初圆寂。长达十九年的时间里，玄奘已将译经作为其归国后的重要事业。这位用了近二十年时间西行求法，又用了近二十年时间译经弘法的大唐高僧，留给世人的形象，不应只是脍炙人口的《西游记》中骑在白龙马上的"唐僧"，更应是《大唐西域记》中那个"宁可西行而死，决不东归而生"的执着背影，是那个青灯黄卷之侧奋笔疾书的虔诚衲子!

上德乘杯渡，金人道已东。

戒香馀散馥，慧炬复流风。

月隐归灵鹫，珠逃入梵宫。

神飞生死表，遗教法门中。

——思托《五言伤大和上传灯逝》

这首《五言伤大和上传灯逝》，是唐开天年间的僧人思托写给师父鉴真的悼亡诗。作为唐代赴日本传戒首创日本律宗的高僧，鉴真留给历史的最深烙印，就是六次东渡。这位扬州大明寺僧人在四十多岁时，已成为名播江淮的律学大师。天宝元年（742），日本留学僧荣睿、普照到达扬州，恳切祈请鉴真东渡日本传戒，据说当时大明寺众僧均缄默无语，可鉴真却认为："是为法事也，何惜身命？诸人不去，我即去耳。"当时思托、道航等二十一名弟子见师父东渡之意如此坚决，遂表示愿意随往。然而，鉴真首次东渡并未真正成行，因为弟子如海与这支准备东渡的僧团发生龃龉，诬告鉴真一行造船是与海盗勾结。此后几次东渡由于天气海况恶劣，也极为不顺，尤其是第五次东渡更为悲壮。天宝七载（748），年已六十岁的鉴真备办百物，打造船只，率弟子道祖、思托等十二人，连同日僧荣睿、普照及水手共三十五人，从扬州出发，再次开始东渡之旅。已入暮年的鉴真可谓壮心不已，然而令他始料不及的是，这次东渡也是最惨烈的一次。船刚过狼山（今江苏南

241

通）附近，便遇到了惊涛骇浪，他们遂被迫转至越州避风。待一个月后再次起航，走到舟山群岛时，又遇大浪，一路向南漂流十四天，靠吃生米、饮海水度日，最后竟漂到了海南岛的振州。北返途中，日僧荣睿、高足祥彦又相继病逝，悲伤之际，鉴真也因暑气蒸腾至眼病发作，最后竟至双目失明。

五次东渡，弟子殒于征途，自己双目失明，在任何人眼中，鉴真的东渡之行已经可以休矣。然而，就在天宝十二载（753）十月，这个倔强的中国高僧再次在扬州码头扬起了风帆，开始了第六次东渡。这一次，仍旧是风急浪高，仍旧是九死一生，但双目失明的鉴真却矢志不渝，最终历尽艰险，成功在日本九洲登陆。自从发愿东渡传戒，这位中国僧人尽管经历了十二年五次失败的磨砺，前后僧众死去三十六人，道俗退心者也达到了两百人，但他却初心不改，最终在日本奈良"唐招提寺"弘法。这座由鉴真设计并主持修建的以唐代佛殿为蓝本建造的寺庙，不仅成为其讲律传戒的重要道场，更成为中国佛教影响日本佛教的"风暴眼"和"策源地"。正是由于鉴真师徒学识及人品的烛照，唐招提寺成为律宗的总本寺，自此，日本佛教由贵族化宗教嬗变为世俗化宗教，逐渐成为普罗大众接受的宗教。广德元年（763）十月四日，鉴真在唐招提寺圆寂，终年七十六岁。"月隐归灵鹫，珠逃入梵宫。神飞生死表，遗教法门中。"就在自始至终紧随鉴真的弟子思托写下这首挽诗的同时，日本信众也不胜悲伤地将鉴真的圆寂视为"天平之甍"——在他们眼中，这位六次东渡矢志弘法的大唐高僧，其成就已经足以代表日本天平时代文化的屋脊。

如果说鉴真东渡是当时处于东亚文化圈核心地位的大唐王朝将中国化佛教向日本的主动输出，那么，大量日本僧人来华通过向唐人求经、购经并亲自抄经的方式，将唐代佛教典籍源源不断地带回日本，则是日本人向中国传统文化学习传承的主动作为。从公元七世纪初至九世纪末约两百六十四年的时间里，日本先后派出了十九批遣唐使，每次派出的遣唐使团多在百人以上，有时甚至多达五百余人。这些遣唐使大部分由僧侣组成，当时唐朝的诸多律令制度、文化艺术、科学技术以及风俗习惯等，正是通过他们传入日本，对日本的社会发展产生了重大影响。这其中，尤以日本平安时期赴唐求法的留学僧"入唐八家"最为著名，他们分别是最澄、空海、圆仁、圆珍、常晓、圆行、惠运和宗睿。这些从日本漂洋过海来到大唐的僧人，抱定一颗虔诚礼佛之心，在中国往往深造数年，或带着问题深入研究中国佛典，或真诚就教于中土高僧请其答疑解惑，正是他们的勤奋好学精神，让日本佛教的持续稳定发展成为可能。

　　"入唐八家"之中，尤其值得一说的，是高僧空海。这位在日本佛教史上被奉若神明的著名僧人，是在延历二十三年（804）作为遣唐使来到中国的。彼时，刚刚经历风浪颠簸的空海，一踏上大唐的土地，便被升腾于唐境的佛教香火深深震撼，尤其是盛行于唐朝的密宗，更是让时年三十岁的空海大开眼界。他投奔长安青龙寺，在那里追随历代、德、顺三朝的"三朝国师"惠果，潜心求法密宗正统，两年后回到日本，便创立了日本真言宗，重构了日本人的精神信仰。与此同时，他还根据从大唐带回的大量诗学文献，编撰了一部《文境秘府论》。正是在这部诗学作品中，他收集了武周朝"大手笔"崔融的诗论，对王昌龄的为诗之道也赞不绝口。应该说，和二百多年间的成百上千的日本遣唐使相比，空海仅仅两年的留学生涯并不算长，但恰恰是这两年在大唐的时光，让日本信众记住了一位卓绝的弘法大师，也让日本这个岛国的上空，喧响起了王昌龄、崔融这些代表了大唐气象的诗人的名字。

> 蜀僧抱绿绮，西下峨眉峰。
> 为我一挥手，如听万壑松。
> 客心洗流水，余响入霜钟。
> 不觉碧山暮，秋云暗几重。
>
> ——李白《听蜀僧濬弹琴》

这首《听蜀僧濬弹琴》，是李白听一位蜀僧操琴时的心理感受。一句"客心洗流水，余响入霜钟"，可以想见这位蜀僧高超的琴艺和淡泊的禅心。事实上，翻检《全唐诗》，我们就会发现，在五万首存诗中，有将近一万首唐人诗作都与寺院、精舍、招提、兰若相关，而他们与僧侣的交往唱酬，更是被嵌入字里行间，成为唐诗中一道特异的风景。

文人与僧人的交往自佛教传入中国就已有之，但进入诗歌与佛教都达到极盛的唐代，文人与僧人的交往更加频繁，更加深入。佛教寺院由于都建于山水形胜之地，又空灵静谧，自然会得到诗人们的垂青，姚合所云"千峰寺里看相宜""自古风光只属诗"，说的正是寺院这一特殊情境与诗歌创作的联系。此外，一些僧人的学识、修养、操守、风度，也是唐代诗人愿意走进寺院与僧人交往的原因，如一向反佛的韩愈，并不排斥与僧人的友情，澄观、文畅等缁流衲子，都是韩愈可以心声互答的好友；而喜欢寻仙问道、对道家情有独钟的李白，除了前面这首《听蜀僧濬弹琴》，更与许多僧人有着诗文唱和；至于崇尚佛教的白居易，僧人朋友就更多了，像高僧慧琳、惟宽、神凑、智常、道标、如满、寂然等，都是他结交至深的方外好友。

> 辞章讽咏成千首，心行归依向一乘。
> 坐倚绳床闲自念，前生应是一诗僧。
>
> ——白居易《爱咏诗》

与僧人交往日久，僧人的生活方式和人生态度也影响着诗人的创作，白居易这首诗，描述的正是当时诗人中普遍存在的"外服儒风，内宗梵行"心态。当诗人们或独游古刹，与寺僧说禅辩机，或结伴同游，雅集唱和，他们的诗歌在钟声佛号的烘托下，势必融入冲和淡远的况味；而当他们将诗歌书写在这些古刹名寺的墙壁或廊柱之上，僧人们不仅不恼，反而会精心收藏，视为寺院之荣。据说有着"海内名士"之誉的唐代诗人张祜，"喜游山水而多苦吟，凡所历僧寺，往往题咏"，"杭之灵隐、天竺，苏之灵岩、楞枷，常之惠山、善权，润之甘露、招隐，皆有佳作"。而这些被题咏的僧房佛寺，"赖其诗以标榜者多矣！"当诗风与佛教同样炽盛的大唐，让诗人因走近寺院而诗兴盎然，让寺院因诗歌而声名远播，中国文人与中国佛教，已经实现了最完美的融合。

当然，这些深居丛林禅刹的僧人并非只是简单地接受诗人的赠诗，他们当中相当多的人，本身就是才情汪沛的诗人。在朱红的寺墙里，在静穆的禅房中，他们敲响木鱼，诵读佛经，体悟佛性的空灵，但同时，他们也能够跳出经文的沉闷和单调，用一支健笔和一张宣纸，营造一种新的礼佛方式，在超迈之中参透禅关。

我们习惯上将看似"离经叛道"的僧侣称为诗僧。他们未必在佛学上有所建树，却能以才华横溢的诗文名噪社会。他们之中，很多人都承传了良好的家学渊源和文化素养，因宦海风波、仕途坎坷，或是科举落第，情场失意，剃发为僧，皈依三宝，祈望在静谧之中寻得一丝解脱。然而，这群佛龛下的子弟似乎对浩繁的经卷和袅袅的香烟并不感兴趣，他们是吃斋念佛的僧人，但又不同于一般的僧人，文化人格所激发的文化良知迫使着他们寻求一种新的参禅方式。

皎然无疑是唐代诗僧群体中的卓越代表。皎然乃南北朝名士谢灵运的十世孙，早年也曾以诗文振兴祖业，在经历一系列人生挫败后，转身遁迹佛门。然而，正是这种人生的转向，让中国传统文化园地多了一位持戒修行而又在文学、茶学领域颇具造诣的诗僧。他是中国茶文化、茶道理念的集大成者、倡导者。"丹丘羽人轻玉食，采茶饮之生羽翼。名藏仙府世莫知，骨化云宫人不识。"在这样的文字中，他轻灵地掠过"佛茶之风"。"移家虽带郭，野径入桑麻。近种篱边菊，秋来未著花"这样的诗行，皎然又将"儒隐"与"禅修"深深地融合……"夫诗工创心，以情为地，以兴为经，然后清音韵其风律，丽句增其文彩"，当皎然的诗论成为中国诗学的一支标杆，我们看到，在他的旁近左右，矗立而起的灵澈、贯休、齐己等为代表的唐代诗僧群体，其实真正做到了"律仪通外学，诗思入禅关"，以诗化的方式实现了佛教的中国化。

当然，和数量庞大的唐代诗僧群体一样，唐代"艺僧"群体同样也是一道壮丽的风景。青灯黄卷之外，他们更能以长于一技或兼通数艺而名播于世，构成中国文化中一个独特的精神阶层。而掩映于层峦叠嶂之中的寺庙也因为滋养和庇护了一些非凡的艺术生命而声名远播，成为独特的精神院落。

唐德宗时的段本善堪称艺僧中的高手。贞元年间，号称长安"宫中第一手"的著名琵琶演奏家康昆仑曾在东市彩楼演奏，其高超的技艺令台下观众为之倾倒。然而就在此时，一位盛装仕女出现在西市彩楼上，但见她不疾不徐，很轻松地就将康昆仑所弹的羽调《绿腰》演绎成了更难弹奏的风香调。康昆仑登时惊服，旋拜为师。这位将琵琶演奏得如行云流水一般的仕女，正是乔装入市的和尚段本善。

在唐人赵璘《因话录》中，也记载了一位法号文淑的艺僧的佳话："有文淑僧者，公为聚众谭说……不逞之徒转相鼓扇扶树，愚夫冶妇乐闻其说，听者填咽。寺舍瞻礼崇奉，呼为和尚。教坊效其声调，以为歌曲。"在音乐艺术空前繁荣的唐代，这位艺高技绝的僧人不仅能让"听者填咽寺舍"，更能令宫廷乐师"效其声调，以为歌曲"，足见这些艺僧在那个时代的影响力。

　　其实，这些所谓的艺僧并无意炫技，超然于物外，他们仅仅是将一支长箫抑或一具琴瑟看作了他们参禅悟道的另一种形式。禅院青灯如豆，佛国的钟声杳渺而虚静，这个时候，对应着青山绿水、曲径回廊，吹起长箫，在劈空裂木的韵律中渗入超尘拔俗的感悟；抑或在篁竹烟霭之中奏响琴瑟，于悠悠曲调中遣志抒怀，灵魂便会一尘不染，心境也便澄澈透明。当然，这些并不想招惹尘埃的艺僧，他们的才情最终还是飞出了山门，飞出了禅房。有唐一代，可以说几乎所有知名的学者文人都和这些艺僧建立过深厚的友情，诸如王维、李白、杜甫、王昌龄、白居易、刘禹锡这些诗文大家，都曾经创作过大量的咏乐诗。他们相互唱和，心声互答，而此时，学者与僧侣，世俗与超脱，也就由对立转向对应，由疏离转向融合，共同构建起文化丰碑，矗立千年。

　　是的，这就是佛教在大唐的浸润与弘扬。当这一外来宗教历经缓慢的融合，最终在唐代开枝散叶，达到极盛，中国化的佛教已经由皇室融入民间，由贵族步入世俗，在全唐为诗的中国语境中，成为唐人托情寄兴心行归依的精神之乡。

山源夜雨度仙家

在考察过儒教、佛教之后，让我们一起走近唐人重要的精神之乡——道教。作为中国土生土长的宗教，道教的历史演进经历了怎样的流变？唐代的崇道之风究竟达到了何种程度？在世俗化的道路上，道教渗入唐人的社会生活又有多深？

探索道教起源必须追溯到古代巫术。古人认为天和祖先能够给人祸福，之所以古人把"天"当作有意志、有人格的神，是因为古人认为人死后灵魂仍然存在。在《诗经》里，我们经常可以见到祭祀祖先、先王、后土的诗句，无论是崇德报功还是祈福禳灾，都以天和祖先为崇拜的对象。这些鬼神思想和巫术意志，无疑为道教的产生提供了必要的前提。此后，随着神仙方术的出现，更是以吐故纳新、炼丹服食、得道升天之术，调动起包括秦皇汉武这些帝王求仙问道的热情，进而形成整个社会尚仙崇道的潮流。道教的真正初创期当是在东汉末年。明帝时期，佛教渐入中国，五岳诸山道士，因宗教竞争的心理驱使，奋然群起，欲与佛教一较短长。时有西岳道士刘正念、东岳道士焦德心等一千三百一十人，上表奏称与佛教较法之事。彼时，他们的身份与其说是道士，莫如说是隐士，并非真正意义的道教教徒。但是当历史走到东汉顺帝时期，这个隐居深山大泽中的庞大群体，已然以一个正式教派——道教的形式出现，它的创始人便是张道陵。

在中国道教史上，张道陵创建道教无疑是一个划时代的重要事件。张道陵原名张陵，本为太学书生，博通五经，到晚年忽感读书无益于养生长寿，遂学长生之道，自称得黄帝九鼎丹法，于是和弟子入蜀山之中，著作道书二十四篇，"受学者，出五斗米，故世称米贼"，后世又称"五斗米道"。按理说，著作道书二十四篇，有了自己的道教教义，张道陵成为中国道教的创始人理当无可厚非，但在确立道教祖师的时候，张道陵搬出的却是比自己早生六百多年的老子。由于当时儒释道三家之间的竞争已经愈演愈烈，儒家尊孔，佛教有释迦牟尼做教主，而道教尚无一个可以尊崇的偶像，张道陵便将老子奉为教主，把《道德经》作为道教经典，利用老子及其思想来扩大自己的影响，与儒学和佛教抗衡。在激烈的纷争中，为维护自己这一本土宗教的权威，他们必须想方设法将老子加以神化，这样一来，我们在道教中所认识的"老子"自然就不是作为东方大哲的老子的本来面目了，而道教所开发的老子思想，自然也是围绕"天道"、追求长生为宗旨的思想。当老子被道教用来当作招牌和旗帜，道教也便由此壮大了声威。张道陵死后，其子张衡继行其道，张衡死后，张鲁继行其道，当时势力很大，已据有东川，掌握地方行政权，设置官吏，皆以鬼神之道为命令，俨然一路诸侯。及至东汉中平元年，发起"黄巾起义"的巨鹿人张角，更是成为以道教号召、发动农民起义的第一人。有学者甚至认为，在义军中只给自己定位为"天公将军"的张角，喊出的"苍天已死，黄天当立"的口号，证明其终极理想并非是自己要做皇帝，而是希望有朝一日成为帝王师，以黄老思想辅佐皇帝。

就这样，历经汉末、三国、魏晋各朝，至北魏进入定型期，道教作为诞生于本土的宗教已然树大根深，而写下玄奥的《道德经》的老子，也由一位古圣先哲成为充满了神话色彩的道教开山祖师。尤其当历史的脚步踏入唐朝，无论是道教还是老子，都已被尊崇到一个空前的高度。

这一空前高度的起点，是位于山西省浮山县境的龙角山。公元620年，一个偶然的机会与一位显系荒诞的人物，竟使原来并无多大名声的龙角山在一夜之间名传四海声震八荒。这一年的初春时节，正是刘武周勾结突厥闹得三晋大地狼烟四起，而秦王李世民率兵驻屯河东柏壁起兵反攻的时候。一日李世民领兵尾追刘武周部将宋金刚来到龙角山下，突然遇到一个叫吉善行的人，对李世民说自己在山中见到一位骑白马的老人，老人自称是老子李耳并当今李姓皇帝之远祖，而且预言李唐王朝可以享国千年。此奇异之事不久即由李世民所派专使传奏至长安城中唐高祖李渊的耳朵里。李渊大喜过望，不但立即敕命在浮山县龙角山吉善行遇老处赶快兴建老子祠，并亲遣大臣杜昂到龙角山进行隆重祭祀，而且又在第二年封吉善行为朝散大夫。及至后来，李渊和他的子孙们便宣称他们是老子李耳的后代，而当时的浮山县龙角山老子祠已俨然成为李姓皇族的家祠了。

浮山县龙角山的这一掌故显然有许多附会的成分，但对于李唐王朝来说，能够认老子为先祖却是一个相当荣光的名分。由于此前的老子早已被奉为道教始祖，于是在公元625年，唐高祖李渊下诏钦定国中三教贵贱次序，颁布《先老后释诏》："老教、孔教，此土先宗；释教后兴，宜崇客礼。令老先、次孔、末后释。"到了贞观二十一年（647），唐太宗甚至让身处佛门的玄奘法师将《道德经》翻译成梵文，以便利于其在印度传播。及至高宗朝，老子的地位继续上升，被封为"太上玄元皇帝"，《道德经》成为科举考试的必考科目。而当唐玄宗李隆基继位，其对老庄道学的崇尚和恭敬更是有过之而无不及。开元十四年（726），玄宗下诏改老子祠为庆唐观，还改浮山县为神山县。天宝二年（743），唐玄宗又命高力士亲至龙角山任监修，对龙角山的庆唐观再次大兴土木予以扩建。他自己不仅御题了"龙角山纪圣铭"六字碑额，而且将他之前几位唐朝皇帝的御容造像供于庆唐观中。

由龙角山庆唐观向全国辐射，唐玄宗对老子及道教的推崇达到极致。据《唐六典》记载，唐大兴道观，天下共一千六百八十七所，玄宗开元二十九年（741），又建玄元皇帝庙于各地，画玄元皇帝像，又以高祖以下五像为陪祀，可见尊崇至极。不仅如此，这位风流天子还设置玄学于玄元庙，习《老子》《庄子》《列子》，并立玄学博士。一生只做过守藏室史的老子绝然不会想到，他的身后竟会如此堂皇煊赫。至于唐公主妃嫔，也多入道为女真，受金仙玉真等封号。

与唐代皇室对道教的尊崇相应和的，是他们对道家外丹术的痴迷。所谓外丹，是道教徒的一种修炼方术。晋代葛洪的《抱朴子·金丹篇》有云："丹之为物，烧之愈久，变化愈妙。黄金入火，百炼不消，埋之毕天不朽。服此二物，炼人身体，故能令人不老不死。"当道教徒们将金石药剂辅以草木，经炉火烧炼形成化学反应而成丹丸，就刺激起了帝王们长生不老的欲望。如果说秦始皇的徐福寻仙、汉武帝的仙人承露，还只是让这些炼丹道士的影像参差其中，那么，到了道教空前繁荣的唐代，历朝唐帝对外丹术的迷醉已成为他们尊道崇道的重要表征。据说唐太宗不仅服用大唐高道们炼制的"仙丹"，对国外方士的丹丸同样来者不拒，曾有一天竺方士自言"寿二百岁，云有长生之术。太宗深加礼敬，馆之于金飚门内，造延年之药。令兵部尚书崔敦礼监主之，发使天下，采诸奇药异石，不可称数"。然而，这位渴求长生的马上天子并未真正延年益寿，相反，正是严重的丹药之毒，让他在五十二岁便驾崩西去，其彪炳史册的贞观之治也匆匆降下帷幕。太宗如此，他之后的子孙更是对外丹痴迷不已：高宗在开耀元年（681），为"以服饵"，竟"令太子监国"；玄宗则"令道士、中官合炼醮祭，相继于路。投龙奠玉，造精舍，采药饵，真诀仙踪，滋于岁月"；经历安史之乱后，李唐皇帝们对丹药的狂热已达极致，宪宗为求长生不老之药，竟特封道士柳泌为台州刺史，以一州之财力为其寻长生之草，炼不老之丹。当然，这些信道、崇道的中晚唐皇帝们的长生渴望终是妄念：宪宗、穆宗、武宗、敬宗、宣宗都没有逃过丹药之毒。

当大量的毒素残害了这些走马灯一般更替的唐朝皇帝的生命，

这个延续了近三百年的大帝国也渐渐成为被尘封的历史记忆。也正因为唐代因服用丹药而死的人数创下了历代之冠，自五代起，道士们开始对外丹术进行反省，转而强调以自己的身体为鼎，以身体中的精、气、神为药物，以期运用特殊的修炼方式，在自己的体内"炼"出"金丹"，自此，外丹方渐渐偃旗息鼓，内丹开始大行其道。

取金之精，合石之液。

列为夫妇，结为魂魄。

一体混沌，两精感激。

河车覆载，鼎候无忒。

洪炉烈火，烘焰翕赫。

烟未及黔，焰不假碧。

姹女气索，婴儿声寂。

透出两仪，丽于四极。

壁立几多，马驰一驿。

宛其死矣，适然从革。

恶黝善迁，情回性易。

紫色内达，赤芒外射。

熠若火生，乍疑血滴。

号曰中环，退藏于密。

雾散五内，川流百脉。

骨变金植，颜驻玉泽。

阳德乃敷，阴功日积。

南宫度名，北斗落籍。

——孙思邈《四言诗》

  道教在唐代的繁荣，让一大批方外高人也在这段时期格外活跃，他们或炼铅烧汞，或修仙化羽，或心性双修，或幽隐林泉。上面这首存于《全唐诗》的《四言诗》，正是初唐高道孙思邈给我们留下的唯一一首炼丹诗。"取金之精，合石之液。列为夫妇，结为魂魄。一体混沌，两精感激。河车覆载，鼎候无忒。"事实上，潜习古人医方、博极医源被称为"药王"的孙思邈，不仅为了解药性以神农尝百草的精神深入高山密林，更是一个炼气修形的道教徒。他继承了道家的炼丹传统，注重原料的采集和丹药的配方，为求一味药或一个配方，"虽艰远而必造，纵小道而亦求。不惮始终之劳，拒辞朝夕之倦"。但是，与那些渴望炼制长生不老药的炼丹家不同，孙思邈重炼丹而不服丹，在他看来，服丹成仙是"神道悬邈，云迹疏绝，徒望青天，莫知升举"，他只是将炼丹作为其制药的手段之一。正因如此，他炼制的"太一神精丹"才真正在隋末疟疾横行时生发威力，成为救疾济危的特效药，而他用几种矿石炼制而成的"诸霜雪方"，更是被明清温病学派视为清热、镇惊、开窍的"三宝"之一。

  有唐一代，由于皇帝对道教的热衷，很多道士都以精通神仙方术、经谶符图为名，极力攀附皇亲贵胄，而孙思邈的可贵之处在于，尽管因医术高超多次被皇帝召至长安，却始终不为名利所动。他曾被太宗召见，并被授以爵位，固辞不受；他为高宗治病，深得高宗器重，高宗特赐其良马及鄱阳公主邑司以居住，并授之以谏议大夫之职，但不久孙思邈便借口染病，重返山林。不肯攀附皇权的他，对庶族布衣却愿倾其全力：他用自己高超的医术让许多患者起死回生，却分文不取；他和一生落魄的初唐才子卢照邻结成忘年之交，在他的精心治疗下，卢照邻得以祛除恶疾……当这位注意内外丹兼修以"救疾济危"为己任的一代"药王"在一百零一岁时仙逝，我们看到，一个人要真正实现长寿，于浮躁的红尘中坚守一份生命的宁静和淡泊，其实更重要。

和孙思邈一样，上清派茅山宗第十二代宗师司马承祯也是一位喜欢与林泉为伴的唐代高道。身为司马懿之弟司马馗的后人，司马承祯自幼便薄于为吏，无心做官。二十岁时，他拜师嵩山道士潘师正，得受辟谷、导引、服饵之术，颇得潘师正喜爱，遂独得其真传，隐居于天台山玉霄峰，自号"白云子"。这个超然物外的"白云子"写得一手好字，尤以隶、篆自成一家，名曰"金剪刀书"。至于其文学素养，同样是人中翘楚，与陈子昂、卢藏用、宋之问、王适、毕构、李白、孟浩然、王维、贺知章称为"仙宗十友"。

在司马承祯看来，人人皆有成仙的禀赋，唯一需要的就是"修我虚气，遂我自然"，而对烦琐的方术，他更是主张"易简"之道，并吸收了佛教的止观、禅定之说，将其"易简"之道概括为"三戒"：一曰简缘，二曰无欲，三曰敬心，认为"勤行此三戒而无懈退者，则无心求道而道自至"。司马承祯的高深道行颇得唐代帝王的赏识。崇佛抑道的武则天曾将其召进京都，亲降手敕。睿宗曾问之以阴阳术数与治国安邦的关系，司马承祯直言阴阳术数为"异端"，真正的理国之道，当以"无为"为本，睿宗深以为然。崇信道教达到极致的玄宗对这位隐居天台山的方外高道更是尊敬有加，他曾趋访山中，与司马承祯抵掌相谈，以"道兄"呼之；开元九年（721），更是派使者迎其入宫，亲受法箓，成为道士皇帝。有唐一代，与宫廷政治保持密切关系并享受特权的道士大有人在，但像司马承祯这样得到三朝帝王垂青的高道并不多见。

司马承祯令人尊敬的一面，正是其虔心于道不溺俗流的超拔之气。尽管成为皇帝的座上宾，并被广有率土之滨的皇帝以"道兄"称之，但司马承祯却甘愿松风煮茗，竹雨听琴，回天台山继续自己的修道生活。"终南捷径"这个成语，正是出自这位不慕仕途的高道与其友卢藏用的对话。据说司马承祯欲返归天台山时，同为"仙宗十友"的卢藏用曾手指终南山道："此中大有佳处，何必天台？"结果司马承祯却淡然一笑："以余观之，仕宦之捷径耳。"羞得卢藏用这位被时人称为"随驾隐士"的假隐士无地自容，而"终南捷径"这个成语也由此不胫而走。事实上，司马承祯在将其静心坐忘的"易简成仙"主张树立为后世养生修真的圭臬的同时，已然用他的清虚自在、"遂我自然"完成了生命的"羽化"和精神的"飞升"。

> 伯休抱遐心，隐括自为美。
>
> 卖药不二价，有名反深耻。

安能受玄纁，秉愿终素履。

逃遁从所尚，萧萧绝尘轨。

——吴筠《高士咏·韩康》

　　在群星璀璨的唐代诗人阵营中，吴筠的名字可能不会引起人们的关注，但这位在《全唐诗》中留下一百二十九首诗歌的诗人在唐代道家中却是创作最丰富的名士。这首《高士咏·韩康》正是吴筠五十首《高士咏》中非常著名的一首，以生活在东汉末年的隐士韩康为抒情遣志的对象，通过韩康的不为厚礼征聘所诱，隐姓埋名，卖药于市，歌颂其不慕荣利、淡泊宁静的人格。事实上，吴筠用五十首诗歌打造而成的这一中国历代高士阵营，体现的正是其作为道家的一份坚守。和司马承祯师出同门，自幼心仪道教的吴筠也是在二十岁左右科举不第之后，投身道门，拜潘师正为师，得上清经法，悟道家要义。彼时的盛唐，由于道家倍受崇奉，许多如前面提到的卢藏用这些"放利之徒"，皆"假隐自名，以诡禄仕，肩相摩于道，至号终南、嵩少为仕途捷径，高尚之节丧矣"。如果说，司马承祯以"终南捷径"对卢藏用这些沽名钓誉的伪隐之徒含沙射影，那么，以文辞知名于京师的吴筠，则选择用一系列的《高士诗》表明自己对心乐肥遁的真隐士的仰慕，对奔竞伪隐的假隐士的不齿。作为一个道人，老子、庄子、列子自然是吴筠咏赞的重要人物，但吴筠又并未将自己的诗行局限于这些已被唐代皇室荣封的道家人物，他的一系列高士诗和咏史诗，其实已经不是在"道"言"道"，而是将对世相的描摹和对生命意义的观照延宕成了一道壮丽的文学景观。正是循着吴筠的诗行，我们看到了一个真正的大唐道教高士，而他的组诗创作，对晚唐大型咏史组诗的出现无疑也产生了相当大的影响。

> 山源夜雨度仙家，朝发东园桃李花。
> 桃花红兮李花白，照灼城隅复南陌。
> 南陌青楼十二重，春风桃李为谁容。
> 弃置千金轻不顾，踟蹰五马谢相逢。
> 徒言南国容华晚，遂叹西家飘落远。
> 的皪长奉明光殿，氛氲半入披香苑。
> 苑中珍木元自奇，黄金作叶白银枝。
> 千年万岁不凋落，还将桃李更相宜。
> 桃李从来露井傍，成蹊结影矜艳阳。
> 莫道春花不可树，会持仙实荐君王。
>
> ——贺知章《望人家桃李花》

如果说唐代道士中不乏像司马承祯、吴筠这样学通经史的文人，那么，在文人扎堆诗人扎堆的大唐，道教文化、观念也在深深地影响着文人们的诗文创作。和司马承祯并称"仙宗十友"的贺知章，望着桃红李白的盎然春意，手中健笔一挥，洋洋洒洒，透出了道家的"仙气"和烟火。事实上，这位由儒而佛、由佛而道，活了八十六岁的"四明狂客"，与其说在追逐流行，莫如说是在追逐内心的虚静。

和贺知章一样，唐代的许多诗人，本身就是倾慕道家精神的信徒。"初唐四杰"，都曾有过将神仙世界挫入诗行的经历；进入盛唐，随着道教大盛，诗人与道士之间的交往更加频繁，道士们的宗教信仰，让盛唐诗人们的诗歌充满了弃世独立的"道味儿"；而走近中晚唐，道教与文学更是水乳交融，呈现出更多更复杂的表现形式。翻检《全唐诗》，我们便会发现，道家的宗教意象已然成为诗人们的诗歌意象，而道家所特有的风骨，更是成为诗人们崇尚向往的风骨，你看："青溪道士紫霞巾，洞里仙家旧是邻"，这是施肩吾向往的山中隐修；"秋山入帘翠滴滴，野艇倚槛云依依"，这是张志和心中的野叟意趣；"此生此物当生涯，白石青松便是家"，这是吴子来理想的天人合一……在这些深深浸润了"法天贵真"道家思想的诗人看来，对澄澈的山水进行观照，便可寄托自己的契道之心，诚如司马承祯所言，"山有玉，草木以之不凋；人怀道，形骸以之永固"。道家所崇尚的长生久视和精神修炼，落实在诗人的字里行间，山便不再是山，水也不再是水，而是悉数变成了云烟缭绕的仙人之乡。

　　由此，当然要说到"谪仙人"李白。这位被祁连的冰雪和巴蜀的竹海涵摄胸襟的浪漫主义诗人，于天宝三载（744）在山东齐州（济南）正式受箓入道，"名在方士格"。事实上，早在十五岁时，李白就已饱览道书，骨子里已具备与众不同的"仙风"。他和司马承祯是好友，司马承祯甫一与之见面，便直言李白"有仙风道骨，可与神游八极之表"；他和吴筠过从甚密，经常往来唱和逍遥于明山秀水之间；而在长安紫极宫与贺知章相见，贺知章更是惊呼遇到了"谪仙人",非要拉着李白一醉方休,引出一段"金龟换酒"的佳话。在和道友们的交往中,李白对道教的参与感是相当深的,他曾身着道袍,头戴云巾,拉着杜甫一起求仙问道,非要找到隐居山中的高人才肯罢休;他曾苦修外丹之法,在铅汞草药与水火洗炼之中实现和仙人的对话,他的"吾营紫河车,千载落风尘。药物秘海岳,采铅青溪滨",描摹的正是他跋山涉水找寻炼丹原料的身影。正是对道家精神的无上追慕,我们才在这位伟大诗人的诗行中,看到那么多不受格律限制、天马行空的神来之笔。当他对"翰林待诏"的日子彻底失望,他要高呼:"我欲攀龙见明主,雷公砰訇震天鼓。帝旁投壶多玉女,三时大笑开电光,倏烁晦冥起风雨。"当他登临庐山,在虚静中融化胸间的块垒,他要快笔写下:"早服还丹无世情,琴心三叠道初成。遥见仙人彩云里,手把芙蓉朝玉京。先期汗漫九垓上,愿接卢敖游太清。"而走进道家七十二福地之一的天姥山,李白的"仙气"更是增加了浓度,增强了密度,"列缺霹雳,丘峦崩摧。洞天石扉,訇然中开。青冥浩荡不见底,日月照耀金银台。霓为衣兮风为马,云之君兮纷纷而来下。虎鼓瑟兮鸾回车,仙之人兮列如麻"。当磅礴的山水气韵熨平精神的皱褶,并涵摄住一代诗仙的心斋,李白所崇尚的道家风骨,最终以一句"且放白鹿青崖间。须行即骑访名山。安能摧眉折腰事权贵,使我不得开心颜"作结,放眼大唐道士与文人,还有谁对道家真谛的解读能超出这样飞扬的文字吗?

"山不在高,有仙则名;水不在深,有龙则灵",和佛教一样,道教对山川的"占领"毫不逊色。正是这些矗立的道教名山，让道士和文人找到了可以寄情言志的载体、"长生久视"的"根据地"；也正是这些香烟缭绕的道教名山，将生长于密林深涧中传奇的道教故事弥散其中，让道教在历史演进中尤其是唐代近三百年的历史演进中，在世俗化的道路上越走越远。

> 太乙近天都，连山接海隅。
>
> 白云回望合，青霭入看无。
>
> 分野中峰变，阴晴众壑殊。
>
> 欲投人处宿，隔水问樵夫。
>
> ——王维《终南山》

有"诗佛"之谓的王维，一心向佛，极为虔诚，但同时对道教也抱以相当大的热情，他的这首《终南山》，正是其道家情怀的一种流露。有道是"关中河山百二，以终南为最；终南千里耸翠，以楼观为佳"，作为道教圣地的终南山，向来被称作"神仙窝"，楼观台素有"天下第一福地"之誉。在终南山道教中，老子被尊为开山鼻祖，而之所以如此，还要缘于那个"紫气东来"的故事。当年，老子西渡，尹喜便是在终南山结草为庐，名之为"草楼观"，迎接老子的到来。当老子留下五千言《道德经》出关之后，传说尹喜在楼观台精习老子所留经典，坚持修炼，著成《关尹子》九章传世，道家称之为《文始真经》。尹喜之后，弟子多人继承其道学，此后规模逐渐扩大，进入唐代，更是道徒日众。由于终南山与帝都长安近在咫尺，不少隐居修道者云集于此，这里有醉心林泉的真隐士，也有卢藏用这样沽名钓誉的假隐士，更有附庸风雅的王公贵族，玉真公主就曾将终南山作为自己的修仙之所。当老子的传说被具象成说经台、老君炼丹炉，甚至一株古柏也被冠以"老子系牛柏"，终南山作为道教发祥地的权威已不容撼动。

当然，除了终南山，湖北武当山，四川青城山，江西龙虎山、庐山等这些道教名山，也在吸引着杜光庭、吕洞宾这些唐人的道迹仙踪，弥漫着神乎其神的道教传说，而一些唐代女冠的身影，更是为这些道教名山平添了一道靓丽的风景。尤其值得一提的，是唐朝宰相李林甫之女李腾空。这位出身钟鸣鼎食之家的女子，绝非附庸风雅追逐流行，而是寡欲慕仙，真的在庐山隐迹修真，多年苦修于北凌云峰下，学医炼丹，布道行医，济生救民，颇受时人尊敬。在其逝后，德宗特诏其所居为昭德观。诗仙李白对这位潜心修道的豪门之女也相当敬重，曾赠其诗云："多君相门女，学道爱神仙。素手掬青霭，罗衣曳紫烟。一往屏风叠，乘鸾著玉鞭。"

事实上，在唐代香烟鼎盛的道教发展历程中，不仅名山大川充斥着唐人寻仙问道的身影，道教风习同样也渗入唐人的日常生活之中。有唐一代，家家奉神，村村祭鬼，已是司空见惯，《朝野佥载》云："唐初以来，百姓多事狐神，房中祭祀以乞恩，食饮与人同之，事者非一主，当时有谚曰：'无狐魅，不成村。'"除了狐神被唐人广为供奉，被道教纳入仙籍的灵鹤，更是成为唐人热衷的"宠物"，不仅王公贵族对养鹤趋之若鹜，普通士子庶人也形成了特有的鹤崇拜，贾岛曾云"养雏成大鹤"，皮日休则愿"鹤静共眠觉"。当充满了"仙气"的鹤飞翔于唐人的天空，人们相信，控鹤飞升的仙人就端坐其上，手持拂尘，俯视众生。

唐代道教的盛行，更在深深影响着唐人的节俗。唐人的一年，从正月到十二月，几乎月月都有道教节日：正月初九是玉皇大帝的生日，正月十五是上元节，正月十九是燕九节，二月十五是老子诞辰，三月三是王母娘娘生日，三月十五是张天师圣诞日，三月十八是东岳大帝生日，等等。节日期间，道士们要举行宗教祭祀活动，更重要更有影响的是，不少道教节日都有庙会，道教节日成了全社会的节日。唐人们在此期间不但举行隆重的祭神娱神活动，而且进行广泛的经济、文化和娱乐活动，热闹非常。当道教的祖师爷们纷纷被张贴于千家万户的门扉之上，当打着渔鼓传唱道情的道情戏掀起节日的高潮，唐人与道教，已然水乳交融，密不可分。

是的，作为唐人重要的精神之乡，如果说在初唐皇帝的眼中，道教还只是认祖归宗以求正统的工具，那么当它历经近三百年的烟火，已然成为大唐上至皇亲贵胄下至黎庶苍生的精神归依。而近三百年的时光，同样也可以让老子这位东方大哲模糊神化，已然隐现于人们世代传唱的歌谣中，幻化于香烟缭绕的神龛中。当然，仅有五千字的《道德经》终将永恒。在这部旷古奇书中行进，任何一种解读方式都可以触摸并还原成一个我们心中的老子形象，而这，也正是老子这位东方大哲留给后世的一道独特影像……

系马高楼垂柳边

在大唐帝国近三百年的时光隧道中穿行，我们发现，身处开放包容的时代，唐人的精神信仰与思想潮流也是复杂而多元的。儒家的经世致用，道家的清静无为，佛家的万法皆空，在唐人身上，可以并行不悖，甚至水乳交融，他们或"援佛入儒"，或"援道入佛"，总是能在三者间找到可以契合的交叉点，可以互补的分割线。正因如此，在大唐三百年光阴中，尽管儒释道三家的尊崇排序始终在变化，但唐人的精神之乡却从来都是香火不绝。当然，好勇争胜刚健奋强的唐人又怎么会止于崇尚儒释道三家，由墨家精神演化而来的任侠精神，同样是唐人精神之乡里一道蔚为壮观的风景。

说"侠出于墨"，是有根据的。作为先秦诸子百家中的一个重要流派，墨子创立的墨家从一开始，就打出了"兼爱""非攻"的旗号。在墨家看来，面对国家争战、百姓遭难的现实，必须"视人之国若视其国，视人之家若视其家，视人之身若视其身"，"摩顶放踵，利天下，为之"。正因如此，墨家集团在百家争鸣的春秋战国时代，才为我们树立起了一个迥异于其他流派的特异影像：他们是近乎"自虐"的清教徒，甘愿与黎庶苍生一起，"比于宾萌"，"以裘褐为衣，以跂蹻为服"，"量腹而食"，"日夜不休，以自苦为极"；他们是重诺轻死的义士，视道理成者为巨子，施行巨子制度，成员都以"巨子为圣人，皆愿为之尸，冀得为其后世"——史载墨家巨子孟胜因未完成楚国阳城君的守国之托，遂引颈自尽，他的弟子共一百八十余人亦随之慷慨赴死；他们更是一群救亡图存、扶危济困的斗士——春秋末年，楚欲攻宋，请公输班造云梯，墨子闻之，迅速从齐地动身，"百舍重茧，裂裳裹足"，"十日十夜而至于郢"，他先去见了公输班，一句"宋无罪而攻之，不可谓仁；知而不争，不可谓忠；争而不得，不可谓强；义不杀少而杀众，不可谓知类"，让这位中国建筑木工的鼻祖哑口无言，继而墨子又在楚王面前"解带为城，以牒为械"，与公输班当庭见招拆招，最终让楚王放弃了攻宋的打算，使宋国免于涂炭。

由此，当墨家舍生取义的精神在春秋战国时代延宕成勤生薄死的侠义之风，一个个令人感佩的故事也便呼啸而出：易水烟波浩渺，一身缟素的荆轲手提秦国降将樊於期的头颅，向伫立岸边的太子丹话别，"风萧萧兮易水寒，壮士一去兮不复返"；在友人高渐离悲恸的歌声中，荆轲选择了世纪的涅槃。身兼庖厨与刺客的双重身份，令专诸百感交集，主人的知遇之恩，单纯起思想，专诸在专注地脍着鲈鱼，当吴王僚惊惶地看着自己的鲜血飞溅上庖厨的裙裾，专诸，释然就戮。而看守夷门的垂垂老者侯嬴，在襄助信陵君窃取兵符，解救赵国之围后，"向风刎颈送公子，七十老翁何所求"，留给史书的，是一个挥剑自刎的背影。在大国争霸的时代，这些侠士卑微的出身常常不为人所关注，他们的侠义之举也常常被视为匹夫之勇，但正是他们身上所体现的"受人之托，忠人之事"的精神，让整个春秋战国的隆隆兵车之声中，交叠起侠骨丹心的生命影像，激扬起荡气回肠的历史劲风！

正因如此，"尚气好侠"的司马迁在《史记》中为这些游侠单列一传，评价他们"其行虽不轨于正义，然其言必信，其行必果，已诺必诚，不爱其躯，赴士之厄困"，"振人不赡，仁者有乎，不既信，不倍言，义者有取焉"。进而又将游侠分为荆轲、鲁仲连一类的"布衣之侠"，战国四公子这样长于养士的"卿相之侠"。而清代学者陈澧更是明确指出了这股侠风的源头，认为"墨子之学，以死为能，战国时侠烈之风，盖出于此"。

当"侠出于墨"的刀光剑影走过"捐躯赴国难，视死忽如归"的汉魏六朝，走过"譬如辽东死，斩头何所伤"的隋末烽烟，进入到河清海晏的大唐帝国，唐人对任侠精神的崇尚，已经进入一个新的阶段。他们对任侠精神的理解，既有对先秦游侠的追慕，又有对两汉游侠的向往，既在汉魏六朝游侠的身上缅想飘逸与逍遥，又在隋末游侠的豪气中寻求转型与异变的可能。正因如此，才让本该在社会大动荡时代才会澎湃蒸腾的尚侠之风，在唐代近三百年的历史时空中，始终不曾黯淡，不曾缺席。在初唐和盛唐，这股任侠之风与贞观之治、开元之治一起，和谐地共同构筑起盛世的样貌，而安史之乱后的中晚唐，唐人的任侠之风更是炽烈如初，和儒释道一起，将墨侠的思潮卷入时代的风雷，不仅不觉得特异，反而成为唐帝国子民身上的鲜亮标签，让后世的人们每当摸触这段历史，便会说一声，看，这就是侠气纵横的唐人，这就是侠风激荡的唐代社会！

先来看看初唐的肇建者们是如何充满任侠之气吧。作为从隋末乱世烽烟中一路南征北战的大唐开国皇帝，唐高祖李渊起家之初就在以自己的任侠精神延揽四方英雄豪侠，以期增加自己在问鼎皇座进程中的筹码。他曾命长子李建成"于河东潜结英俊"，又让次子李世民"于晋阳密招豪友"，而他的这两个儿子也确实不负其父所命，都"倾财赈施，卑身下士，逮乎鬻僧博徒，监门厮养，一技可称，一艺可取，与之抗礼，未尝云倦，故得士庶之心，无不至者"。正因如此，当"少落拓，交通游侠，不事生产"的刘弘基打马投奔，李渊引为股肱之士；而对"矫捷有勇力，任侠闻于关中"的柴绍，李渊同样极为器重，将自己的女儿平阳公主嫁给了他；至于"少便弓马，重气任侠"的丘和，李渊更是视若羽翼，"为之兴，引入卧内，语及平生，甚欢"。可以说，没有这些隋末游侠的加入，唐军南征北战的兵锋必定缺失锐利，而没有李渊对四方豪俊的热情延揽，李唐王朝在诸侯纷争的乱世也不会迎来一统天下的黎明。

如果说李渊的招贤纳士是为打下李唐江山做准备，那么，本身就具"卿相之侠"特质的秦王李世民则从其弓马沙场的那一天起，就在积蓄着夺嫡争位的力量。在一路征伐的过程中，李世民不仅自己左冲右突，一骑绝尘，同时也像平原君、信陵君一样，赢得了一大批侠客义士的心。《新唐书》载："太宗为人，聪明英武有大志，而能屈节下士。时天下已乱，盗贼起，知隋必亡，乃推财养士，结纳豪杰。长孙顺德、刘弘基等，皆因事亡命，匿之。又与晋阳令刘文静尤善。文静坐李密事系狱，太宗夜就狱中见之，与图大事。"如果说，这些如当年战国四君子府中门客一样走到秦王麾下的隋末游侠，在统一战争中的出色表现提升了李世民的威望，那么，及其发动玄武门事变，他们中的许多人更是赴死襄助，最终为李世民称孤道寡赢得地利与天时。

与大唐皇帝们的任侠之风相应和的，是公卿将佐们的游侠情结。历数唐代官吏，很多人身上都具备了任侠的特质：文官之中，张说"敦气节，重然诺"，姚崇"少倜傥，尚气节"，张巡则"有能名，重义尚气节"。武将之中，更是英气满满，侠气纵横。武周朝的郭元振，为人"任侠使气，拨去小节"，深得武则天赏识，被任命为右武卫铠曹参军；此后，郭元振又进献离间计，使得吐蕃发生内乱，并在治理凉州、都护安西时深得军民爱戴。玄宗朝的哥舒翰，同样是一位重诺轻死的任侠之士，史载其少年时常常"纵蒲酒长安市，年四十余，遭父丧，不归"；及至担任河西节度使封河西郡王，他的任侠精神更是体现在对下属及豪杰之士的仗义疏财上，正是因为他的这身侠气，身边才聚拢了一批死士，在数次征战中屡立边功……回望唐王朝这些宰相重臣、封疆大吏的人生轨迹，我们发现，正是少年时代的那份侠骨豪情形成了他们性格中的豪荡之气，进而成就了他们日后在唐史中的位置。

新丰美酒斗十千，咸阳游侠多少年。

相逢意气为君饮，系马高楼垂柳边。

——王维《少年行》

    王维的《少年行》，一共写了四首，此为其中之一。如果说王公贵胄们的崇侠多源自他们的少年时代，那么在盛世长安，这些王公贵胄的公子则将承自父辈的任侠精神演绎得有过之而无不及。他们当中，很多人都轻财好施又勇决使气，喜结豪杰又逞强斗狠。由于承袭祖上门荫，他们一般都能充任京师"三卫"，成为皇家的禁军侍从，正因如此，他们需要通过自己的任侠之举引起皇帝的关注。像出身豪门的诗人韦应物早年就曾在玄宗朝任三卫郎，"交结豪侠，务于速进"；而身为权贵严挺之之子，严武也是"少时仗气任侠"，八岁时曾锤杀父妾，其父不仅不恼，反而大声赞道："真严挺之子！"

    当然，这些唐朝游侠儿的任侠也会带上官宦子弟的劣迹。他们会纵酒豪饮，醉卧长安。《开元天宝遗事》载："长安侠少，每至春时，结朋联党，各置矮马，饰以锦鞯金络，并辔于花树之下往来，使仆从执酒皿而随之，遇好圃即驻马而饮"，其声势可想而知。他们会冶游狎妓，长安著名的平康坊是他们呼朋引伴的常去之地，时人因他们的经常光顾而将平康坊称为"风流渊薮"。他们更是聚众博猎，斗鸡走狗，"锦衣鲜华手擎鹘，闲行气貌多轻忽"是他们眼中潇洒的标准，"东郊斗鸡罢，南陂射雉归"是他们心中应有的游侠样貌……而你也许不会想到，同样是这群招摇过市的轻薄少年，也是出征边塞的主力。在一望无际的瀚海戈壁，他们和边塞游侠儿们一起，冲锋陷阵，慨然赴死，重诺轻命。"长安少年无远图，一生惟羡执金吾。麒麟殿前拜天子，走马西击长城胡。"当他们最终在边塞的烽烟中博取功名，荣归长安，他们心中的任侠目标已然实现。

中唐李德裕在其《豪侠论》中曾云："夫侠者，盖非常之人也，虽以然诺许人，必以节气为本。义非侠不立，侠非义不成。"如果说皇室贵胄们的任侠之风还带有强烈的政治目的，而一些长安游侠的所谓"侠行"也为时人所鄙，那么，真正活跃于大唐民间的底层侠，则是真正的游侠。他们轻生重义，快意恩仇，"暗鸣则弯弓，睊眦则挺剑"，行走于江湖，俨然就是春秋战国时代的"墨侠"。如初唐诗人陈子昂的父亲陈元敬，"瑰玮倜傥，年二十，以豪侠闻，属乡人阻饥，一朝散万钟之粟而不求报"；又如代宗朝吐蕃兵陷京师，长安城内众游侠纷纷出手，他们联合官兵，激昂大义，蹈死不顾，最终击溃吐蕃，收复京城；再如宪宗朝民间侠客胡证，更是不顾自身安危，奋然而出，救时任宰相裴度于群氓之中。最值得一提的，是唐代女侠的仗剑江湖。她们和男侠们一样，崇侠尚武，重义轻死。初唐魏衡妻王氏、邹保英妻奚氏、古玄应妻高氏、盛唐侯四娘、中唐董昌龄母杨氏、杨烈妇、晚唐窦烈女等，或是惩恶除奸，拔刀相助，或是在异族入侵时奋力搏杀，英勇赴死，将唐代女性的刚烈与侠气渲染得酣畅淋漓。这些民间游侠在官方正史中当然会籍籍无名，但正是他们，让唐人的精神之乡变得更加丰沛而充盈！

长安重游侠，洛阳富才雄。

玉剑浮云骑，金鞍明月弓。

斗鸡过渭北，走马向关东。

孙宾遥见待，郭解暗相通。

不受千金爵，谁论万里功。

将军下天上，虏骑入云中。

烽火夜似月，兵气晓成虹。

横行徇知己，负羽远从戎。

龙旌昏朔雾，鸟阵卷胡风。

追奔瀚海咽，战罢阴山空。

归来谢天子，何如马上翁。

——卢照邻《结客少年场行》

纵观有唐一代，浩荡唐风中的崇侠尚武之风从这个帝国肇建之日起就炽烈旌扬，而掀起这股侠风的，除了王公贵胄和闾里细民，还有一个重要的支撑群体，他们就是唐代文人。这个创造了中国诗歌顶峰、开启了中国小说先河的群体，或以托物言志见长，或以吟风弄月知名，但无论诗风文风和生命轨迹多么迥异，都几乎无一例外地将任侠精神熔铸进了字里行间，化成了或激昂或沉静或悲悯或感愤的诗文，正是这些诗文，为唐代的任侠之风加上了最强劲的注脚，定格了一个风华鼎盛的时代！"玉剑浮云骑，金鞍明月弓"，如果我们将"初唐四杰"之一卢照邻的这首《结客少年场行》，作为轰轰烈烈的唐代任侠诗歌的开场，我们发现，这个病魔缠身英年早逝的诗歌天才，实际开启的，是唐代诗人刚健奋扬壮怀激烈的任侠诗歌轨迹。

由此，在"感时思报国，拔剑起蒿莱"的壮烈歌吟中，我们感受到陈子昂的功业意识；在"不求生入塞，唯当死报君"的铿锵誓言中，我们聆听到骆宾王的澎湃心跳；在"宁为百夫长，胜作一书生"的豪迈诗行中，我们触摸到杨炯的生命激情；在"亚夫未见顾，剧孟阻先行"的时空对话中，我们看到李白对古侠的热烈缅想；在"仗剑出门去，孤城逢合围"的江湖行走中，我们发现崔颢的自由个性；在"孰知不向边庭苦，纵死犹闻侠骨香"的高亢呐喊中，我们望见王维的家国情怀……这些不同性格不同身世的诗人，在任侠诗的创作中，都已经将任侠精神化成了一种生命的自觉。他们复原了荆轲、剧孟这些古风之侠，也活画出斗鸡走马的五陵少侠；他们以文字为剑，在长安的里坊巷陌碰撞出铁器的钝响；他们也以思想为翼，飞越黄沙瀚海，朔漠边关。当纵横的侠气弥散于《全唐诗》，我们看到的，是一个拔剑四顾、意气风发的诗人方阵！

唐代诗人中的"侠之大者"，自然要首推李白。生于碎叶，让李白的人生从一开始就浸染了豪放不羁的胡风；长于巴蜀，让李白的任侠精神集纳了竹海的深邃、长江的奔放和蜀山的高峻。在剑客不绝如缕的盛唐，诗人们都在用他们的诗行描绘着心中的剑侠形象，可无论是"重义轻生一剑知，白虹贯日报仇归"也好，还是"白玉鹿卢秋水剑，青丝宛转黄金勒"也罢，都无法超越李白的这首《结客少年场行》：

紫燕黄金瞳，啾啾摇绿鬃。

平明相驰逐，结客洛门东。

少年学剑术，凌轹白猿公。

珠袍曳锦带，匕首插吴鸿。

由来万夫勇，挟此生雄风。

托交从剧孟，买醉入新丰。

笑尽一杯酒，杀人都市中。

羞道易水寒，从令日贯虹。

燕丹事不立，虚没秦帝宫。

舞阳死灰人，安可与成功。

——李白《结客少年场行》

　　在这首剑气蒸腾的诗歌中，我们看到的，是一个剑术高超、纵横江湖的少年侠客形象，而这个形象，又何尝不是李白少年时代的自画像！李白与其他写任侠诗的唐代诗人的最大区别，就是他本身即是一个快意恩仇的侠客。在《与韩荆州书》中，他曾说自己"十五好剑术，遍干诸侯。……虽长不满七尺，而心雄万夫"。崔颢在《李翰林集序》说李白行侠仗义，曾"手刃数人"，而李白自己对曾经的侠义之举也毫不隐讳，且看他这首著名的《侠客行》：

赵客缦胡缨，吴钩霜雪明。

银鞍照白马，飒沓如流星。

十步杀一人，千里不留行。

事了拂衣去，深藏身与名。

闲过信陵饮，脱剑膝前横。

将炙啖朱亥，持觞劝侯嬴。

三杯吐然诺，五岳倒为轻。

眼花耳热后，意气素霓生。

救赵挥金槌，邯郸先震惊。

千秋二壮士，烜赫大梁城。

纵死侠骨香，不惭世上英。

谁能书阁下，白首《太玄经》。

——李白《侠客行》

　　"十步杀一人，千里不留行"，自然是这位浪漫骑士的夸张之词。创下唐代咏侠诗之最的李白，在剑术武术方面也许并没有达到炉火纯青的地步，但其骨子里的任侠精神在唐代诗人中似乎可以推举为首位。他出蜀壮游天下，常常一掷千金，与友人击剑酣歌，从来都是不醉不归，"天生我材必有用，千金散尽还复来"，放眼大唐，这种豪放不羁的任侠精神谁能比得？当蜀中友人吴指南病故中途，李白不顾酷热，为其服丧尽哀，将其葬于洞庭湖畔；几年之后，李白又不顾山高水长，重归洞庭，取回吴指南棺柩，扶其柩安葬于故里。这种义举，在大唐诗人群体之中，能出其右者，又有几人？事实上，当李白将豫让、聂政、鲁仲连这些古风凛然的侠客挫入自己的诗行，这位豪纵一生的诗人也在建构着自

275

己的侠义人格。"事了拂衣去，深藏身与名"，在中国诗人的群像中，李白，留给人们的永远是那个提剑而行心雄万夫的生命剪影！

如果说李白之侠透着"墨侠"的古风，那么与之并称唐诗双生子的杜甫，则是胸怀家国的"儒侠"。不像李白那样精于剑术，也不像李白那样豪放不羁，杜甫对大唐盛行的任侠精神有着自己的理解。生于唐诗最灿烂的时代，杜甫和李白、王昌龄、高适这些卓越的诗人曾经结伴交游，诗歌互答。在李白的剑光起处，他要将一句"痛饮狂歌空度日，飞扬跋扈为谁雄"脱口而出，而面对"驰侠使气"的陈子昂的故宅，他又会生出"公生扬马后，名与日月悬"的赞誉之词。作为生于"奉儒守官"之家的初唐律诗高手杜审言之孙，杜甫一方面恪守"致君尧舜上，再使风俗淳"这样的儒家传统，一方面又希望长缨在手，驰骋沙场，马革裹尸。他曾慷慨激昂地给当时的河西节度使哥舒翰写过十首干谒诗，渴望出塞入幕，立功疆场，也曾在肃宗灵武继位之时，"生还今日事，间道暂时人"，不计生死，打马投奔。这位在盛唐之际以"义"字实现儒侠互补的诗人，在安史之乱社会大动荡时期，更是高扬起"儒侠"之旗。杜甫的"三吏""三别"，是在记录一段诗史，更是在呈现自己对山河破碎的深深忧患，而一句"安得广厦千万间，大庇天下寒士俱欢颜！""吾庐独破受冻死亦足！"则让我们看到了一位儒侠的生命厚度和家国情怀！

当然，除了群星璀璨的唐代诗人，还有许多文人墨客在用他们灵动奇幻的文字铺陈渲染着唐人的任侠精神。如果说初盛唐炽盛的侠风被包裹进了一首首激情澎湃的诗歌，魏晋南北朝侠客们的影子在跳动的诗行中参差互见，那么进入中晚唐，随着安史之乱后的藩镇割据，先秦两汉的抗暴复仇、暗杀行刺则让唐人的任侠精神发生嬗变，而唐代文人也在用他们的笔墨及时而鲜活地记录下这种嬗变。

　　太尉始为泾州刺史时，汾阳王以副元帅居蒲，王子晞为尚书，领行营节度使，寓军邠州，纵士卒无赖。邠人偷嗜暴恶者，卒以货窜名军伍中，则肆志，吏不得问。日群行丐取于市，不嗛，辄奋击折人手足，椎釜、鬲、瓮、盎盈道上，袒臂徐去，至撞杀孕妇人。邠宁节度使白孝德以王故，戚不敢言。

　　太尉自州以状白府，愿计事。……

　　既署一月，晞军士十七人入市取酒，又以刃刺酒翁，坏酿器，酒流沟中。太尉列卒取十七人，皆断头注槊上，植市门外。……邠州由是无祸。

这段文字，节选自柳宗元的《段太尉逸事状》，在这段生动的文字中，段秀实这位不畏强暴、为民除恶的官侠形象跃然纸上，读来令人大呼过瘾。而翻检唐代三十篇侠义小说，我们会发现，除了柳宗元笔下的"官侠"，大部分都是游走于民间的下里巴人。他们往来飘忽，武艺高强，有着很强的恩报观念，《柳毅传》《李龟寿》《无双传》的传主皆如是，其中，《昆仑奴》中所描述的一个下层"奴侠"尤其令人印象深刻。这则传奇讲述了唐大历年间公子崔生与权贵侍妓红绡女一见钟情，却苦于不得相会，崔家有一昆仑奴名磨勒，主人待之素善，得知主人忧郁缘由，遂夜闯权贵府邸，杀死看门犬，背负崔生飞越高墙深院，与红绡女相会，并助二人逃出权贵府，使得两位有情人私结连理。

当然，在唐人传奇中，女剑客的形象更像是一枝带刺的蔷薇，成为唐代文苑中一枝盛放的奇葩。《聂隐娘》中的聂隐娘，是一位活跃于贞元年间魏博的武功高强的剑客，可以在白日杀人于无形，然而在替魏博统帅刺杀陈许节度使刘昌裔时，见刘礼贤下士，遂"反水"成为刘昌裔的忠实护卫，并接连将前来奉命行刺的两位高手精精儿和妙手空空儿击溃，此后，聂隐娘分文不取，隐遁江湖。此外，在《红线》《潘将军》《车中女子》这些传奇小说中，这些武艺高超、行侠仗义的女性形象，也是层出不穷。可以说，活跃于唐人传奇里的这些侠客形象，既有中晚唐任侠精神的嬗变与转型，又有彼时唐代文人的心理寄寓。在唐帝国进入到下行的曲线时，唐人的任侠精神也在和其所处的时代一起，卷集着风云，挟带着雷霆。

梳理纵贯近三百年炽盛的唐人任侠之风，我们看到，上至公卿贵族下至黎民百姓，已然将任侠精神融入自己的骨血之中，侠客们重然诺、急公义、赴国难的精神内核构成了唐人崇侠慕侠的重要元素。那么我们不禁要问，侠行自古有之，为什么会在唐代得到人们如此推崇？构成唐人任侠精神的内在动因又是什么呢？

龙马花雪毛，金鞍五陵豪。

秋霜切玉剑，落日明珠袍。

斗鸡事万乘，轩盖一何高。

弓摧南山虎，手接太行猱。

酒后竞风采，三杯弄宝刀。

杀人如剪草，剧孟同游遨。

发愤去函谷，从军向临洮。

叱咤万战场，匈奴尽奔逃。

归来使酒气，未肯拜萧曹。

羞入原宪室，荒径隐蓬蒿。

——李白《白马篇》

李白的这首《白马篇》，道出了自己对豪侠之士的崇慕，而将这种崇慕变成心雄万夫慨然提剑的侠客行，却源于唐人集休的尚武精神。这个在马背上建立起来的王朝，在近三百年的运行轨迹中，始终征战不断。它与吐蕃的战争断断续续进行了二百多年，而与西域吐谷浑、高昌、焉耆诸小国，与北方契丹、南方南诏等边地政权的冲突，自唐高祖李渊至唐昭宗从来都是摩擦不断。在如此频繁的战事中，唐人的边功意识、尚武精神，自然成为一种集体的社会风尚。他们相信"功名只应马上取"，笃定"纵死犹闻侠骨香"，他们渴望出塞入幕，勇决使气、捐躯报国是他们整体的精神样貌。即便不能像岑参、高适那样真正以从军边塞的切身体验写出狂纵壮魄的诗歌，也要将骨子里对侠义精神的崇慕外化于日常的行为举止之中。"拔剑已断天骄臂，归鞍共饮月支头。"当这股遍及大唐全境的尚武思潮汇聚成气势磅礴的洪流，王昌龄的"握中铜匕首，粉锉楚山铁"我们便不足为奇，而李白的"杀人如剪草，剧孟同游遨"也便自然成为题中应有之义。

如果说全唐的尚武风尚为任侠精神的风靡提供了前提，那么，唐人对复仇意识的褒扬则为任侠精神的弥散制造了浓烈的氛围。从初唐始，复仇精神便作为一种传统为时人称誉。在唐人的意识里，有仇必报，手刃仇敌，不仅不是暴虐之行，反而是正义之举，因复仇而获刑，不仅会赢得人们的喝彩与掌声，更会让朝廷法外开恩，免于死罪，又或不能免死，也要旌其闾墓，以褒孝义。

　　伏以子复父仇，见于《春秋》，见于《礼记》，又见《周官》，又见诸子史，不可胜数，未有非而罪之者也。最宜详于律，而律无其条，非阙文也，盖以为不许复仇，则伤孝子之心，而乖先王之训；许复仇，则人将倚法专杀，无以禁止其端矣。夫律虽本于圣人，然执而行之者，有司也。经之所明者，制有司者也。丁宁其义于经，而深没其文于律者，其意将使法吏一断于法，而经术之士得引经而议也。《周官》曰："凡杀人而义者，令勿仇，仇之则死。"义，宜也。明杀人而不得其宜者，子得复仇也。此百姓之相仇者也。《公羊传》曰："父不受诛，子复仇可也。"不受诛者，罪不当诛也。诛者，上施于下之辞，非百姓之相杀者也。又《周官》曰："凡报仇雠者，书于士，杀之无罪。"言将复仇，必先言于官，则无罪也。

这段文字，出自韩愈的《复仇状》。唐宪宗元和六年（811），有富平县人梁悦者为报父仇而杀人，且自束归罪，听凭发落。因此这起复仇案件涉及"王教之端"的"礼"与"法"，而刑官、有司并无明确的律条作为判决依据，一时竟不知所措，再加之此案影响甚大，遂提交朝廷圣裁。当时宪宗曾专为此下诏作廷议之举，韩愈这篇《复仇状》从伦理和经传上解释了复仇的合理性。想来应当是这篇献议起了作用，杀人者梁悦最终被无罪赦免。而放眼安史之乱后的中唐晚，刺客、复仇者的增多，既与藩镇割据局面下各方势力仿效战国时代"养士"的背景有关，更与从大唐建立之初就形成的人们对复仇意识的褒扬有关。正是这样的社会氛围，让唐人的任侠精神变得浓烈而绵长。

> 少年负胆气，好勇复知机。
>
> 仗剑出门去，孤城逢合围。
>
> 杀人辽水上，走马渔阳归。
>
> 错落金锁甲，蒙茸貂鼠衣。
>
> 还家行且猎，弓矢速如飞。
>
> 地迥鹰犬疾，草深狐兔肥。
>
> 腰间悬两绶，转眄生光辉。
>
> 顾谓今日战，何如随建威。
>
> ——崔颢《杂曲歌辞·游侠篇》

唐人任侠精神的最后一个重要因由，当然离不开这个帝国的开放与包容。游侠历代均有，但作为剑走偏锋的一群，游侠在中国历史的不同时期也在承受着主流社会的排挤与打压。法家代表韩非子在《五蠹》中曾痛斥游侠"以武犯禁"，将其列为危害社会的五种害虫之一。及至两汉，游侠同样是被打压的对象。当历史的脚步踏入唐朝，我们发现，侠文化虽然作为一种野生于民间的文化，难入文化正统，但大唐的开放之姿却让其有了独放的可能。有别于儒、释、道，"侠"的文化内涵中，有离经叛道的不羁与舒张，有义薄云天的豪情与勇决。它不似儒士那样板起说教的面孔正襟危坐，也不像佛道那样远离人间烟火只求清静无为。它生发于社会底层的自带基因注定了它的世俗性，而这种散处江湖快意恩仇的特质，又因为唐王朝开放的政策而得以野蛮生长。尽管唐王朝对"侠"的管制仍然存在，但对"侠"的边界与出口却给予了最大的空间，正是在这个相对自由的空间里，唐代游侠们得以信步江湖，仗剑天涯。作为大唐开放国策的重要表征，边地胡风的导入更为游侠们注入了剽悍刚猛的因子，"五陵年少金市东，银鞍白马度春风。落花踏尽游何处？笑入胡姬酒肆中"。当浩荡的胡风与浩荡的任侠精神实现最深入最酣畅的融合，多元生存背景下的唐人，在儒释道缭绕的香烟之外，已经有了特异于前三者的飘逸灵动的精神之乡。

"相逢意气为君饮，系马高楼垂柳边"，追溯唐人的侠客情结，缅想唐人的任侠精神，我们的眼前，是刀光舞动的盛世豪情，是剑气纵横的大唐长歌，这个侠风炽盛的时代，只属于唐人，只属于大唐王朝！

第五章

盛世之范

吾唐取士最堪夸

众所周知，科举制度由隋至清，历经一千三百多年，在这样一个漫长的时间线上，这项人才选拔制度深刻地影响了中国的政治、社会、经济、文化的各个方面。如果说隋王朝为始于西汉中后期的"察举"制加入了重要的一环——笔试，从而确立了中国科举制度的雏形，那么进入大唐帝国的近三百年时空，科举制度则上承隋制，下启宋制，完成了承上启下的历史作用，成为有唐一代天下士子们重要的入仕途径。

唐代的科举主要分为常科和制举两类，常科是每年举行一次的考试，制举则是皇帝临时下诏的考试。在常科之中，有明经科、进士科、明法科、明算科等十余种科目；制举由于是天子亲自主持的科举考试，更是名目繁多，如贤良方正科、直言极谏科、博通坟典达于教化科、词赡文华科、英才杰出科等，不一而足，约有百余科。显然，进入海晏河清的大唐王朝，已经不像隋炀帝那样步履匆匆。因开掘大运河、东征高丽引得民怨沸腾的隋二世将延揽人才的标准定为"文武有职事者，五品以上，宜令十科举人"，

285

但历史却仅仅给了他十三年的执政时间，在位期间只进行了三次分科考试，真正入仕者更是寥寥无几。继之而起的大唐王朝，却不疾不徐，日臻完善，用了近三百年时间，将选拔人才的科举制度做成了为后世参照效法的标杆。

在常科的考试中，明经科和进士科是科举取士的重要通道。这两科的考试，无论是明经试还是进士试，都需要经历一个重要的关口——帖经。所谓"帖经者，以所习经掩其两端，中间开唯一一行，裁纸为帖，凡帖三字"，要求应试者读出或写出经文的全部。帖经这关过后，明经科与进士科的难易度便出现差别：明经只需口问大义十条，再答时务三道，"精通文理"即可；进士科则需作诗赋各一篇，需剑走偏锋才有可能脱颖而出，在策问的过程中，更要答出五道时务策，对政治、吏治、教化、生产等诸多问题提出对策建议和解决方案，且及第之后，文策要报送中书门下复查，难度可想而知。除了在考试的难易程度上有所区别，在最终的录取人数上，明经科与进士科也是迥异有别，《通典》载："进士大抵千人得第者百一二，明经倍之，得第者十一二。"

既然进士科考试的难度如此之大，那么其在唐代科举取士中的地位自然也要优于明经科等一系列科目。在唐代的重要官职中，进士科出身者占据了相当大的比重。由于进士科的举子们经历了"龙门之跃"，在诗歌文赋上更胜明经科出身的举子们一等，而唐代诏书文件又沿袭六朝之风，强调骈文书写，因此，他们往往被委以为天子代言的翰林学士、知制诰等重要官职，在此后的仕途发展中比明经出身者多了一个晋升宰相的筹码。《唐摭言》载，宪宗朝的二十九位宰相中，有十七人都是进士及第。据学者吴宗国在其《唐代科举制度研究》中的统计，自宪宗至懿宗七朝中，共计有宰相一百三十三人，其中进士出身者一百零四人，占了78%，在敬宗朝甚至占到了100%。当"搢绅皆位极人臣，不由进士者终不为美"成为唐代士人心中的最高标准，我们便不难理解高宗朝宰相薛元超的人生之憾，他尝对人言："吾不才，富贵过人，平生有三恨，始不以进士擢第。"作为隋朝内史侍郎薛道衡之孙，薛元超以门荫入仕，并未经历科举的激烈竞争，对于更加残酷的进士科考试，更是心存敬畏，正因如此，有着"朝右文宗"之誉的他即便为相七载，仍以未能"进士擢第"为憾。我相信，这不是位极人臣的薛元超在"捡便宜卖乖"，他说这句话的时候，一定是出于肺腑。当"三十老明经，五十少进士"成为天下士子们的况怨也好，荣耀也罢，我们看到的，是大唐王朝在科举制度中打破传统士庶观念、放宽出身限制的取士规则。尽管这是一座异常艰难的独木桥，但它毕竟打开了一条寒微之士改变命运的公平通道，它值得唐人尊崇，也值得唐人敬畏。

与常科有规律的一年一考相迥异的，是唐代皇帝们为了待非常之才而不定期举行的制举。《新唐书·选举志》载："所谓制举者，其来远矣。……唐兴，世崇儒学，……而天子又自诏四方德行、才能、文学之士，或高蹈幽隐与其不能自达者，下至军谋将略、翘关拔山、绝艺奇伎莫不兼取。其为名目，随其人主临时所欲，而列为定科者，如贤良方正、直言极谏、博通坟典达于教化、军谋宏远堪任将率、详明政术可以理人之类，其名最著。而天子巡狩、行幸、封禅太山梁父，往往会见行在，其所以待之之礼甚优，而宏材伟论非常之人亦时出于其间，不为无得也。"从这段文字，我们可以得知，由天子亲自招考的制举时间和地点都是临时决定，在人才拔擢上和常科取士相辅相成，互为补充。从《唐会要》的梳理，我们可以得知，自高宗显庆三年（658）至文宗大和二年（828）一百七十年间，共有十个皇帝三十九次开科试制举人，有两百六十七人应制举及第。在这些参加天子之试的应试者中，有下里巴人普通庶民，也有王孙贵胄豪门子弟，有已经明经、进士及第者，也有已经得第得官者。之所以制举能让天下士子趋之若鹜，关键在于，由天子主导的制举在待遇上明显与常科取士不同，当来自四方八方的士子们齐聚于含元殿、勤政楼、宣政殿这些代表着皇家威仪的殿试之地，得以一睹龙颜，接受九五之尊的检阅，这种仪式感本身就提升到了一个至高无上的层次。

> 延英引对碧衣郎，江砚宣毫各别床。
> 天子下帘亲考试，宫人手里过茶汤。
> ——元稹《自述》（一作王建《宫词》）

元稹的这首《自述》诗，描摹的正是自己于唐德宗贞元年间在大明宫延英殿登制举才识兼茂明于体用科时的场景。因为是天子亲招，考生们不仅可以享受到御膳坊的赐食，感受"宫人手里过茶汤"的殊荣，甚至如果考试过晚，还可以在兵士的护送下去皇家寺院中住宿。《唐会要》载："元和三年三月敕，制举人试讫，有通夜纳策、计不得归者，并于光宅寺止宿。应巡检勾当官吏，并随从人等，待举人纳策毕，并赴保寿寺止宿。仍各仰金吾卫使差人监引，送至宿所。"从这段文字中，我们完全可以想象出这样一幅画面：当白天在殿试中笔走龙蛇的举子们经历过神圣的"天子下帘亲考试"，于日落月升之际，被兵士们前呼后拥地护送到佛国禅寺之中，在笃笃的木鱼与佛号声中宿于精舍，仰望星斗，那一夜对于他们而言，一定是个不眠之夜。他们知道，当一朝制举登第，他们将有别于常科举子，成为"天子门生"，而天子也将成为他们至高无上的"座主"，这样的殊荣，岂是常科举子所能拥有？

当然，对于能够过关斩将通过制举登第的举子们而言，最大的诱惑还是可以迅速地得到美官。常科登第者，无论是明经试还是进士试，都只是拿到了一张晋身官场的入场券而已，真正被授予官职，还要继续经过礼部严苛的考试，考试通过后才能"释褐"晋身仕途。即便被授予官职，也不过是官俸微薄的校书郎、具尉、主簿之类的九品小官，甚至许多士子登第后十余年仍未获朝廷俸禄者也是大有人在。制举则与常科不同，一朝通过天子之试，即会马上被授予官职，无需通过礼部的考试、吏部的铨选，已有官职者可依原官升迁，没有官职者则会立刻有官做。正因如此，制举便成为很多"考试型选手"快速晋升的通道，他们往往多次参加制举，登第之后，仕途也会比同僚更加平步青云。像张九龄，在高中进士后，始任校书郎，后以道侔伊吕科策高第，迁为左拾遗，正是制举为这位玄宗朝的首辅之臣开辟了快速的升迁之路。

当然，越是接近塔尖，难度也就越大。尽管制举科目众多，但因其是天子之选，再加之考试时间的临时性和不确定性，真正制举登第者寥若晨星，总共持续了一百七十多年的大唐制举，加起来开科不过几十次而已，每次录取登第者仅仅数名。正因如此，天下士子们还不敢完全将青春仕途押在制举上，常科才是他们心中的正途。无论是常科也好，制举也罢，近三百年的磨合精进，已经足以让大唐遴选人才的科举制度不断完善。当"朝为田舍郎，暮登天子堂"成为天下读书人的共同理想，当"野无遗贤"成为历代唐帝们所标榜的执政功业，科举，已然成为大唐烛照后世的灯火，熠熠生辉。

众所周知，唐诗是中国文学史上一道高耸的里程碑，在这个王朝运行的近三百年间，灿若群星的诗人们将他们的悲欢喜乐、生命豪情、离愁别绪统统挫入笔端，构成了风格多元、数量庞大的诗歌方阵，遗存下来的近五万首诗歌，比西周到南北朝一千六百多年的诗歌总和还要多出两三倍。那么，促成唐诗繁荣的推手是什么呢？科举制度，无疑在其中起到了巨大的推动作用。

"曩主司取与，皆以一场之善，登其科目，不尽其才。陟先责旧，乃令举人自通所工诗笔，先试一日，知其所长，然后依常式考核，片善无遗，美声盈路。"这段记录于《旧唐书》的文字，与开元年间一位叫韦陟的礼部侍郎有关。开元二十九年，担任礼部侍郎的韦陟基于自大唐开国之日起科举考试都是"以一场之善，登其科目"，只凭一场科考定输赢，难以全面考察举子们的素质水平，遂建议令进士科的举子在科举考试之前，先要交上自己平日得意的诗作，作为考察他们综合水平的一个重要指标。韦陟的这个建议很快就获得了朝野的普遍认同，唐代科举考试在开元年间出现了变化，"行卷"，由此成为唐代科举考试的一个重要标签。

著名学者程千帆先生认为，行卷"就是应试的举子将自己的文学创作加以编辑，写成卷轴，在考试以前送呈当时在社会上、政治上和文坛上有地位的人，请求他们向主司即主持考试的礼部侍郎推荐，从而增加自己及第的希望的一种手段"。由于唐代科举考试不像后来宋代的科举考试采用糊名制，为了加大自己登第的概率，举子们在考前要完成的一项重要的工作，就是将自己最得意的诗文提前交给主司也就是知贡举过目。如果行卷交不到知贡举手里，也要想方设法交给由知贡举邀请的指定阅卷人——"通榜"者手中，或者叩开朝中权贵、学界名流之门，总之，就是要通过自己的一纸行卷，赢得主考官的好感，获得有话语权的"评委"们的汲引，从而为自己迈向科场之门增一分信心，添一分希望。"行卷之礼，人自激昂以求当路之知。其无文无行乡间所不齿，亦不敢妄意于科举。"当考前的投卷成为大唐举子们科举前必须经历的步骤，当此后的"温卷"成为继续给自己加分的砝码，不断推陈出新的诗歌创作，势必成为题中应有之义。

越女新妆出镜心，自知明艳更沉吟。

齐纨未是人间贵，一曲菱歌敌万金。

——张籍《酬朱庆余》

中唐诗人张籍的这首《酬朱庆余》，背后引出的是一段唐代举子行卷过程中的佳话。彼时的张籍，不过是一个负责水利工程的小官，但他写给举子朱庆余的这首应和之作却为其铺平了行卷的通途。即将奔赴科场的朱庆余是在惴惴不安中向好友张籍递上自己的《闺意献张水部》一诗的："洞房昨夜停红烛，待晓堂前拜舅姑。妆罢低声问夫婿，画眉深浅入时无。"这个朱庆余很有意思，他知道张籍位卑言轻，并非自己行卷的对象，但因为他当时曾得到在朝中担任要职的韩愈的引荐，又与白居易、元稹等人素有交往，于是索性就在诗中将自己比作了新娘，希望让张籍帮着给自己的诗歌把把脉，看看是否合乎韩愈、白居易这些"舅姑"们的味口。张籍自然领会其意，在给朱庆余的和诗中直言"齐纨未是人间贵，一曲菱歌敌万金"，暗示他增强自信，美丽的越女并不是靠华贵的服饰，一曲悠扬的采菱歌就可"敌万金"！在用诗歌回复了朱庆余后，张籍也很够朋友，热心帮助朱庆余精挑细选了其最得意的26首诗作，形成了一纸清新隽永的行卷，遍传于朝中文学名流之手，从而为朱庆余的科举趟平了道路，最终如愿登第。

其实，朱庆余与张籍的故事折射的正是科举行卷过程中那份真诚的文人之交。回望大唐三百年岁月，这样的故事可以说不胜枚举。少年气盛的白居易，如果没有顾况的推荐，不可能声震长安；后来成为牛党领袖的牛僧孺，如果没有韩愈的提携，不可能晋身仕途；中唐重要的古文家李翱，如果没有唐代古文运动健将梁肃的汲引，不可能跻身名流；而杜牧在大和二年的进士考试中，如果没有得到太学博士吴武陵向礼部侍郎崔郾的极力引荐，更不会金榜题名。"崔群之第缘梁肃，杜牧之第缘吴武陵，李商隐之第缘令狐绹，卢肇之第缘李德裕"，可以说，大唐举子们在走向科场前的行卷，打通的不仅是自己的进身之阶，更促成了一次次大唐文人的风云际会。当然，不可否认的是，行卷之风中，也充满了卑微与倨傲，落魄与阴暗，但我们更应看到大唐不存芥蒂的文人之谊和唯才是举的代际传承，当韩愈、张籍、朱庆余这样的庶族寒门通过接力式的相互提携，共同构成大唐科举路上令人啧啧称叹的风景，谁又能说，行卷，不是促成唐诗繁盛的有力助推呢？

作为科举之前的一个重要步骤，行卷之风激发了大唐举子们创作的潜能；在科举考试中加入的诗赋之试，更让文学的力量渗透到一个王朝的大考之中，直接影响了文学创作风气的盛行。大唐肇建之初，科举考试还只考策文；及至高宗末年，进士科的杂文已经专用诗赋；到了玄宗朝，以诗取士的制度已经被确立下来，在诗赋的题目上，要求考生描绘佳物美景，太平盛世，在格韵的要求上，也有具体的标准，诗要求是五言律诗，六韵十二句，赋则要写三百五十字以上，以八个字的一句话来作为全赋应押的韵。

善鼓云和瑟，常闻帝子灵。

冯夷空自舞，楚客不堪听。

苦调凄金石，清音入杳冥。

苍梧来怨慕，白芷动芳馨。

流水传潇浦，悲风过洞庭。

曲终人不见，江上数峰青。

——钱起《省试湘灵鼓瑟》

钱起的这首《省试湘灵鼓瑟》，正是其于天宝十载参加进士考试时的试帖诗。尽管科举考试的诗赋都限定了题目和内容，又对声韵的要求极为严苛，但这位江南才子却调动起自己的所有才情，即席创作了这首脍炙人口的名篇。据说当时的主考官李玮在看了钱起的这首诗后，不禁"击节吟咏久之"，认为"是必有神助之耳"，尤其最后两句，"曲终人不见，江上数峰青"，更被其视为绝唱。才华横溢的钱起在这次科举考试中凭此诗进士及第，晋身仕途。在此后的岁月中，他依然文风倜傥，笔意纵横，被誉为"大历十才子之冠"。

终南阴岭秀，积雪浮云端。

林表明霁色，城中增暮寒。

——祖咏《终南望馀雪》

钱起用自己的才情在科举的试帖诗中"戴着镣铐跳舞"，脱颖而出；同样是写科举的试帖诗，祖咏这首《终南望馀雪》，则"挣脱了镣铐"，完成了自己率性洒脱的"独舞"。按照规定，当年的举子们需结合文题"终南望馀雪"，写出一首六韵十二句的五言长律，但自负才名的祖咏却只写了四句便搁笔。在他看来，"终南阴岭秀，积雪浮云端。林表明霁色，城中增暮寒"四句，已足够描摹出终南山的雪景和雪后增寒的感受，再加一字便是画蛇添足。追求完美的祖咏由于坚持不按套路出牌，没能被当年的科举录取，但其不羁的才情却并未被埋没，开元十二年（724），他还是凭借自己明丽的诗文高中了进士。当年他的那首《终南望馀雪》，也成为大唐三百年科举应试中的一道亮色，及至清代，诗词理论家王士禛在其《渔洋诗话》中，仍将他的这首诗和陶潜的"倾耳无希声，在目皓已洁"、王维的"洒空深巷静，积素广庭宽"等并列，称为咏雪的"最佳"之作。奔走于场屋之中，祖咏，让唐代科举多了一分文学之美，也让应试诗在严格的格韵标准下，多了一分大唐文人的自信与潇洒。

　　　　吾唐取士最堪夸，仙榜标名出曙霞。

　　　　白马嘶风三十辔，朱门秉烛一千家。

　　　　都说联臂升天路，宣圣飞章奏日华。

　　　　岁岁人人来不得，曲江烟水杏园花。

　　　　　　　　　　　　　　——黄滔《放榜日》

　　如果说科举考试对诗文创作还有着严格的限定，那么，当放榜之日到来，大唐举子的才思和多年寒窗苦读的情绪积淀则被彻底释放出来，"吾唐取士最堪夸，仙榜标名出曙霞"，晚唐诗人黄滔这首《放榜日》，正是在其历经二十多年科场蹭蹬终于登第之后，在诗歌中酣畅淋漓的情绪表达。每年二月，是唐代进士的放榜时间，放榜的地点，就在礼部南院的东墙之下。彼时，冬未尽春未来，但应试举子们的心中早就升腾起了希望的火苗，而礼部东墙下的那纸摄人心魄的榜单，就是他们望眼欲穿的生命所系。多年的秉烛夜读，悬梁刺股，在这一天，将会最终有一个结果。当榜单赫然出现了自己的名字，也便"仙榜标名出曙霞"，成为自己的升仙时刻，蓬莱、瀛洲也好，鹤侣、丹台也罢，都会被飘飘欲仙的登科举子们挫入诗行。"蓬山皆美成荣贵，金榜谁知忝后先"，这是戈牢在进士及第后用诗歌感谢主考官王起；"二十五家齐拔宅，人间已写上升名"，这是王贞白在通过御试之后表达自己"由凡入仙"的兴奋；"蓬瀛乍接神仙侣，江海回思耕钓人"，这是袁皓在金榜题名后以修道成仙自喻……毫无疑问，一纸榜单，让榜上有名的举子获得了人生最大的幸福与满足，也让压抑多年的情绪在诗歌中找到了一个肆意喷薄的出口。

当然，有人得意，就会有人失意，悬殊的录取比例，苛刻的审核标准，激烈的竞争程度，使得最终能蟾宫折桂、"名在丹台"者凤毛麟角，大多数的士子在看过伤心的榜单之后，还要重回起点，继续开始日复一日的寒窗苦读。但失意的文字却更能沉淀成岁月的经典：如果没有在科举落第之后的那份难以排遣的失意，张继不可能凭借那句"月落乌啼霜满天，江枫渔火对愁眠"，成为一座枫桥的千年主宰；如果没有孟浩然在放榜之日的名落孙山，谁又能从"欲寻芳草去，惜与故人违"的诗境中还原出他与好友王维长安依依惜别的影像？事实上，无论得意也好，失意也罢，大唐的科举之路，也是唐诗的绽放之路，当一批又一批大唐举子们在科场之上巧思宿构，在放榜之日释放才情，科举，已然成为令大唐文风浩荡、文采灿然的催化剂。

放榜之日的喜悦，冲荡开举子们压抑的心宅，随之而来的一系列庆祝活动，更将新科进士们彻底带入全城狂欢的氛围中。这种浓烈氛围当然离不开朝廷的推动，但真正将科举之后的狂欢渲染到极致，却是整个长安城及至整个大唐社会对科举功名的集体追慕使然。

> 及第新春选胜游，杏园初宴曲江头。
>
> 紫毫粉壁题仙籍，柳色箫声拂御楼。
>
> 霁景露光明远岸，晚空山翠坠芳洲。
>
> 归时不省花间醉，绮陌香车似水流。
>
> ——刘沧《及第后宴曲江》

刘沧是宣宗大中八年（854）进士。《唐才子传》载，他屡举进士不第，得第时已白发苍苍。正因如此，我们才可以想见他"归时不省花间醉，绮陌香车似水流"那份不能自持的得意神情。事实上，礼部放榜一朝登第之后，新科进士们在眼花缭乱的各类社交礼仪和欢宴活动中，没有人会保持清醒。及第的举子们彼时与主考官之间，已经成为"座主"与"门生"的关系，在向座主谢恩之后，他们会被带领去尚书省都堂参谒宰相，是为"过堂"。行过拜谢之礼、表达报恩之情后，他们便会奔赴朝廷在曲江之畔举行的盛大的曲江宴。开宴之日，新科进士们都要身着白色麻布袍衫，皇帝则会登临紫云楼垂帘与之同庆。一时间，曲江两岸车水马龙，临街商铺人声鼎沸，教坊丝竹之声不绝于耳，酒肆推杯换盏之声此起彼伏。当然，最令新科举子们心旌摇曳的，还是荣耀至极的"杏林宴"，在那里，他们可以大快朵颐，纵情豪饮。如果姿容俏悦，英俊魁梧，还有可能成为同科进士们的"探花使"，骑上高头大马，遍采名园名花，成为全长安城瞩目的焦点。在一年一度的"杏林宴探花宴"上，能有这种殊荣的仅有两人，韩偓、翁承赞都曾策马御风而行，迎迓过沿途人们艳羡的目光，"深紫浓香三百朵，明朝为我一时开"，更是成为翁承赞得意之情的诗化注脚。没有当上"探花使"的及第举子们心也跟着"探花使"一路飞驰。当46岁才进士及第的孟郊写下"春风得意马蹄疾，一日看尽长安花"的诗句，长安争奇斗艳迎风盛放的牡丹花，已经成为大唐新科进士们最难忘的生命记忆。

放榜之后的曲江之滨，新科进士们是官办盛宴上的主角，也是民间欢宴中的重要构成。各类民间欢宴被赋予了不同的主题不同的名头。闻喜宴，是新进士们初发榜时的宴饮活动；月灯打球宴是在月灯阁打马毬，然后去千佛阁痛饮；牡丹宴自然离不开花间把盏，嗅蕊闻香……尤其值得一说的是关宴。所谓"关宴"，是指在吏部关试之后举行的宴饮活动，这是唐代新科进士们庆祝金榜题名的高潮，也是曲江之宴最热闹的时刻。这些林林总总名目近十种的宴饮活动，延宕着及第士子们的喜悦，也让商家们赚得盆满钵满。《唐国史补》载，曲江大会"泊大中、咸通已来，人数颇众。其有何士参者为之酋帅，尤善主张筵席。凡今年才过关宴，士参已备来年游宴之费，由是四海之内，水陆之珍，靡不毕备"。

《唐国史补》中提到的这位何士参，可以说是曲江宴的总管，他聚拢了长安一干人等，组成了个"进士团"，专门负责筹办新科进士们的宴游活动。自放榜之日起，他就率领他的"进士团"为及第进士们的大宴小宴忙得不亦乐乎。新科进士的每一次宴饮都是凑份子的，很多时候都是这位何士参"热心"垫付，但到了最高潮的关宴，那些欠了酒账的进士一个都跑不了，都得将欠账结清，用《南部新书》的话说，就是"盖未过此宴，不得出京，人戏谓'何士参索债宴'"。独家包办一系列的宴饮活动自然让这个何士参和他的"进士团"获利丰厚，但金榜题名的举子们同样也乐得"被宰"，毕竟，这是自己人生的巅峰时刻，此时不醉一回不狂一回，更待何时呢？

当然，伴随金榜题名这一巅峰时刻的，不仅有美酒，还有佳人。每年的放榜之日，也是士家大族榜下择婿的好日子，而在觥筹交错的曲江之宴上，每一个"新鲜出炉"的"白衣卿相"，都有可能成为世人追逐的目标。"曲江之宴，行市罗列，长安几于半空。公卿家率以其日拣选东床，车马阗塞，莫可殚述。"这段出自《唐摭言》中的文字，形象地记录了在曲江宴中公卿贵胄之家物色金龟之婿的场面。其实，这正是唐人追慕科举功名在婚姻问题上的折射。有唐一代，很多新科举子的放榜之日，也是确定自己婚姻大事的日子。贞元十四年（798）的进士独孤郁，被朝中重臣权德舆看上，欣然"以子妻之"，着实令宪宗羡慕不已，直言"我女婿

299

不如德舆女婿"。宣宗朝的宰相白敏中同样爱慕科名,将出身酒肆之家的及第进士陈会引为东床快婿。当科举深深地影响着人们的婚姻观念,春风得意的及第举子们自然成为最佳的择偶对象。

昔年将去玉京游,第一仙人许状头。

今日幸为秦晋会,早教鸾凤下妆楼。

——卢储《催妆》

卢储的这首《催妆》,是他状元及第后写给新娘的一首诗,他的美丽俏佳人不是别人,正是我们在前面提到的中唐古文家李翱的千金。据《太平广记》载,当年李翱出任江淮郡守时,卢储曾向其投卷,李翱之女看罢心生爱慕,对李翱断言:"此人必为状头。"结果次年放榜,卢储果然状元及第。早就被李翱预定为婿的卢储在一朝"释褐"之后,很快迎来了自己人生的幸福时刻——和李翱的女儿喜结连理。"昔年将去玉京游,第一仙人许状头。今日幸为秦晋会,早教鸾凤下妆楼。"当高中状头的卢储在经历大唐婚俗的一个有趣环节——催妆时,相信充溢在这位因科举改变命运的清贫书生心中的,一定是满满的幸福感。

"书中自有黄金屋,书中自有颜如玉",唐代科举制度的发展与成熟,带动的是整个大唐社会各阶层读书的热情。当垂髫小儿的开蒙皆从诗词歌赋、儒家经典起步,形成"五尺童子耻于不闻文墨"的社会风气;当学馆的"生徒"、州县的"乡贡"成为大唐科举制度之下源源不断的生源,共同会聚京师,参加声势隆重的礼部省试；当无论士庶少长、贫寒富贵都云集科场，"耻不以文章达"，将科举视为人生正途，大唐近三百年历史，已然将科举制度不断夯实，深深烙印在这个王朝社会、政治、经济、文化的方方面面，成为后世王朝师法沿袭的重要匡范！

是的，走在唐代科举制度的历史影像之中，我们看到的，是唐人在行卷过程中的风云际会，是赴试过程中的奔放才情，是放榜之日的志得意满，是曲江之宴的高光时刻，是缔结姻缘的吉日良辰。当他们在高耸的慈恩塔上镌刻下自己的名字，我相信，漫漶的只是时间，而那段光荣岁月已成为大唐史册的重要章节，伴着历史的风铃，铮铮作响……

挥毫落纸如云烟

在璀璨夺目的唐代艺术门类中，书法艺术的光芒无疑是最耀眼的。唐代的楷、行、草雄秀茂美，唐代的篆、隶同样别开生面，五体繁荣成为大唐书法艺术的重要表征；一批独领风骚开宗立派的书法大家是大唐书法艺术的闪亮星斗。对此，欧阳修曾云："书之盛，莫盛于唐。"朱熹也说："字学至唐最盛。"在这个王朝的肇始、兴盛与衰没过程中，书法艺术有如一条灵动的墨线，横贯了近三百年历史云烟，又有如眩目的标杆，高插在唐王朝的各个时间节点之上。

创造这个黄金时代的首功，非唐太宗李世民莫属。这位马上天子在和父兄一起扫除割据势力、荡平天下群雄、上演禁门喋血之后，很快就由一位赳赳武夫向着定鼎安邦的治世之君嬗变。随着国力的日渐强盛，贞观这个年号的声誉日隆，唐太宗在弓马之外的兴趣也被广有四海的他无限地放大开来。他写诗，六朝华丽的文风在他的诗歌中呈现出更加绮丽的气象；他歌舞，气势恢宏的《秦王破阵乐》，被他在铿锵阳刚的舞步中融入"水能载舟，亦能覆舟"的治世理念；更重要的一点，是他对书法艺术的酷爱。唐太宗的书学理论极为深厚精到，对唐代以至后世的书法创作影响颇深。在他看来，"字以神情为精魂，神若不和，则字无态度也。以心为筋骨，心若不坚，则字无劲健也。以副毛为皮肤，副若不圆，则字无温润也"，进而指出，运笔"太缓者滞而无筋，太急者病而无骨，横毫侧管则钝慢而肉多，竖笔直锋则干枯而露骨"。能将书法创作心得形成如此形象而准确的理论，对于一代君主而言，实属难得。他丰富的临池经验，更让其书迹《温泉铭》《晋祠铭》《屏风书》等被收入有着历代法帖之冠称誉的《淳化秘阁法帖》之中，成为传世的经典。尤其是他在贞观二十年正月的大雪之夜一挥而就的《晋祠铭》，在强化以德治国理念的同时，将遒劲有力的笔法和气势如虹的王气贯穿其中，成为中国书法史上最早以行书入碑的名作。清代文学家杨宾认为，《晋祠铭》"绝以笔力为主，不知分间布白为何事，而雄厚浑成，白无一笔失度"。清代史学家、汉学家钱大昕则云，《晋祠铭》"书法与怀仁《圣教序》极相似，盖其心摹手追乎右军者深矣"。

"盖其心摹手追乎右军者深矣"，钱大昕的这句评语，直接道出一代著名书家——王羲之对这位贞观天子在书法艺术上的巨大影响。史载，唐太宗对王羲之推崇备至，将王羲之奉为"尽善尽美"的典型。他曾亲为王羲之作传，云"所以详察古今，研精篆素，尽善尽美，其惟王逸少乎！观其点曳之工，裁成之妙，烟霏露结，状若断而还连；凤翥龙蟠，势如斜而反直。玩之不觉为倦，览之莫识其端。心摹手追，此人而已。其余区区之类，何足论哉！"

唐太宗不仅以自己的九五之尊直接将东晋书法大家王羲之推上了神坛，使其成为独步翰墨的"书圣"，自己也"万机之余，不废摹仿"，"翰墨所挥，遒劲妍逸，鸾凤飞翥，虬龙腾跃"。与此同时，唐太宗还广泛搜罗历代书家书迹。沈括曾说："唐贞观中，购求前世墨迹甚严，非吊丧问疾书迹，皆入内府。"尤其是求购王羲之书迹，唐太宗更是不计成本。史载："贞观十三年，敕购求右军书并贵价酬之，四方妙迹，靡不毕至。""大王真书惟得五十纸，行书二百四十纸，草书两千纸，并以金宝装饰"，尤其是搜得《兰亭序》后，更是"置于座侧，朝夕观览"。"兰亭茧纸入昭陵，世间遗迹犹龙腾。"当这位以贞观之治彪炳史册的大唐君主最终将王羲之用茧纸书写的《兰亭序》真本带入昭陵，相信临右军"殆于逼真"的他，在生命的最后时刻，除了回溯自己值得骄傲的帝王生涯，一定相信会在九泉之下与他心中的"书圣"实现最推心置腹的切磋与对话。

唐太宗李世民对书法艺术的酷爱，带动起的是有唐一代君主书法创作的热情。据马宗霍《书林藻鉴》载，唐代二十一帝中，有十六帝钟情于书法：高宗李治"雅善真草隶飞白"，女皇武则天"行书有丈夫气"，睿宗李旦"工草隶书"，玄宗李隆基"善八分书"，肃宗李亨"行书亦有家法"，代宗李豫"于行书益工"……当这些大唐君主在宣纸上纵情挥毫，笔走龙蛇，我们看到的，是"太宗之学"的代际传承，是皇权边缘的艺术之光，诚如《宣和画谱》所云："唐以文皇喜字书之学，故后世子孙尚得遗法。"

历代唐帝对书法艺术的嗜爱，带动的是整个大唐规制的配套执行。有唐一代，书法已然成为科举取士、铨选官吏的重要指标。唐代国子监明确将书学与国子学、太学、四门学、律学、算学一起，构成六学，并于书学设书学博士二人，助教二人，典学二人，生员三十人，其他诸学则要求"学书日纸一幅"；同时对贵族子弟居多的弘文馆、崇文馆两馆学生也要求"楷书字体，皆得正详"。在官吏铨选的规制上，对各科举子的书法也有严格的标准："凡择人之法有四：一曰身，体貌丰伟；二曰言，言辞辩证；三曰书，楷法遒美；四曰判，文理优长。"从这条标准中，我们可以看出，举子们的书法能否做到"楷法遒美"，已经成为其能否"释褐"晋身仕途的一个重要考量。在官员岗位的设计上，唐中央政府同样也将"写得一手好字"的官员纳入特别的编制序列中。三省六部的各级机关都有专职执掌书法的官吏，如主书、书置、书令史、典书、拓书手、楷书手等，自唐太宗始，更是专设"侍书"一职，与侍读、侍讲一样，备皇帝顾问及辅导太子、公主、诸王书法，俨然帝师。放眼有唐一代，"张官置吏以为侍书，世不乏人"。史载："太宗尝谓侍中魏徵曰：'虞世南死后，无人可以论书。'徵曰：'褚遂良下笔遒劲，甚得王逸少之体。'太宗即日召令侍书。"晚唐穆宗在位，闻柳公权书法知名，立即召见之，说："我于佛寺见卿笔迹，思之久矣。"特拜其为右拾遗，充翰林侍书学士，此后，柳公权在侍书这个位置上又经历了敬宗和文宗二帝，以侍书见用，荣宠三朝，可谓显赫至极。

皇帝们的一己之好，很快就会演变成为全社会的整体追求，而唐太宗李世民不惜重金搜罗王羲之书迹，更是带动了贞观朝以至后世唐人对书法收藏的狂热追逐。史载"钟绍京嗜书画，如王羲之、献之、褚遂良真迹，藏家者至数十百卷"；韦述家藏"魏晋以来真迹数百卷"；王涯家藏"数万卷，侔于秘府"，为了得到前代法书，他甚至以"厚货"与"官爵"诱之。可以说，正是大唐历代皇帝们对书法艺术的爱好，使得唐人在三百年间收藏之风赓续不绝，民间藏家更是层出不穷。当然，再富甲天下的收藏家也不会高过拥有至高无上皇权的皇帝们，皇帝手中生杀予夺的大权，决定了他们处在书迹收藏这条"食物链"的最顶层。为了得到名家墨迹，他们不仅会不计成本，更会给进献墨宝者高官嘉奖。关于这方面的事例，史料记载颇多：虞世南进呈《孔子庙堂碑》，唐太宗赐其王羲之黄金印一颗；裴行俭在绢素上为唐玄宗写《文选》，玄宗对其"赍物良厚"；萧祐将钟、王遗法和萧、张笔势订为二十卷编序真伪上呈，得到宪宗嘉奖；宣宗召高闲"对御草圣，遂赐金袍"；亚栖草书于殿前，昭宗"两赐金袍"……当这些善书的朝臣以自己遒劲有力的书法或雄秀茂美的名家真迹博得皇帝的欢心，荣宠自不必说。

　　　　沧洲动玉陛，宣鹤误一响。

　　　　三绝自御题，四方尤所仰。

　　——杜甫《八哀诗·故著作郎贬台州司户荥阳郑公虔》（节选）

　　杜甫的这首诗，写的正是他的好友郑虔。据传郑虔诗书画俱佳，曾被唐玄宗称为"诗书画三绝"，所谓"三绝自御题，四方尤所仰"，说的便是经由玄宗御题，郑虔名声大噪，不仅成为玄宗为其专设的"广文馆"博士，更是成为世间景仰的大家。当大唐三百年间，越来越多的翰墨名流凭借自身书法优长跻身官场，受到皇帝垂青而一路官运亨通，我们看到，正是皇权的助推，让唐人从阡陌乡野到宫廷王府，从黎庶百姓到达官贵人，都以笔意纵横为傲，形成了大唐社会浓郁高涨的学书之风。

自魏晋以来，唐代书法艺术无疑创造了一个让后世宗法与仰视的高峰，在这座高峰之上，我们看到的是活跃在初盛中晚各个时期的名流大家。在儒、释、道、墨成为唐人精神之乡的同时，这些行走于黑白之间的书家也将唐人的精神信仰融入翰墨，挫入笔端，凝聚成唐代书法艺术的精髓，贯穿起唐代书法艺术的气脉。在五体繁荣、争奇斗艳的唐代书法园地中，楷书与草书，无疑代表了唐代书法的最高成就。当以欧阳询、褚遂良、颜真卿为代表的楷书大家不断丰富楷法，历经"唐楷三变"，最终使大气磅礴的"唐楷"成为后世难以企及的高峰；当以张旭、怀素为代表的狂士用纵横奔放的草书外化出浪漫舒张的盛唐气象，书法艺术，已经不仅是唐王朝的骄傲，更成为可堪垂范后世的耀目标杆。

索头连背暖，漫裆畏肚寒。
只因心浑浑，所以面团团。
——欧阳询《与欧阳询互嘲（询嘲无忌）》

307

这首诗是被誉为"唐人楷书第一"的欧阳询所作，因为相貌丑陋，欧阳询曾被权臣长孙无忌以诗嘲笑："耸膊成山字，埋肩不出头。谁家麟阁上，画此一猕猴。"这个欧阳询也没客气，当即就写了这首诗回敬了长孙无忌："索头连背暖，漫裆畏肚寒。只因心浑浑，所以面团团。"试想一下这两位贞观时期的同僚，相互就各自的外貌特点写诗开玩笑，也挺有趣。千年以后，透过《全唐诗》的纸背，我们仿佛还能看见两人唇枪舌剑争得面红耳赤的画面。

欧阳询相貌虽丑，但这位由隋入唐的初唐四大家之首，却以其雄秀险绝、骨架刚劲的"欧体"冠绝有唐一代。史载，欧阳询习书相当痴迷，年轻时有一次骑马无意看到一通古碑，为晋代著名书家索靖所写。欧阳询如获至宝，下马站于碑前反复揣摩，不觉天色已黑，于是索性席地而卧，睡在了石碑旁，待到第二天醒来，继续心摹手追，一连在石碑前驻足数日方才离去。从这则轶闻，我们能够感受到欧阳询精研书法艺术的那份执着，事实上这位有着家族灭门血腥记忆的一代书家，已将生死历练注入其楷书严谨克制的法度和暗藏险峻的笔力之中。受到北碑书风影响，欧阳询书法堪称"金刚瞋目，力士挥拳"，重金购得王羲之《指归图》，又成就了其刚正险劲的书品：他的《九成宫醴泉铭》碑，素有"楷书第一"之称，因历代捶拓者众，书迹也模糊漫漶；他的《化度寺碑》，曾因宋人范雍临摹数日，让寺僧误以为碑中有宝，砸碎求之；而他的书法艺术理论，更是形象而具体——"、如高峰之坠石；乚如长空之新月；一如千里之阵云；丨如万岁之枯藤；乀如劲松倒折，落挂石岩；㇆如万钧之弩发；丿如利剑断犀角；乀一波常三过笔。"当"欧体"成为初唐流行的范本,"人得其尺牍文字,咸以为楷模。高丽甚重其书,尝遣使求之";当唐太宗将其奉为师长和书坛第一,并于其八十四岁去世时当廷痛哭:欧阳询,已经凭借其在书法造诣上的出凡入圣赢得了唐人的集体尊敬。

如果说欧阳询的"唐楷"是以继承为主,法度森严,那么到了褚遂良,则逐渐跳出隋楷,上承钟、王、欧、虞,下启张旭、鲁公,成为"唐楷"发展中的重要一环。

作为继魏徵之后,初唐政坛上与岑文本、马周、长孙无忌齐名的风云人物,褚遂良的名字与忠诚耿直紧紧联系在一起。他是秉笔直书的起居郎,当唐太宗问他:"朕有不善,卿必记邪?"他的回答斩钉截铁:"守道不无守官,臣职载笔,君举必书!"他是唐太宗东征高丽的极力劝谏者,尽管他的忠言并未被采纳,大唐的东征之师也无功而返,但褚遂良的政治远见绝对可堪旌表;他是唐太宗病榻之侧的托孤之臣,唐太宗弥留之际,曾对褚遂良及长孙无忌说:"卿等忠烈,简在朕心。昔汉武寄霍光,刘备托诸葛,朕之后事,一以委卿。太子仁孝,卿之所悉,必须尽诚辅佐,永保宗社。"他更是废后之争中坚定的皇权捍卫者,当武昭仪咄咄逼人,一步步向着权力巅峰迈进,他没有像李勣那样,说出"此乃陛下家事,不合问外人"的折中之言,而是冒死直谏,直至最终被封后的武氏逐出京畿,客死异乡。

如褚遂良的为人一样,其书迹也融入了刚正严谨的气度。早在青年时期,褚遂良的楷书就被欧阳询称道,并被魏徵引荐,成为酷爱书法的唐太宗身边的侍书。正是在这一职位上,褚遂良以刚正不阿的人品为准绳，为收藏王羲之法帖的太宗鉴别真伪，使得再无人敢将赝品送来邀功。贞观十五年，褚遂良书丹的《伊阙佛龛碑》，已然显现出一己独特的风采，其字刚严实在，磊落坦荡，置于佛窟之中，肃穆庄严，杨守敬《评碑记》赞曰："方整宽博，伟则有之，非用奇也。"刘熙则直言，此碑"兼有欧、虞之胜"。褚遂良留给后世最能代表褚体风格的，当属刻于永徽四年的《雁塔圣教序》碑。彼时的褚遂良，已然脱去了碑版的呆滞之气，将书简之风融入"铭石之书"，使楷书的笔势与结构获得舒张，"字里金生，行间玉润，法则温雅，美丽多方"。吕总在其《续书评》中，对《雁塔圣教序》碑给予高度评价，认为此碑"如美人婵娟，不胜罗绮"。尽管褚遂良在写过《雁塔圣教序》不久就身陷政治旋涡，被逐出京师，在外放之地郁郁而终，但其风行天下的褚体却深入民间，为后世法。当对古人书迹多有讥贬的米芾说出"褚遂良如熟驭战马，举动从人而别有一番骄色"的评价，我相信，这位狂悖一生的北宋书家的赞美之辞绝对是发自心底的。

说过了欧阳询、褚遂良，轮到颜真卿了。经历了欧阳询的"守正"，褚遂良的"过渡"，颜真卿已然"出奇"，其字"雄秀独出，一变古法"，让"唐楷"完成"三变"，最终主盟书坛，成为后人仰止的高山。

颜真卿三岁丧父。在其母殷夫人的悉心教育下，颜真卿聪敏好学，"幼时贫乏纸笔，以黄土埽墙习书"。开元二十二年（734），时年二十六岁的颜真卿在长安福山寺苦读一年之后，高中进士甲科，又经吏部铨选，任校书郎。此后，这位大唐名臣便开始了自己跌宕起伏的宦海生涯。他曾经两次晋升，官至监察御史，又因明察秋毫，于天宝八载（749）升任殿中侍御史，但很快就因宰相杨国忠擅权而被排挤出京，出任平原太守，世称"颜平原"。然而，尽管处江湖之远，颜真卿却心怀社稷。在安史之乱中，他多次身先士卒，率义军抗击叛军，一度光复河北。及至代宗即位，颜真卿官至吏部尚书、太子太师，封鲁郡公，人称"颜鲁公"。兴元元年（784），作为安史之乱的最大"遗产"，藩镇割据已是愈演愈烈。当叛乱的淮西节度使李希烈攻陷汝州，时年七十六岁的颜真卿奉旨深入敌营劝降，面对叛将李希烈的威胁恐吓，毫无惧色。活埋他的土坑挖好了，他凛然跳入；准备烧他的柴火架起来了，他大义趋之。最终，这位忠耿之臣被李希烈缢杀，成为回荡在两唐书里一声沉重的叹息。

和颜真卿的人品相应的，是其刚毅率直的书品。早年师承二王并精研褚体的颜真卿，在打下坚实的书法根基之后，并不是一味泥古守旧，而是破茧为蝶，寻找着自己可以突破的出口。宋代书家黄庭坚曾云："回视欧、虞、褚、薛辈，皆为法度所窘，岂如鲁公萧然出于绳墨之外，并卒与合哉？"黄庭坚好友苏东坡更是将颜真卿的字与杜甫的诗放在一起比较，认为颜真卿的字"雄秀独出，一变古法，如杜子美诗，格力天纵，奄有汉魏晋宋以来风流，后之作者殆难复措手。"可以说，充溢于颜真卿身上的凛然之气，不仅成就了其慷慨赴死的气节，更成就了其拙重浩大的书品：他早期的《多宝塔感应碑》，寓骤驰于规矩之中；他六十岁创作的《麻姑仙坛记》，去方就圆，体势雄放；及至晚年，他的《颜勤礼碑》

更是气势磅礴，丰腴开朗。当颜真卿最终以不拘法度、酣畅淋漓的"颜体"，完成"唐楷"三变，并与中晚唐的柳公权赢得"颜筋柳骨"的美誉，这位誓死不改其节的一代书家，已经将自己的字与神合而为之，化为一通通有温度的碑碣，让后世的人们不断去临仿，不断去感悟。

在大唐的书法园地中行走，楷书矗立起的一个个标杆，昭彰着一代又一代书家守正出奇、创新求变的足迹，而与楷书并驾齐驱的草书，同样也是一道不容忽视的风景。草书的张狂放浪、跳荡多变，直接对应着唐人的放诞不羁、浪漫奔放。在传诸后世的唐人狂草之中，有两个人的名字不可回避：张旭和怀素。

> 张旭三杯草圣传，
> 脱帽露顶王公前，
> 挥毫落纸如云烟。
> ——杜甫《饮中八仙歌》（节选）

这三句唐诗，出自杜甫著名的《饮中八仙歌》。诗圣杜甫用灵动的笔触，别具一格的手法，勾勒出了八位盛世狂人，他们纵情诗酒，击剑酣歌，以每个人特有的肖像，诠释了盛唐的那份放诞与浪漫，开放与包容。在这首《饮中八仙歌》中，落墨最多的当然是杜甫的生命偶像李白，紧随其后的，则是以狂草闻名于时的张旭。"草圣"与"诗圣"在一首纵横捭阖的唐诗中相遇，成为纵横捭阖的盛唐最好的定格。

我们知道的张旭，狂草无疑是其最闪亮的标签，但张旭之草却源于其根基扎实的楷书。张旭学书于其舅父陆彦远，陆彦远又曾受教于褚遂良，而褚遂良则深谙二王精髓，张旭早期的楷书《郎官石柱记》呈现的正是其楷书的造诣。也正是因为这样一种习书渊源，天资聪颖的张旭深得二王之妙，在二王及其传人的笔法中，融入时风，形成了自己强势飞动的"张草"。

当然，让张旭的书法艺术最终"飞"起来，真正做到"挥毫落纸如云烟"，还是因为他人生的际遇和放浪的性格使然。身为名动天下的"吴中四士"之一，家世显赫词科出身的张旭其实在仕途上并不顺遂。由于开元年间的仕晋之门被李林甫把持，很多负笈饱学之士都被挡在了大门之外。当不得美官身居下僚的张旭"不见抽擢，栖迟卑冗"，便"壮猷伟气，一寓于毫楮间"，大唐政坛也许黯淡了一颗可能会熠熠生辉的明星，但从此大唐书坛却多了一位放浪形骸于翰墨之间的狂士，多了一个将草书演绎到化境的书家，这又岂不是大唐之幸？

> 往时张旭善草书，不治他技，喜怒窘穷、忧悲愉佚、怨恨、思慕、酣醉、无聊、不平，有动于心，必于草书焉发之。观于物，见山水崖谷、鸟兽虫鱼、草木之华实、日月列星、风雨水火、雷霆霹雳、歌舞战斗、天地事物之变，可喜可愕，一寓于书。故旭之书，变动犹鬼神，不可端倪，以此终其身而名后世。

这段文字，出自韩愈的《送高闲上人序》，也是后人引用最多的对张旭草书的评价。在其留传后世的《古诗四帖》中逡巡，我们可以于险劲清雄的笔意中，去感受张旭的那份生命狂放，而这种癫狂状态的呈现，当然离不开酒，正是酒的催化，让张旭的狂草如风驰电掣，一挥而就。"旭饮酒辄草书，挥笔而大叫，以头揾水墨中而书之，天下呼为张颠。醒后自视，以为神异，不可复得"，今天，当我们读着这段记录于《唐国史补》中的文字，完全可以想象张旭在酩酊大醉之后的那份天逸之趣。是的，没有了酒，"张颠"就无以为颠；没有了酒，"张草"就无以为草。张旭，是盛唐书苑的另类奇葩，也是盛唐奔放世风下的应有之义。

少年上人号怀素，草书天下称独步。

墨池飞出北溟鱼，笔锋杀尽中山兔。

八月九月天气凉，酒徒词客满高堂。

笺麻素绢排数箱，宣州石砚墨色光。

吾师醉后倚绳床，须臾扫尽数千张。

飘风骤雨惊飒飒，落花飞雪何茫茫！

起来向壁不停手，一行数字大如斗。

恍恍如闻神鬼惊，时时只见龙蛇走。

左盘右蹙如惊电，状同楚汉相攻战。

湖南七郡凡几家，家家屏障书题遍。

王逸少，张伯英，古来几许浪得名。

张颠老死不足数，我师此义不师古。

古来万事贵天生，何必要公孙大娘浑脱舞。

——李白《草书歌行》

提到张旭，必然提到怀素。在唐代书法名家的组合中，如果说"颜筋柳骨"呈现着唐楷的厚重，那么，"颠张醉素"则张扬起"唐草"的狂放。李白的这首《草书歌行》，描写的正是唐代著名书僧怀素"惊蛇走虺，骤雨狂风"的气势。

　　怀素"蕉叶学书"的故事一直是中国书法史上的佳话。这位幼年出家的衲子，从小在暮鼓晨钟、法器轰鸣中长大，却在习禅之余，以一手与佛门清规完全迥异的狂草独步于丛林禅刹以至最终独步于草书天下。他的居处号为"绿天庵"，因贫困无纸，寺内的芭蕉叶就他成了临习"二王"尺牍的"宣纸"。一季季的芭蕉黄了又绿，绿了又黄，但身处袅袅梵音中的怀素却在年复一年的临习中留下了大唐艺僧坚毅的背影。当他将"秃笔堆集，埋于山下，号曰'笔冢'"，怀素已经将自己对草书的理解化成了飞扬的书迹，形成了自己的风格，打上了自己的标签。"吾观夏云多奇峰，辄常效之，其痛快处，如飞鸟出林，惊蛇入草……"正是在对自然的观照中，怀素实现了"梵我合一"的艺术突破。

　　当然，做出这种突破的助力，还是酒。"狂来轻世界，醉里得真如。""十杯五杯不解意，百杯以后始颠狂。一颠一狂多意气，大叫数声起攘臂。"这就是活在盛唐的诗人怀素，他的嗜酒、吃肉、好名，显然已经严重背离了佛门戒条，可是，正是个性的极度舒张和对清规道统的彻底反动，让怀素成为盛唐游走于佛门净土与喧嚣红尘的特殊衲子，他在雷池禁区的舞蹈，成就了其线条圆劲的《食鱼帖》，激发了其极富弹性的《苦笋帖》，而这，又恰恰是盛唐的格局所在，盛唐的气象所在。

检视唐代书法艺术，我们会发现，唐诗始终与其形影不离。大唐近三百年历史，是诗歌创作登峰造极的时代，同时也是书法艺术不断推陈出新的黄金时代。唐代书法与唐代诗歌，有如生长于这段历史时空中的孪生兄弟，彼此影响，彼此促进，折射出唐人的审美意趣，也建构起唐人的生命追求。

还是先让我们回望一下脍炙人口的大唐诗人群体与书法艺术的渊缘吧。你能想象到吗？一生都在用诗歌追逐月光的李白，本身也是一位书中圣手。他可以在皎洁的月光下，写出"花间一壶酒，独酌无相亲。举杯邀明月，对影成三人"的况古孤寂，写出"月下飞天镜，云生结海楼"的苍茫意境，在对自然的观照中，将生命的悲喜，才情的放诞，悉数抖落进震古烁今的诗行之中。同样，他也"思高笔逸"，"尝作行书，有'乘风踏月，西入酒家，不觉人物两忘，身在世外'"的即兴之作《乘兴帖》风行当世。尽管此帖已散逸，但从李白传世的飘逸灵动的《上阳台帖》中，我们还是能看到这位诗仙才情汪沛的另一面。出身"奉儒守官"之家的杜甫，从小学习书法，曾说自己的书法"远师虞秘监"，并在诗中说"九龄书大字，有作成一囊"，表达自己少时习字的勤奋。元人陶宗仪《书法会要》中说，"甫楷、隶、行、草无不工"。当我们融入"白日放歌须纵酒，青春作伴好还乡"的豪情，当我们感受着"无边落木萧萧下，不尽长江滚滚来"的落寞，我们的脑海中，应当浮现出杜甫挥毫泼墨的瘦弱身影。当然，放眼大唐诗人，不仅"诗仙""诗圣"工于翰墨，在初盛中晚的各个时期，有太多的诗人都是因为诗名显赫而压过了书名。史载，白居易"笔势奇逸"，王维"善草隶书"，柳宗元"所书碑，世颇多有"，贾岛"善攻笔法，得钟、张之奥"，李商隐"字体妍媚，意气飞动"……自号"四明狂客"的贺知章本身就是一位"纵笔如飞，酬而不竭"的草书大家，他所书的《孝经》，早在唐代就已风靡日本。晚唐诗人杜牧传世的《张好好诗》，本身就是一幅唐代书法的典藏之作，明代著名书法家董其昌曾云："牧之书《张好好诗》，深得六朝人风韵，余所见颜柳之后，若温飞卿（温庭筠）与牧之，亦名家也。"身处诗歌繁荣的王朝，这个星光灿然的诗人群体用他们脍炙人口的诗行赢得了世人的掌声，而他们的墨迹，则让他们的才情更加立体，让他们的名字，更加成为大唐的骄傲！

如果说书法与诗歌是大唐的"双璧"，那么书家与诗人的交集，则更让这"双璧"光彩夺目。我们不妨来看看杜甫的这首《醉歌行，赠公安颜少府请顾八题壁》。

神仙中人不易得，颜氏之子才孤标。

天马长鸣待驾驭，秋鹰整翮当云霄。

君不见东吴顾文学，君不见西汉杜陵老。

诗家笔势君不嫌，词翰升堂为君扫。

是日霜风冻七泽，乌蛮落照衔赤壁。

酒酣耳热忘头白，感君意气无所惜，一为歌行歌主客。

——杜甫《醉歌行，赠公安颜少府请顾八题壁》

这首诗，作于颜少府的家宴之上。当时杜甫和开元朝的翰林待诏顾介奢都是座上嘉宾，这个顾介奢以"八分"隶书颇受玄宗赏识，特命其为诸王讲授书法技艺，与杜甫也多有交往。酒酣耳热之间，杜甫即席赋诗一首赠主人，并盛邀顾介奢以八分书体题于壁上，当顾介奢在白壁之上挥毫写下"君不见东吴顾文学，君不见西汉杜陵老。诗家笔势君不嫌，词翰升堂为君扫"的诗句，我相信，彼时醉了的已经不仅是盛宴之上的杜甫与顾介奢这对最佳诗书组合，更醉了一个才情飞扬诗书互融的大唐！

当然，唐代诗人与书家的交游佳话又何止于此！当我们看到李白为小他二十岁的怀素写出"飘风骤雨惊飒飒，落花飞雪何茫茫"的壮魄，我们能够感受到这位浪漫主义大师与超越清规道统的书僧之间的惺惺相惜；当我们走进"苦县光和尚骨立，书贵瘦硬方通神"的诗句，我们能够想象出杜甫与书家李潮在书法艺术上的深度交流。书法与诗歌，看似泾渭分明的两个不同的艺术门类，在有唐一代就这样实现了最完美的交集，最密切的融合；书家与诗人，共同构筑起了唐人艺术精神，合流而行，一走，就是三百年！

"飘风骤雨惊飒飒"，"挥毫落纸如云烟"，这就是大唐王朝创造的书法之巅！当习书临池成为唐人整体的文化盛事，当"颜筋柳骨""颠张醉素"成为唐代书家的生命影像，当"诗家笔势君不嫌，词翰升堂为君扫"成为诗人与书家的热情交融，我们要说，这个王朝是如此迷人，虽越千年，历久弥新！

点素凝姿任画工

　　走进富丽精工意趣盎然的唐代绘画，就走进了这个王朝为后人树起的另一个盛世之范。悠悠三百载，唐代绘画中仕女们的一颦一笑、走兽飞禽的跳荡腾挪、山峦水脉的氤氲气韵，折射出唐人怎样的精神信仰和审美情趣？在技法的守正创新上，唐代绘画有哪些殊于前人之处？处在融通四海的天朝大国，唐代绘画如何做到了熔秦铸汉，兼收并蓄？而逡巡于浩荡的诗歌之海，唐代绘画又与唐代文人实现了怎样的勾连？

　　我们先来看看唐人对儒、释、道的尊崇在绘画艺术上的直接折射。"三教之中儒最尊"，从唐王朝肇建之初，统治者就将儒家思想视为"盛衰是系，兴亡攸在"的核心支撑，历经三百年弘扬，更是成为浸润唐人的精神之乡，而这种潜移默化的浸润，同样也对唐人的绘画影响深远。

　　　　六虚有精纯美粹之气，其注人也，为太和，为聪明，为英才，为绝艺。自肇有生人，至于我侪，不得则已，得之必

腾凌夐绝，独立今古。用虽大小，其神一贯，尚书祠部郎张
璪，字文通，丹青之下，抱不世绝俦之妙，则天地之秀，钟
聚于张公之一端者耶。

这段文字，出自唐人符载的《江陵陆侍御宅谯集观张员外画松
石图》。在那次文人墨客的雅集上，符载对"外师造化，中得心源"
的唐代画家张璪赞不绝口，认为他的画"抱不世绝俦之妙"，钟天
地之秀。这种提法，与孔子所云的"生而知之者上也"如出一辙，
意谓艺术创作的才能非后天培养，实得于先天玄悟。

同样，孔子确立的"绘事后素"的儒家思想，也将唐人绘画与
儒家礼教紧紧缔结在一起。《论语·八佾》载："子夏问曰：巧笑倩
兮，美目盼兮，素以为绚兮。何谓也？子曰：绘事后素。曰：礼
后乎？子曰：起予者商也，始可与言诗已矣。"在这里，所谓的"绘
事后素"，意即先粉地为质，而后施五采，犹人有美质，然后可加
文饰。对于儒家的这一命题，擅写闺情诗的唐人张仲素直接将礼
教与绘画之间的关系说得更加明了，在他看来，"素为绘兮，事惟
从古，礼于绘也，义实斯取"。

合于儒学的"治世"目的，许多唐代画家，尤其是宫廷画家，
将笔触对准了重大的历史事件和具有镜鉴意义的历史人物图像，
其中最典型的代表，首推阎立本。出身北周贵族的阎立本，早在
武德年间就以一幅《秦府十八学士》像，生动地描摹出秦王帐下杜
如晦、虞世南、于志宁等十八学士的风采，赢得了当时正处于皇
位之争的李世民的垂青。及至李世民君临天下，阎立本更是用准

确而灵动的线条，勾勒出这位贞观天子的文治武功：他的《历代帝王图》，与其说是对唐太宗"以古为镜，可以知兴替"的外化呈示，莫如说是对贞观朝政治清明的热情讴歌；他的《凌烟阁二十四功臣图》，高悬于彰表功臣的凌烟阁上，记录着唐王朝肇建之初的光荣与骄傲；神态逼真的昭陵六骏，依据他创作的手稿图样雕刻而成，旌扬着随唐太宗南征北战的六骏之功，同时也活画出"马上天子"的煌煌战绩；他的《步辇图》，更是用吐蕃使者禄东赞等人的谨慎谦卑衬托起唐太宗的高大威严，在以图画的方式记录下文成公主嫁给松赞干布这一历史大事件的同时，将"天可汗"的英明神武从此定格……为历代名画家立传的唐人张彦远评价阎立本"六法该备，万象不失"。可以说，正是这些暗合儒家"治世"精神的绘画作品，昭示了唐王朝的"上国"威仪，也彰显了唐人奋扬高蹈的精神气韵。

如果说源自本土的儒学观念影响了唐代绘画的思想，那么，外来的宗教——佛教，随着其在大唐社会的深度渗透，对于唐代绘画的影响更是随处可见。遍布长安、洛阳两京寺院中的佛教壁画，彰显出佛教在唐人心中的重要位置。那些趋于民族化、世俗化的佛教壁画，无不昭示着唐代画师驾轻就熟、游刃有余的超凡功力。他们当中，"画圣"吴道子绝对是佼佼者。

活跃于开天年间的吴道子幼时孤贫，但天资甚高，未及弱冠便已"穷丹青之妙"。他曾以张旭、贺知章为师，精研书法，颇有造诣，但真正让其扬名立万的，却是他倜然独步的绘画艺术，尤其是他的一系列佛教变相人物，个个栩栩如生，且"奇踪异状，无有同者"(《历代名画记》)。据说当时遍布两京的寺院禅刹中，单是吴道子创作的壁画就达到了三百堵之多。每当他在寺中作画，常常是少长云集，观者如堵。《历代名画记》说他画的地狱变相，"虬髯云鬓，数尺飞动，毛根出肉，力健有余"。佛教绘画的目的，是让人们心灵皈依，而吴道子传神的绘画风格恰恰起到了这样的作用。据说信众们在洛阳景云寺看到了他的壁画之后，"屠沽渔罟之辈，见之而惧罪改业者，往往有之"；他的执炉天女壁画更是让观者见之顿生"窃眸欲语"之感。我们完全可以想见，当神情专注的吴道子与其弟子在空灵的梵音中挥毫泼墨，他其实是将自己悟彻的澄明之境幻化成了一根根灵动的线条，一片片氤氲的墨色，固着于佛门清修之地，与笃信佛教的唐人，形成了精神的互动与共鸣。尽管吴道子创作的寺院中的壁画无法抵挡风雨的剥蚀，发生于武宗年间的灭佛事件，更是让这些绘画珍品成为永远的传说，但后世的人们从宋临本的《送子天王图》中，还是会感受到这位大唐"画圣"的风采与神韵。

当然，佛教对唐代绘画艺术的渗透并不独吴道子一人，由无数无名画师赓续累积而成的敦煌壁画，更是在用满壁的天衣飞扬，呈现着这个帝国人们虔诚的精神信仰。如今，当你走进鸣沙山，走进莫高窟，你仍旧可以感受到这些壁画所带来的摄人心魄的力量。据统计，目前莫高窟现存唐代洞窟两百八十二个，其中初唐洞窟九十七个，中唐洞窟五十六个，晚唐洞窟七十个，另外还有十二个洞窟年代不详。走进这些历经千年的洞窟，你的耳畔，马上便会响起当年的铅打斧凿之声，而面对一幅幅灿烂的经变图，面对一个个刻画细腻的人物，我们必须向那些湮灭于荒烟蔓草间的无名画师致以应有的尊敬，他们的身影也许如同鸣沙山的细沙一般被人忽视，但他们用手中的画笔创造的佛陀、菩萨、力士、飞天，却以另一种铺排热烈的方式，让他们的名字昭彰后世，响越千年！

配极玄都閟，凭虚禁御长。

守祧严具礼，掌节镇非常。

碧瓦初寒外，金茎一气旁。

山河扶绣户，日月近雕梁。

仙李盘根大，猗兰奕叶光。

世家遗旧史，道德付今王。

画手看前辈，吴生远擅场。

森罗移地轴，妙绝动宫墙。

五圣联龙衮，千官列雁行。

冕旒俱秀发，旌旆尽飞扬。

翠柏深留景，红梨迥得霜。

风筝吹玉柱，露井冻银床。

身退卑周室，经传拱汉皇。

谷神如不死，养拙更何乡。

——杜甫《冬日洛城北谒玄元皇帝庙》

杜甫的这首五言排律，是天宝八载拜谒位于洛阳城北的玄元皇帝庙时的诗作。唐朝儒释并重，但对于李唐宗室而言，道教更是被尊崇到一个空前的高度。唐玄宗于天宝二年加封老子为"大圣祖玄元皇帝"，曾先后下诏令两京诸州各置老君庙，杜甫的这首诗，描写的正是唐人崇道的热潮。事实上，这股崇道热潮也在深深影响着唐人的绘画，"画手看前辈，吴生远擅场。森罗移地轴，妙绝动宫墙"，杜诗中的这几句，写的正是吴道子画在玄元皇帝庙中的壁画。吴道子既崇佛，又重道，这使得他的画作不仅遍布于寺院，更飞扬在道观，被道教中人尊为"吴真人"。他的《八十七神仙卷》，以腾云驾雾、飘然出尘的形象成为最为经典的道教画。

当然，道教画并不止于神仙，老子"计白当黑"的哲学观的融入才是道教画的内蕴所在，在这方面，唐宗室李思训、李昭道父子的"金碧山水"画，体现的正是道家思想。《旧唐书》说李思训"尤善丹青，迄今绘事者推李将军山水"。在继承隋展子虔山水画的基础上，李思训独出机杼，以青绿为质，以金碧为纹，同时注重留白，将老子的"计白当黑"思想作为自己的绘画原则，既构成了烟水苍茫的辽远意境，又以金碧辉煌的色调显现了李唐皇室的尊贵。当他的"金碧山水"被誉为"国朝山水第一"，当他的《江帆楼阁图》和其子李昭道的《明皇幸蜀图》一起构成中国绘画史上的"北宗"，盛唐的尊老崇道，已经被点染成碧水金山，既富丽堂皇，又仙气飘飘。

放眼大唐画坛，每个时期都会涌现出不同的风格流派，每个时期都会产生千姿百态的大师之作，而在这些画作与画风的背后，其实是他们创新求变的技法和迥异于常人的才思。

　　唐人朱景玄对吴道子作画崇尚有加，在其文中曾记载了吴道子的一则轶事："明皇天宝中忽思蜀道嘉陵江水，遂假吴生驿驷，令往写貌。及回日，帝问其状，奏曰：'臣无粉本，并记在心。'后宣令于大同殿图之，嘉陵江三百余里山水，一日而毕。时有李思训将军，山水擅名，帝亦宣于大同殿图，累月方毕。明皇云：'李思训数月之功，吴道子一日之迹，皆极其妙也。'"作为被唐玄宗延揽入朝的御用画师，吴道子对物相的敏锐观察和准确捕捉，让其有了"臣无粉本，并记在心"的自信，并能在一日之内将嘉陵江三百里风光悉数入画，自然让玄宗欣喜之余，拿来与擅作"金碧山水"的李思训放在一起比较。当然，吴道子的博闻强记只是他的画作蜚声于世的前提，其在墨稿线条上的独创性，才是他独步画坛的杀手锏。还是那个唐代绘画理论家朱景玄，说其"每观吴生画，不以装背为妙，但施笔绝踪，皆磊落逸势；又数处图壁，只以墨踪为之，近代莫能加其彩缋。凡图圆光，皆不用尺度规画，一笔而成"，既而又说"其圆光立笔挥扫，势若风旋，人皆谓之神助"。朱景玄对吴道子作画的描述并不为过。正是这个吴道子，主张"众皆密于盼际，我则离披其点画。众皆谨于象似，我则脱落其凡俗"，创造了唐画中的一种特殊技法——"兰叶描"。所谓"兰叶描"，顾名思义，就是线条状如兰叶，忽粗忽细，随人物衣襞的曲折向背而发生变化。这种运笔的变法，让线条更加灵动，人物恍若御风而行，故有"吴带当风"之说。除了"兰叶描"，吴道子还创造了一种"莼菜条"的笔法，与"兰叶描"相得益彰，据说其

"行笔磊落，挥霍如莼菜条，圆间折算，方圆凹凸"。当这些跳荡多变的线条勾勒出人物、佛像、山水、草木的筋骨，形成驰骋大唐画坛的"吴家样"，我们便发现，苏轼对其所作的诗评"当其下手风雨快，笔所未到气已吞"，是何其中肯，又是何其精到！

说到"吴家样"，我们便会马上提到"周家样"。不同于出身贫寒的吴道子，周昉出身仕宦之家，由于身处富贵悠游之中，画作中也多是体貌丰腴、衣着华丽的贵族妇女。周昉早年习画，多效张萱。这位以《虢国夫人游春图》和《捣练图》闻名于世的唐代宫廷画师，对周昉的创作影响很大。以至于在其以《簪花仕女图》《挥扇仕女图》称绝一时后，人们常将其画风与张萱之画迹相提并论，认为二人所绘仕女都是"衣裳劲简"，"彩色柔丽"，仕女形象也皆"以丰厚为体"；所谓"小异"，不过是周昉不似张萱喜在仕女耳根处敷染朱色面而已。

"周家样"成为人们争相效仿的模板，是因为周昉在宗教画所呈现的"水月观音"。不似"吴家样"宗教画的金刚怒目，"周家样"更多的是将其在描摹宫廷仕女这些"绮罗人物"时所呈现出的曲眉丰颊、意态悠闲，运用到佛国的造像之中，从而使菩萨低眉敛目，神佛神态端严，被时人称为"神品"。据说周昉曾在长安通化门外新修的章明寺画壁画，画就草稿后，观者蜂拥而至，数以万计。周昉虽以肖像传神闻名，犹自谦谨，对于众人的建议都能虚心接受，很多壁画都要反复修改月余方才罢手。如今，在敦煌莫高窟壁画中，我们仍然能发现唐人水月观音的实例。它们当然不是周昉所作，但我们透过敦煌的沙尘，仿佛依然能看到一群无名画师，在"周家样"的导引影响之下，从繁华的长安走向荒凉的敦煌，在空旷的石窟中屏气凝神，让他们手中的水月观音在低眉浅笑中，照见自己，照见众生。

当然，善于创造的唐人在绘画技法上绝不止"吴家样""周家样"，阎立本的"铁线描"、张璪的"毫飞墨喷"、李思训的皴擦手法，无一不在彰显着唐人的智慧，而在具体的颜料运用尤其是在壁画颜料的运用上，唐人更是有着自己的独创。面对一幅幅辉煌灿烂的敦煌壁画，我们可以知道：应用最多的土红，来自河西地区的赤铁矿；耀眼的蓝色，取材于祁连山的蓝铜矿；炫丽的绿色，出于祁连山的孔雀石；广泛应用的白色，则取自敦煌地区随处可见的方解石和石英……当这些相当稳定的矿石颜料被唐代画工们采集、研碎，并在一笔一笔的着色中铺陈渲染于莫高窟的岩壁之上，接受着千年以后人们虔诚的朝觐，我相信，走进这片沙洲的每一个游客，都会感受到时间的重量，触摸到唐人的脉搏。

作为一个开放包容的盛世，唐代社会各种文化形态的碰撞与交融势必会成为题中应有之义。在这个辉煌灿烂的时代，唐人绘画，当然少不了兼收并蓄的精神和域外流传的契机。

前面我们提到的"周家样"，在唐代统治者"怀柔万国"政策的驱动下，不仅成为唐代画工争相学习的标杆，同样也成为日本、新罗画家们膜拜的典范。据说在唐贞元年间，许多新罗画家都不远万里来到周昉曾经活动过的江淮一带，高价搜求其画迹。而在受大唐文化影响最深的日本飞鸟和奈良时代，连绵不绝的一批又一批遣唐使往来于碧涛之中，不仅让大唐的文明得以东渐，同时也将唐人的艺术精神传入扶桑，其中，高松塚古墓壁画和正仓院传世的《鸟毛立女屏风》，正脱胎于"周家样"。

作为七世纪末八世纪初飞鸟时代的精品遗存，高松塚古墓壁画中的《飞鸟美人图》，以画中美人圆润的脸颊和端庄的仪态，让人恍若走进周昉《簪花仕女图》的意境之中。面对收藏在日本正仓院的《鸟毛立女屏风》，让我们看到奈良时代的日本画师学艺"周家样"的历史痕迹。尽管这组屏风的特异之处，在于将鸟毛贴在了画中，形成了颇富立体感的装饰效果，但当我们仔细端详妆饰华贵体态丰腴的画中仕女，便会发现，她们或倚树而立，或颔首端坐，一颦一笑之间，已尽得唐人周昉遗风。

说到唐代绘画的交流与融合，有一位初唐画师的名字是一定要提及的，他就是尉迟乙僧。这位于阗（今新疆和田）贵族，于贞观初年入居长安。受其父隋代画师跋质那的影响，尉迟乙僧也以善画闻名于初唐，"时人以跋质那为大尉迟，乙僧为小尉迟"。史载，尉迟乙僧因"丹青奇妙"，被唐太宗授予宿卫官，后又袭封为郡公，可谓荣耀显赫。他"用笔紧劲，如屈铁盘丝"，用色注重强化人物、花鸟的立体感，将从西域传入的天竺凹凸技法与中原画技相交融，形成了一套独特的画风，被时人誉为"身若出壁"，"堆起绢素"。在绘画题材上，尉迟乙僧多以宗教故事为素材，"凡画功德人物、花鸟，皆是外国之物象，非中华之威仪"。这位活跃在初唐、活了九十多岁的西域画师，一生大部分时间都驻留于长安，而其形神兼具的画作则遍及大慈恩寺、光宅寺、兴唐寺、安国寺等诸多寺院。"澄思用笔，虽与中华道殊，然气正迹高，可与顾（恺之）陆（探微）为友"，当唐人窦蒙这样评价尉迟乙僧，这位西域画师融入大唐的意义，已经不在于他为中原画苑输入了一股强劲的异域之风，更重要的是，他已然成为大唐帝国怀柔万国、兼容并包的重要体现。尽管其画作真迹不存，但作为唐代画风多元性的代表人物，人们还是记住了尉迟乙僧这个名字。

　　艺术的融合从来都是双向流动的，尉迟乙僧的"西域风"不仅让他在唐代画师中赢得了一席之地，同时，也让更多的唐代画师从他的身上直接或间接地找到了创作的灵感，实现了技法的飞越。"吴生画人物如塑，旁见周视，盖四面可意会，其笔迹圆细如钢丝萦盘，朱粉厚薄皆见骨高下而肉起陷处，此其自有得者"，这是南宋董卣在其所撰《广川画跋》中对吴道子画作的一番评价。其实，吴道子的画中人物能做到"朱粉厚薄皆见骨高下而肉起陷处"，正是借鉴了尉迟乙僧的凹凸技法，使其笔下的道释人物更趋立体，虽为鬼神，却仿佛触手可及，恍若真人。除了人物，吴道子笔下的山水花鸟同样也是凹凸有致，错落逼真。活跃于盛唐的吴道子也许未必与高寿的尉迟乙僧有过生命的交集，但艺术感悟的交集却是可以忽略时空的阻隔，实现灵魂的互答的，这个机会，让吴道子敏锐地捕捉到了，而提供了这个机会的，正是风云际会的大唐盛世。

　　当然，既然生逢万邦朝觐的盛世，涌入画师们笔端的，自然也就不仅仅是中原面孔。在阎立本《职贡图》中，我们可以看到贞观年间婆利、罗刹与林邑国等前来长安朝贡及进奉各式珍奇物品的景象。画中二十七人，或白衣虬髯，或打伞执扇，或手托珊瑚，或胯骑白马，用唐人朱景玄的说法，可谓"异方人物诡怪之质，自梁魏以来名手不可过也"。据《宣和画谱》记载，张萱曾画过《日本女骑图》，周昉也画过《天竺女人图》。这两位以描摹唐代贵妇生活闻名的宫廷画师，身处长安这个当时百万人口的国际性都市和欧亚大陆的重要轴心，当然也会遇到形形色色的异邦女性，她们的绰约风姿，她们的万方仪态，又怎么会游离于张萱和周昉善于发现的眼睛呢？当众多的大唐画师用手中的画笔描摹出一幅幅充满了异域风情的长卷，实际上，也就用高古的格调、铺陈的色彩和洗练的线条，定格了大唐这个各种文化形态相互融合渗透的三百年时空。

艺术是相通的，尤其在各种艺术门类都达到极盛的唐代，艺术的融汇交通更是成为这个王朝绚丽的文化图景。据传，吴道子与将军裴旻、书法家张旭曾相会于洛阳。裴旻剑术高超，击剑酣歌，灵动洒脱；张旭的狂草为时人称道，挥毫落纸，已经龙蛇飞舞；吴道子作画，更是笔墨生风，"俄顷而就，有若神助"。众看客"一日之中，获睹三绝"，直呼过瘾。及至裴旻母亲去世，请吴道子于洛阳天宫寺为其母画神鬼像数壁，吴道子对裴旻道："吾画笔久废，若将军有意，为吾缠结舞剑一曲，庶因猛励以通幽冥。"裴将军遂剑光四起，吴道子亦灵感迭现，挥笔"飒然风起，为天下之壮观"。

如果说吴道子的画、裴旻的剑、张旭的书，为盛唐的辉煌增添了一抹亮色，那么，作为唐代画苑中一个特立独行的分支——文人画的横空出世，则标志着唐代绘画已经从宫廷画和宗教画的"命题作文"转向了文人士大夫的逸致闲情。这些以科举入仕的士大夫阶层不似阎立本、张萱、周昉、吴道子这些宫廷画师那样，职责所系，奉诏而画，绘画对他们而言，更多的是一种"业余"的闲情。正因如此，他们的创作，才不受题材所困，他们的灵感，才可以随意发挥，而他们的作品，才会成为孤高淡雅的"逸品"。

> 将军魏武之子孙，于今为庶为清门。
>
> 英雄割据虽已矣，文采风流今尚存。
>
> 学书初学卫夫人，但恨无过王右军。
>
> 丹青不知老将至，富贵于我如浮云。
>
> 开元之中常引见，承恩数上南熏殿。
>
> 凌烟功臣少颜色，将军下笔开生面。
>
> 良相头上进贤冠，猛将腰间大羽箭。
>
> 褒公鄂公毛发动，英姿飒爽来酣战。
>
> 先帝天马玉花骢，画工如山貌不同。
>
> 是日牵来赤墀下，迥立阊阖生长风。
>
> 诏谓将军拂绢素，意匠惨澹经营中。
>
> 斯须九重真龙出，一洗万古凡马空。
>
> 玉花却在御榻上，榻上庭前屹相向。
>
> 至尊含笑催赐金，圉人太仆皆惆怅。
>
> 弟子韩幹早入室，亦能画马穷殊相。

幹惟画肉不画骨，忍使骅骝气凋丧。

将军画善盖有神，必逢佳士亦写真。

即今漂泊干戈际，屡貌寻常行路人。

途穷反遭俗眼白，世上未有如公贫。

但看古来盛名下，终日坎壈缠其身。

——杜甫《丹青引，赠曹将军霸》

　　杜甫的这首长诗，是为唐代画马名家曹霸而作。这位魏武帝曹操的后裔，诗书画皆通，时人甚至以其祖先"三曹"比之，有"文如植武如操字画抵丕风流"之美誉，尤其是他画的马，更是栩栩如生，用杜诗所言，便是"斯须九重真龙出，一洗万古凡马空"。然而，尽管曹霸堪称文武全才，却由于担心重蹈先祖覆辙，为人甚为低调，尽管被玄宗封为左武卫将军，享有不理朝政之权，但仍不愿受御用画师羁绊。及至安史之乱后流落成都，曹霸靠卖画为生，博得杜甫为其写就《丹青引，赠曹将军霸》，我们虽无法领略曹霸笔下的骏马英姿，但其人的傲气与傲骨被嵌入杜诗的字里行间，足可让后人击节赞叹。

　　其实，和曹霸一样，在大唐三百年间，堪称文人画代表的不绝于缕：中唐文人朱审的山水画，"其画自江湖至京师，壁障卷轴，家藏户珍。""其峻极之状，重深之妙，潭色若澄，石文似裂；岳耸笔下，云起锋端；咫尺之地，溪谷幽邃；松篁交加，云雨暗淡。"官至检校祠部员外郎的张璪，独创"破墨法"，工于松石，五代后梁人荆浩评其画作曰："气韵俱盛，笔墨积微，真思卓然，不贵五

332

彩，旷古绝今，未之有也。"德宗朝宰相韩滉，清廉勤勉，政声赫赫，其"业余"爱好则是书学张旭笔法，画师南朝陆探微，尤"能图田家风俗，人物水牛，曲尽其妙"，其逼真传神的《五牛图》，曾被元人赵孟頫赞为"神气磊落，希世名笔"……

> 老来懒赋诗，惟有老相随。
> 宿世谬词客，前身应画师。
> 不能舍余习，偶被世人知。
> 名字本皆是，此心还不知。
>
> ——王维《偶然作·老来懒赋诗》

王维的这首《偶然作》，表露出的是自己消极避世的情绪。这位大唐山水田园诗派的代表人物，其实内心一直奉佛向禅，保持着一份虚静与淡然。他自云的"宿世谬词客，前身应画师"，并非自嘲，而是于作诗之外，另外一种释放自己的方式，而也正是这种看似漫不经心的释放方式，让王维成为唐代近两百位文人画家中的领军人物。如果说"返景入深林，复照青苔上"这样的诗句本身就充满了空灵的画面感，那么其在水墨山水画中不羁于形疏朗开阔的画风，则与他的诗歌相得益彰，实现了大唐文人画的积极探索。

不同于一般画师施绘赋彩之风，王维的山水画，墨色占据了相当大的比重。《旧唐书·王维传》说其"笔纵措思，参于造化，而创意经图，即有所缺；如山水平远，云峰石色，绝迹天机，非

333

绘者之所及也"。不同于李思训、李昭道父子以青绿之色极尽铺陈的"金碧山水"，王维的山水更多的是通过控制墨与水的浓淡层次来实现"水墨渲淡"，在整体的构图上，更讲求透视关系。在其《水山论》一文中，他认为创作山水画要"丈山尺树，寸马分人。远人无目，远树无枝。远山无石，隐隐如眉；远水无波，高与云齐"。无疑，这些山水画的精准要义，对后代山水画家起到了重要的启迪作用。

由此，当我们驻足于恬静的《辋川图》，心中自然会飞出"明月松间照，清泉石上流"的诗行；面对清虚的《雪溪图》，我们的脑海里马上会浮现出"行到水穷处，坐看云起时"的名句；走进《江山雪霁图卷》的苍茫意境，我们又会脱口而出王维的那句"隔牖风惊竹，开门雪满山"……事实上，作画也好，作诗也罢，王维的心无挂碍、清虚淡远是始终渗透到骨子里的。正是因为他将对自然的静观寂照统统摄入诗画之中，不做文饰，不求浮华，只求外化个人的内心感受，他的山水意境才气韵高清，别开生面，几乎影响了中唐以后的中国山水画发展的全部历史。当苏东坡发出"味摩诘之诗，诗中有画；观摩诘之画，画中有诗"这样的赞叹之声，当董其昌在其文人画论中，将文人画的内涵全部具化于王维，称其是南宗画之祖，我们相信，这不仅是文人之间的惺惺相惜，更是对大唐"诗佛"的由衷感佩！

点素凝姿任画工，霜毛玉羽照帘栊。

借问飞鸣华表上，何如粉绘彩屏中。

文昌宫近芙蓉阙，兰室绷缊香且结。

炉气朝成缑岭云，银灯夜作华亭月。

日暖花明梁燕归，应惊片雪在仙闱。

主人顾盼千金重，谁肯装回五里飞。

——钱起《画鹤篇省中作》

　　这首《画鹤篇》，出自"大历十才子"之一钱起之手。这位玄宗朝的进士，是大唐盛世的亲历者，也是唐代绘画走向繁荣的见证者。"点素凝姿任画工，霜毛玉羽照帘栊。借问飞鸣华表上，何如粉缋彩屏中。"他这首诗歌中所提及的那幅以"鹤"为题的画作，在历经千年以后，早已流失散佚，不知所终，然而，在钱起诗歌的字里行间，我们后人却能够重新建构起当年那幅《飞鹤图》的模样！这是文字的力量，也是唐诗中一个重要的构成——题画诗的力量！

　　说到题画诗，并非唐诗所独有，早在秦汉时期就已经出现，但题画诗真正成为一种成熟的艺术形式，却是从唐开始。翻检《全唐诗》，我们会发现，题画诗多达二百余首，几乎是六朝及隋的七倍。这些体裁多样、形式丰富的题画诗，与唐代书法艺术的勃兴有关，与观画赋诗的取士制度有关，但更重要的，是唐人审美层次的极大提升，是文人墨客的心声互答。"家僮愕视欲先鞭，枥马惊嘶还屡顾。始知物妙皆可怜，燕昭市骏岂徒然"，这是高适在朋友家看友人画马时，家僮视假为真、愕视欲鞭的情形；"饮露身何洁，吟风韵更长。斜阳千万树，无处避螳螂"，这是戴叔伦看到蝉画，以高洁自比；"五色粉图安足珍，真仙可以全吾身。若待功成拂衣去，武陵桃花笑杀人"，这是李白在当涂看过一幅山水长卷后生出的隐逸之心……纵观唐代初盛中晚四个时期的诗人，大多数诗人都和画家们形成了深层次的互动与交流，在他们当中，题画诗写得最多的诗人，便是"诗圣"杜甫。

素练风霜起，苍鹰画作殊。

㧐身思狡兔，侧目似愁胡。

绦镟光堪擿，轩楹势可呼。

何当击凡鸟，毛血洒平芜。

——杜甫《画鹰》

这首《画鹰》，是杜甫年轻时的作品。杜甫所题的那幅《鹰》画，我们早已不得而知，但杜甫在诗歌中对雄鹰威猛之姿的传神描摹，却让我们的眼中浮现出了那只振翅而飞、目光炯然的雄鹰的形象。对于这首题画诗，《杜诗解》称其"句句是鹰，句句是画"，而《瀛奎律髓》则赞其"曲尽其妙"。"何当击凡鸟，毛血洒平芜"，千年以后，当我们高声吟诵这首题画诗中的经典之句，我们相信，"艰难苦恨繁霜鬓，潦倒新停浊酒杯"并不是从来就有的悲苦，年青时代心怀"致君尧舜上，再使风俗淳"理想的杜甫，其实更想做一只击荡长空的雄鹰，凌云上九霄，"毛血洒平芜"。

"点素凝姿任画工"，"一洗万古凡马空"！穿越千年的风云，唐代绘画艺术就是这样，让我们心生感佩！它是漫漫狂沙中的敦煌飞天，天衣飞扬，满壁风动；它是章怀太子墓中雍容华贵的仕女，端庄丰腴，仪态万千；它是《步辇图》中的历史映像，大国荣光；它是《虢国夫人游春图》的盛世浮华，歌舞升平……正是这些知名或无名的画师，让我们得以窥见大唐王朝的气吞万里，而逡巡于一首首题画诗中，我们相信，中国艺术精神中兼容并包、相互融通的内核，在大唐王朝已经生成，壮大，并恒久传承……

驼马由来拥国门

在大唐帝国的时空隧道中穿行，丝绸之路是我们的必由之路，尽管丝绸之路的开辟之功并不在唐，但它在中国封建时代的极盛期却是在这个疆域辽阔国祚绵长的大帝国。当陆上丝绸之路散遍驼铃之声，当海上丝绸之路千帆竞发，我们看到的，是大唐帝国的升平岁月，是天朝大国的盛世长歌。

丝绸之路是政治之路。

事实上，早在先秦时期，连接中国东西方交流的通道已经存在，但丝绸之路真正得以"凿空"，却是在西汉武帝时期。雄才大略的汉武帝在其长达五十多年的统治期内，对内兴修水利，重视农桑，发展经济，巩固了中央集权；对外则对困扰汉廷多年的匈奴发动了数次大规模的军事进攻，最终使匈奴远徙漠北，此后再无力对中原王朝进行严重骚扰。丝绸之路开辟的目的，正是缘于汉武帝打通匈奴的"梗阻"、加强对西域经略的初衷。在这期间，汉使张骞奉命远走朔漠，游说大月氏，欲与其东西联手夹击匈奴。

出发不久，张骞即被匈奴扣留，一困就是十年，逃脱后再次被俘，逢匈奴内乱方得以归汉。西行十三年，张骞虽未达目的，却积累了大量关于西域的一手资料，此后经年，正是在张骞的准确建议和积极奔走之下，一条连接长安和罗马、横跨欧亚非的大通道得以开通。张骞因为"凿空"之功，被汉武帝封为博望侯。随着丝绸之路的开辟，汉军击败匈奴，河西走廊也被正式纳入中原王朝的版图之内。

此后，丝绸之路是否畅通，便成为检验王朝国力强盛与否的标准。尽管魏晋南北朝期间"城头变幻大王旗"，但丝绸之路始终处于拓宽与延续之中。进入隋代，这条贯通东西方的大通道更是"发自敦煌，至于西海，凡有三道，各有襟带……其三道诸国，亦各有路，南北交通……并随其所往，诸处得达。故知伊吾、高昌、鄯善，并西域之门户也。总凑敦煌，是其咽喉之地"。

丝绸之路真正进入到西汉以来最繁盛的时期，是继隋而起的大唐王朝。短命的隋朝尽管表现出了对这条通往西域的大通道的高度重视，但由于其国祚骤停，真正的接棒者——唐，才是让丝绸之路焕发出勃勃生机的王朝。马上天子唐太宗李世民从即位伊始，就将安邦靖边作为贞观之治的重要思路。由于河陇地区北有突厥，南有吐蕃，朝廷在陇右屯驻了大量兵力。在击败了东突厥、吐谷浑，平定了高昌之后，唐太宗经略丝绸之路的目光更是深邃而悠远，他对周边民族采取的一系列羁縻政策，无疑为丝绸之路的繁荣提供了稳定的政治保障。及至这位"天可汗"退出历史舞台，他的继任者唐高宗李治又平灭了丝绸之路的肘腋之患——西突厥，继而又设立了安西、北庭两大都护府，从而使大唐帝国的疆域，东起朝鲜海滨，西至达昌水（阿姆河，一说底格里斯河），成为当时世界最发达的强盛国家。彼时的丝绸之路沿线，用陈寅恪先生的话，由于"李唐承袭宇文泰'关中本位政策'，全国重心本在西北一隅"，因此至天宝末年，陇右至西域一带驿站林立，烽燧不断，线路交错，呈现出"自安远门西尽唐境万二千里，闾阎相望，桑麻翳野，天下称富庶者无如陇右"的繁盛景象。

唐代丝绸之路大致有三条路径：陇右河西路，吐谷浑路，回纥路。从长安经陇右到凉州，再沿河西走廊，经甘州、肃州、瓜州，继而西出玉门关抵沙州敦煌，或者自瓜州穿越莫贺延碛戈壁，均可进入新疆地区通往西方之路，分别为：从沙州越天山达中亚、欧洲的西域北道，从瓜州沿塔里木盆地北侧西行的西域中道，从沙州经阳关沿塔克拉玛干沙漠南侧翻越葱岭的西域南道。从长安经青海地区的道路，因为原是吐谷浑所在，故曰吐谷浑道，这条西域通道要渡黄河，越湟水，至凉州，经河西走廊，继而连通西域。另外一条回纥路的开通，则是在贞观二十一年。这一年，回纥、突厥、敕勒等接受唐朝辖治的少数民族纷纷吁请开辟一条贯通东西的通道，唐太宗遂于"回纥以南，突厥以北开一道，谓之参天可汗道，置六十八驿，各有马及酒肉以供过使，岁贡貂皮以充租赋"。这条"参天可汗"道，自长安始，先后走阴山、过阿尔泰山、穿准噶尔盆地，继而又经天山直奔北庭，一路向西，成为贯通东西的重要交通线。

尝读西域传，汉家得轮台。

古塞千年空，阴山独崔嵬。

二庭近西海，六月秋风来。

日暮上北楼，杀气凝不开。

大荒无鸟飞，但见白龙堆。

旧国眇天末，归心日悠哉。

上将新破胡，西郊绝烟埃。

边城寂无事，抚剑空徘徊。

幸得趋幕中，托身厕群才。

早知安边计，未尽平生怀。

——岑参《登北庭北楼呈幕中诸公》

　　两度出塞写下大量边塞诗的岑参，以这首《登北庭北楼呈幕中诸公》，为我们呈现出了大唐丝绸之路北路的空旷辽远，一句"大荒无鸟飞，但见白龙堆"，更让我们看到了丝绸之路的重要隘口——庭州的偏僻荒寒。

　　如果说戈壁狂沙、朔漠风雪是陆上丝绸之路的最常见的景象，那么，随着唐代海上丝绸之路的繁盛，帆影和大海、舟楫与浪涛，已然成为见证大唐国力的重要风景。

　　海上丝绸之路的开辟仍然要从开辟了陆上丝绸之路的汉武帝说起。在平灭了南越之后，一条波澜壮阔的海路也在汉代最强势的这位皇帝的生前身后逐渐变成现实。《汉书·地理志》载，这条航线从今天的广东徐闻、广西合浦出发，经南海进入马来半岛、暹罗湾、孟加拉湾，最后到达印度半岛南部的黄支国和已程不国（今斯里兰卡），一路可谓斗折蛇行，劈波斩浪。魏晋之后，随着广州的位置日渐突显，这座地处南粤的城市逐渐成为海上丝绸之路的起点，汉代的海上航线也进一步拉长，穿过西沙群岛可抵南海诸国，再过马六甲海峡，便直驶印度洋、红海、波斯湾。

如果说海上丝绸之路自开通以来便一直作为陆上丝绸之路的补充存在，那么，真正让其进入百舸争流盛期的，则是在大唐王朝。唐贞元朝宰相贾耽在其《海内华夷图》中记录了当时的几条对外交通线路，其中一条线路，就是"广州通海夷道"，这条海道，正是唐代的海上丝绸之路。彼时，由于西域时有战争，陆上丝绸之路经常出现"梗阻"，加之唐代中期经济重心转移，中国造船、航海技术的发展，海上丝绸之路随之兴起。在贾耽的另一篇《皇华四达记》中，我们已经可以清晰地看到唐代海上丝绸之路的航线：从广州出发，船舶会沿南海西部南下，一路途经马六甲海峡，进入斯里兰卡后分成两支，一支沿印度半岛经卡拉奇进入霍尔木兹海峡，至幼发拉底河口抵达巴格达，另一支则在穿越霍尔木兹海峡后，经阿拉伯半岛，直抵亚丁。

我们可以想象，在七世纪至九世纪的世界版图上，大唐王朝的浩荡船队，是怎样以一种气吞万里的阵容一路乘风破浪，将东南亚、马六甲海峡、印度洋、红海，及至非洲大陆连缀成线，构成当时世界上最长的远洋航线。而这个延续了三百年时光的王朝，在它的帝国年轮里，遑论其他，单凭一条黄色的陆上丝绸之路和一条蓝色的海上丝绸之路，已足可睥睨天下，傲然于世！

丝绸之路是商贸之路。

关于丝绸之路的称谓，最早出现于1877年李希霍芬的《中国》一书。在书中，这位德国著名地理学家把"从公元前114年到公元127年间，中国与河中地区以及中国与印度之间，以丝绸贸易为媒介的这条西域交通线"称作丝绸之路。此后，德国历史学家赫尔曼继续将丝绸之路"延伸"，西端直抵地中海沿岸和小亚细亚，到了十九、二十世纪之交，随着西方探险家进一步的考察，丝绸之路已深入人心，成为这条以丝绸贸易闻名东西方大通道的专有名词。

> 边城暮雨雁飞低，芦笋初生渐欲齐。
>
> 无数铃声遥过碛，应驮白练到安西。
>
> ——张籍《杀曲歌辞·凉州词》

张籍的这首《凉州词》，为我们勾勒出一幅大唐丝绸之路上的热闹景象，尤其一句"无数铃声遥过碛，应驮白练到安西"，更是让我们脑海中浮现出运送内地丝绸的驼队一路向西域跋涉的画面。作为丝绸的产地，中国人正是通过这样一条穿越戈壁、沙漠、雪山的漫漫长路，让欧洲人对轻薄细滑的丝绸赞叹不已。他们没有想到丝出于蚕，而是以为长在树上，把丝从树叶上取下，经过漂洗，方能纺成丝绸。正是这种来自万里之外的东方特产，让罗马贵族爱不释手。尽管历经长途跋涉，丝绸的价值已成倍增长，但这丝毫不能阻挡它们成为罗马贵族们彰显身份的最奢华最珍贵的衣料。

　　关于丝绸之路的丝绸故事，最有名的要数"东国公主蚕种西传"的故事。这个故事出自通过丝绸之路去印度求法的初唐高僧玄奘编纂的《大唐西域记》。话说在古代的瞿萨旦那国，也就是今天新疆和田，人们只知丝绸，不知养蚕。瞿萨旦那王听说"东国"有桑蚕，遂派使节求取，但东国君主并不希望蚕种传出国外，并在全国下了禁令。为了得到蚕种，瞿萨旦那王于是厚备聘礼，请求东国君主将公主下嫁给他。东国君主为笼络瞿萨旦那王，立刻应允。瞿萨旦那国王马上便遣使节前往东国迎娶公主，他让迎亲使节告诉公主，瞿萨旦那既无丝绵，更无蚕种，公主只有自己想办法将蚕种带来，才能制作衣裳。这东国公主于是便偷偷地在出嫁的宝冠里藏了一些蚕卵。公主出嫁的队伍浩荡出城了，守城官兵的搜检很严格，但唯独公主的宝冠无人敢查。就这样，东国的蚕种终于被带到了瞿萨旦那国，自从瞿萨旦那有了蚕种，这里的人们也便学会了养蚕、缫丝和织造丝绸。

　　这个流传甚广的丝路故事从一个侧面反映出了中国丝绸对于西域各国的诱惑力，当成群的驼队从长安出发，一路西行，丝绸之路延伸开来的，是一条川流不息的商贸之路。"伊吾之右，波斯以东，职贡不绝，商旅相继"，这段出自《唐大诏令集》的文字虽然记录的是贞观时期的丝路盛况，却是陆上丝绸之路在唐代进入鼎盛期的广义概括。当然，在此起彼伏的驼铃声里，贸易是双向流动的，而参与贸易的商品也不止于丝绸，它是丝绸之路，但同时也是"玉石之路""陶瓷之路""茶马之路""香料之路"。"百战沙场汗流血，梦魂犹在玉门关。"正是在这条丝绸之路上，产自葱岭以西大宛国的汗血马与大唐精致的丝绸制品源源不断地进行交换，成为大唐漫长边境线上一日千里的御敌法宝；"葡萄美酒夜光杯，欲饮琵琶马上催"，还是在这条丝绸之路上，唐代上至公卿王侯下至闾里细民，都从来自西域的葡萄、石蜜等新奇之物中拓宽了认知视野，改变了疆域观念。从丝路沿线的考古发现中，从被岁月尘封的断章残简中，我们可以看到常年不畏艰辛只求贱买贵卖的各族商贾留下的商旅影像，他们披星戴月、日夜兼程的身形与一份份文书、一张张契约叠印在一起，成为丝绸之路上最活跃的因子。

在这支步履匆匆的商旅中，最引人注目的便是粟特商人。在史籍中，粟特人"深目高鼻，多须髯，善商贾"。由于聚落于中亚西部丝绸之路干线，"善商贾"的粟特人便成为中世纪丝绸之路上缔结东西方贸易的"中间人"。粟特人的商业基因是渗透到血脉之中的：他们追逐利益，"丈夫年二十去旁国，利所在无不至"；他们吃苦肯干，丝绸之路上的风沙对他们而言，不过家常便饭；他们精于算计，从中原购买的丝绸经过他们的倒手，运到西方可获利数倍，而他们从西域运进体小价高的珍宝，同样也成为唐人追逐的时尚；他们是鉴宝高手，《南部新书》载，长安"西市胡人贵蚌珠而贱蛇珠。蛇珠者，蛇之所出也，唯胡人辨之"；他们多是豪商巨贾，作为丝路贸易网络的"顶流"，粟特文几乎成为丝路上的国际通用语，而萨珊银币几乎垄断了丝路上的货币流通……据一份写于七世纪的《高昌内藏奏得称价钱账》文书显示，在这一年的正月一日至十二月二十七日，吐鲁番地区共进行了三十五笔交易，其中，竟有二十九笔与粟特人有关。窥斑知豹，我们可以看到粟特人在西域商贸活动中的掌控力。如果说大唐国力的强大保证了丝绸之路的通达，那么，粟特人奔波忙碌的身影，无疑构成了丝绸之路川流不息的关键要素。

> 汉家旃节付雄才，百越南溟统外台。
> 身在绛纱传六艺，腰悬青绶亚三台。
> 连天浪静长鲸息，映日帆多宝舶来。
> 闻道楚氛犹未灭，终须旌旆扫云雷。
>
> ——刘禹锡《南海马大夫远示著述兼酬拙诗辄著微诚再有长句时蔡戎未弭故见于篇末》

这首诗，是"诗豪"刘禹锡为我们描绘出的中国南方的海上贸易盛况。陆上丝绸之路与海上丝绸之路如同大唐王朝两条交错的轨迹，此起彼伏地见证着这个帝国的骄傲与荣光。"连天浪静长鲸息，映日帆多宝舶来。"正如刘禹锡所云，随着海上交通贸易的发展，当时的唐王朝，已经拥有广州、泉州、宁波、扬州四大国际贸易港，尤其是广州，由于位于西、北、东三江交汇处，又与南海相望，更是呈现出商船辐辏、云帆林立的盛况。彼时的唐代造船业已经颇具规模，许多不用铁钉的"无缝船"已经成为外国商人们的首选，他们穿行于繁忙的海上丝绸之路上，将唐人的丝绸、漆器、陶瓷运送到西方诸国，同时也将海外的奇珍异宝运抵中国，从而使广州港成为中世纪全球商品的集散地。您也许不会知道，早在唐德宗时期，中国就曾经出现过一位"郑和"式的人物，他叫杨良瑶。正是这个杨良瑶，受命从广州出发，沿海上丝绸之路一路远航，前往阿拉伯半岛的黑衣大食，不仅出色完成了联络大食夹击吐蕃的政治使命，同时带回了完整的海上丝路航海日记，成为唐王朝拓展海上商路的重要参考与佐证。

当然，为了强化朝廷的管理，和陆上丝绸之路设置管理商贸活动的"互市监"一样，对于海上丝绸之路，朝廷也特别设置了专管外贸事宜的"市舶司"，它具有征收税款、设立货栈、保护外商正当权益等职能，成为保障海上丝绸之路通畅繁盛的重要关口。"雄藩夷之宝货，冠吴越之繁华"，从陆地转身向海洋，参与国际贸易的进出口商口愈发多元，身处其中的唐人视野也更加开阔，而这，正是一个开放的王朝应有的模样。

丝绸之路是融合之路。

"西方之戎，古未尝通中国，至汉始载乌孙诸国。后以名字见者浸多。唐兴，以次修贡盖百余，皆冒万里而至，亦已勤矣。"这段载于《新唐书》的文字，为我们描绘的是一幅通过丝绸之路万国来朝的画面。当丝绸之路成为一条连接东西方的国际大通道，大唐王朝的万里疆域尤其是它的都城——长安，有如一块巨大的磁石，吸引着来自四面八方的各国使节。史载，从唐初到玄宗开元年间，曾有近四百个"四蕃之国"来长安朝贡，与唐朝有交往的国家、政权和部族则达到了一百八十九个。他们以虔诚的朝觐之姿在朝廷获得了爵位与官职，成为在大唐官僚集团中引人注目的一个群体。

"崆峒西极过昆仑，驼马由来拥国门。"杜甫的诗句，生动地展示了西域诸国越过昆仑山奔向唐境的盛大场面。这条繁忙的商路，在缔结政治的纽带、腾动起经济的血脉的同时，也毋庸置疑地成为一条民族融合的通道。在这条大通道上，不仅有各国的使节，更有纷至沓来的商人、艺人、僧侣、手工业者和留学生。学者吴松弟研究认为，仅在安史之乱前，从西域内迁的胡人已经达到了四五十万之众，作为河西走廊的重要坐标如凉州、沙州、瓜州、肃州、甘州等，已成为西域胡人最集中的地区。据史学泰斗向达先生的梳理，唐都长安更是成为异族移民的会聚之地，他们主要有四类：一是魏周以来入居中夏，华化已久但其族姓犹然可寻者；二是西域胡商逐利东来者；三是西域僧侣传道中土者；四是入质的西域王族留居长安者。英国学者杰弗里·巴勒克拉夫曾说："唐代中国是一个极度世界主义的社会。"当唐朝的开放与包容最终使长安成为国际化的大都市，使唐朝成为一个国际化的王朝，丝绸之路，厥功至伟。

> 自道风流不可攀，却堪嗤额更颓颜。
>
> 眼睛深却湘江水，鼻孔高于华岳山。
>
> 舞态固难居掌上，歌声应不绕梁间。
>
> 孟阳死后欲千载，犹在佳人觅往还。
>
> ——陆岩梦《桂州筵上赠胡予女》

中晚唐诗人陆岩梦在《全唐诗》的存诗仅此一首，却因此诗描绘了一位非汉族的友人之女而广为学者引用。"眼睛深却湘江水，鼻孔高于华岳山。"在这首诗中，陆岩梦用"湘江水"和"华岳山"惟妙惟肖地描绘出一位"高鼻深目"的外族美女形象。事实上，在浩如烟海的唐诗中，这样美丽的胡女形象比比皆是："落花踏尽游何处，笑入胡姬酒肆中"，这是李白描绘五陵少年在胡女的风情中大醉酩酊；"胡姬若拟邀他宿，挂却金鞭系紫骝"，这是施肩吾戏友人郑申府在胡女的笑声中乐不思蜀；"胡儿莫作陇头吟，隔窗暗结愁人心"，这是李贺在乐声中读懂胡女的幽怨……

当然，丝绸之路的活跃，不仅让唐人们对充满了西域风情的胡女心生好感，更重要的是，西域的文化也在深深地影响着唐人的文化生活。"大弦嘈嘈小弦清，喷雪含风意思生"，在西域乐师曹刚悠扬的琵琶声中，刘禹锡如醉如痴。像曹刚这样的演奏高手何止一人，龟兹人白明达、疏勒国人裴路儿、康国人康昆仑这些沿着丝绸之路来到长安的乐师，都曾是宫廷和上流社会的常客。"胡旋女，出康居，徒劳东来万里余"，在白乐天的歌吟中，迥异于汉舞的胡旋舞如同旋风一般，成为唐人的时尚与流行。正是钟爱这种迅疾如风的舞蹈，集万千宠爱于一身的杨贵妃学而习之，在旋转的罗裙中摇荡起风流天子的心旌。"胡部笙歌西殿头，梨园弟子和凉州"，当擅敲羯鼓的唐玄宗让皇家教坊和梨园子弟们喧响起一片用西域乐舞建构的乐阵，丝绸之路沿途的异域文化已如涓涓细流，成为上至宫廷下至民间重要的文化滋养。

西域技术的传入，同样也在改变着唐人的生活。炎炎夏日，怕热的唐玄宗格外偏爱"凉殿"——让水从四周屋檐如同水帘般流下，从而阻隔外边的暑气。在达官贵人之家，这种类似的建筑则以"自雨亭"名之，成为彰显身份的标配。据向达先生考证，无论"凉殿"也好，"自雨亭"也罢，都是出自拂菻国即东罗马的技术。当然，西域技术的传入对唐人生活的影响还有很多。"醽醁胜兰生，翠涛过玉瓒。千日醉不醒，十年味不败。"通过学习胡人的酿酒术，唐人对甘冽的葡萄酒乐饮不疲。这首唐太宗写给贞观名臣魏徵的诗，夸赞的正是其高超的酿造葡萄酒的技术。来自印度的僧人，也曾治疗过刘禹锡的眼疾。"三秋伤望眼，终日哭途穷，两目今先暗，中年似老翁。看朱渐成碧，羞日不禁风。师有金篦术，如何为发蒙。"从这首《赠眼医婆罗门僧》，我们知道，刘禹锡所患眼疾疑似白内障或青光眼，当中医束手无策，他便求助于婆罗门僧——从印度来传佛教的僧医。据说当时古印度的眼科医学已十分先进，正是因为丝绸之路，唐人对印度僧医的医术笃信不疑……

融合从来都是双向的。唐人对佛教的崇信，也在深深影响着沿丝绸之路入唐的粟特人。祆教曾经是主导他们的精神信仰，但在入唐之后，随着中华佛教文化的长期熏染，粟特人当中许多人开始佛祆并重。及至安史之乱后，粟特人更是进一步基于华夏文明的认同，逐渐脱离祆教而改宗中华佛教。他们或舍身出家，或开窟造像，成为大唐佛教信徒中最虔诚的人群之一。商业的流动更让西域商人成为长安城里最贴地气的"唐人"，他们和唐人一样，成为支撑长安城东、西两市热闹繁华的重要力量，尤其是距长安丝绸之路起点开远门较近的西市，更是他们的"主战场"。在这里，这些来自中亚、南亚、东南亚、高丽、日本等地的商人，经营着酒肆、衣行、药店等琳琅满目的商铺，每天都能保有十五万的客流量，从而使西市当之无愧地成为国际性的大市场。当长安人习惯性地称西市为"金市"，当白居易用"东邻有富翁，藏货遍五都。东京收粟帛，西市鬻金珠"形容西市的繁华，我们看到，丝绸之路，已然让这个强盛的帝国真正成为一个巨大的容器，尽管这里的人们有着不同的肤色，操着不同的语言，但早已融为一体，不分彼此。

丝绸之路是诗歌之路。

丝绸之路的繁盛，拓展了唐代诗人们无比优越的时空观。无论是大漠戈壁还是万里海疆，无论浩荡驼队还是远航宝船，大唐的文人比此前任何一个朝代的文人都傲骄不已。"问言诵咒几千漏，口道恒河沙复沙"，李白尽管没有去过恒河，但丝绸之路的通达，已经让诗仙心游万仞，直抵恒河；"勃律天西采玉河，坚昆碧碗最来多"，杜甫的双足也并未远至西域，但西域遥远的克什米尔地区和叶尼塞河流域还是被他捺入了笔端。面对因丝绸之路而形成的万国来朝的盛大图景，唐代诗人们更是激情满怀，不吝笔墨："南面朝万国，东堂会百神"，这是初唐的陈子昂在大发豪情；"万国仰宗周，衣冠拜冕旒"，这是盛唐的王维在热情讴歌；"千官望长至，万国拜含元"，这是中唐的崔立之在抒发感慨……当龟兹、疏勒、葱岭、条支、坚昆、黠戛斯、大宛、安南、日本、新罗、高丽、诃陵国这些令人眼花缭乱的地区的名字、国家的名字，一遍遍地出现在《全唐诗》的字里行间，我们相信，是大唐王朝的风华岁月激发了大唐诗人们书写长歌大赋的灵感，让他们在跃动的诗行里记录下这个王朝的荣耀与光芒！

丝绸之路的风光，打开了唐人诗歌创作的另一扇窗。从长安一路向西，当眼前的物象由繁华的都市到戈壁的绿洲，由喧嚣的市井到荒寒的大漠，风光在不断变化，诗人的灵感也如泉眼一般喷涌。

> 陇头远行客，陇上分流水。
> 流水无尽期，行人未云已。
> 浅才登一命，孤剑通万里。
> 岂不思故乡？从来感知己。
>
> ——高适《登陇》

高适的这首《登陇》，是其在投奔河西节度使哥舒翰时所作。作为长安西去丝绸之路的第一道自然屏障，关陇之间的陇山艰险崎岖，与烟柳繁华的长安迥然有别，然而，也正因如此，才让心思敏感的诗人有了独特的心灵感悟。随着大唐的诗人们翻越陇山，来到胡人的聚集地凉州，这里的风物已经让他们不再将自己视作一个孤独的"远行客"，而是成为与当地胡人共同酣歌起舞的一员，成为融入西域风情的一分子。当岑参用"一生大笑能几回，斗酒相逢须醉倒"去对应"弯弯月出挂城头，城头月出照凉州"的丝路月色，当王之涣用"黄河远上白云间，一片孤城万仞山"定格了《凉州词》的旷远意境，我们看到的，是诗和远方的叠而为一，是丝路"西凉乐"渗入唐诗并影响了整整一个时代诗歌创作的时尚浪潮。

雪净胡天牧马还，月明羌笛戍楼间。

借问梅花何处落，风吹一夜满关山。

——高适《塞上听吹笛》

诗人们继续西行，就来到了中原通往西域与中亚的重要关口——玉门关。玉门实为运输玉石之门，源源不断的和田玉、昆仑玉因为从这里运往中原，故名玉门关。对于这座重要关隘，唐人诗人对它倾注了太多的笔墨。如果说"雪净胡天牧马还，月明羌笛戍楼间"，让我们看到高适笔下玉门关的荒寒，那么在王昌龄"青海长云暗雪山，孤城遥望玉门关"的诗句中，我们则看到了玉门关的壮魄。这样苍茫的意象显然已经被纳入大唐诗人们的集体歌唱，即便未能亲临其境，同样也不影响在他们的笔下涌动起这座雄关的缅想。从未走过丝路的杨炯，可以写下"雪暗凋旗画，风多杂鼓声"的壮丽诗句；神游八极的李白更是用"明月出天山，苍茫云海间。长风几万里，吹度玉门关"，让雄峙于丝路之上的玉门关成为这条漫漫长路上永不消失的诗歌坐标。检阅唐诗，我们会发现，边塞诗之所以能成为一个独领风骚的方阵，正是因为西域奇绝大美的意象。我们无法跳出边塞的风霜，去品读"忽如一夜春风来，千树万树梨花开"；我们必须心中有丘壑，才可以去想象"玉门山嶂几千重，山北山南总是烽"；而没有感同身受的体悟，我们无法走进"胡霜如剑锷，汉月似刀环"的意境；没有大开大阖的画面感，我们的思路更对不上"暮雪连青海，阴云覆白山"！是的，这样的诗句，只会出现在丝路畅达的大唐，只会出现在诗风燎烈的大唐！

　　丝绸之路的空阔辽远，点燃的是唐代诗人们积极用世的豪情。在唐人的生命格局中，从来就不缺少刚健奋扬的一面，而体现在诗歌中，这样的精神风貌更是以丝绸之路为载体，得到了酣畅淋漓的呈现。

　　　　　　平生一顾念，意气溢三军。

　　　　　　野日分戈影，天星合剑文。

　　　　　　弓弦抱汉月，马足践胡尘。

　　　　　　不求生入塞，唯当死报君。

　　　　　　　　　——骆宾王《相和歌辞·从军行》

　　这首《从军行》，是"初唐四杰"之一的骆宾王西行路上的遣志抒怀之作。这位以《咏鹅》少年成名的初唐才子，曾经怀抱着像鹅一样引吭高歌的用世豪情出走苍茫绝域，渴望以边功成就自己的青云之志。事实上，放眼整个大唐，有此襟怀抱负的诗人又何止骆宾王一人："鼓声鸣海上，兵气拥云间。愿斩单于首，长驱静铁关"，心雄万夫的李白扫除边患的誓言声声在耳；"黄沙百战穿

354

金甲，不破楼兰终不还"，王昌龄的一片冰心正是在辽远的丝绸之路上锻造而成；"愿得此生长报国，何须生入玉门关"，戴叔伦的笔底豪情在千年以后，依然掷地有声……对于唐代诗人而言，丝路上的大漠冷月、瀚海白骨、戈壁征尘，都已经融入了他们的灵与肉，丝路上的玉门关、铁门关、阳关，就是耸峙在他们心中最巍峨的雄关。"宁为百夫长，不作一书生"，当《从军行》《塞上曲》《关山月》这些乐府曲名在唐代诗人的笔下因为丝绸之路的延伸而焕发出强大的动能，我们相信，这就是盛世的力量，这就是文学的力量！

悠悠三百载，漫道逾千年。黄色的陆上丝绸之路，蓝色的海上丝绸之路，交织呈现着大唐王朝的光荣与梦想。它们是政治之路，耸峙的雄关，绵长的航线，彰显着一个东方大国通达世界的自信与底气；它们是商贸之路，驼铃响越沙丘，商船横渡海洋，拉长的是一个王朝经济活跃的曲线；它们是融合之路，异域风俗的交融渗透，民族文化的交流互鉴，让大唐王朝的开放之姿更加壮丽，也更加多元；它们是诗歌之路，当充满诗情的唐人遇到意象叠加的丝绸之路，注定激荡出声震海天的历史绝响！当然，三百年，和大唐王朝的时间轴一样，丝绸之路也势必经历它的兴盛与衰没，但丝绸之路不是仅属于某个朝代的，它构成了王朝更迭的一部分，构成了中国历史的一部分，而在这其中，唐朝，作为一个重要的坐标点，已经耀眼夺目，光彩照人。

跋：穿越唐朝，坐望喧嚣

写完最后一个字，不是如释重负，而是依依不舍。

以唐诗为载体，切入历史的深处，自上大学起，就是我比较喜欢的言说方式，而萌生以唐诗观照唐史的想法，却是源于四年前的秋天，在唐诗和唐史中逡巡日久，便有了让这两条线交叉的冲动。我当时给自己的写作定了一个基本的计划：共分三卷，第一卷《帝王和帝国事》，侧重以唐诗审视唐史，第二卷《诗人和人间世》，侧重唐代诗人的命运辗转，第三卷《众生和烟火气》，侧重唐人的风俗流变。这是一个逼自己系统学习的工程，也注定是一个旷日持久的工程，四年前当我写下《去唐朝》这部三卷本的第一个字，我已披挂征衣，勇往直前。

事实证明，这是一次痛并快乐着的征程。当我走进卷帙浩繁的诗歌和卷帙浩繁的史料，我感受到的是爬梳文字的艰辛，体味到的是力图超越的不易，但更多的，是享受穿越历史的欢愉。近三百年的大唐历史，从来就没有言说的边界，每个人的视角不同，决定了这锅"冷饭"可以常炒常新，而我在不断掘进的过程中，也总在收获着惊喜，收获着一个穿越者的快乐。以唐诗为翼，我的航程里，是近三百年的繁华与喧嚣：武德、贞观、神龙、开元、天宝、永贞、元和、会昌……这些夹带着风雷的年号，让我视野里的大唐王朝充满了高山深谷，也总能见到大河奔流；走近陈子昂、骆宾王、李白、王维、韩愈、白居易、李贺、李商隐这些星光粲然的名字，我看到他们的意气风发，"仰天大笑出门去，我辈岂是蓬蒿人"，也看到他们的家国情怀，"孰知不向边庭苦，纵死犹闻侠骨香"；坐望唐人的生活，我更感受到这群活跃在公元七世纪至九世纪之间的人的生活情趣和审美追求，他们用心地烹制着人间至味，开朗地融入盛世欢歌，诗意地栖居行止，虔诚地拥抱精神之乡……

这样的飞行，让我眼花缭乱，也让我兴奋不已。唐诗为我编织的片片羽翼，助力我在大唐三百年这个横切面中可以自由地锁定历史、政治、文化、艺术、经济、军事、民俗等诸多坐标。在这些耀眼的唐代坐标上，我常常会坐望良久，感受王朝的律动，谛听市井的喧嚣。唐史的迭宕壮魄、气势如虹，唐人的刚健奋扬、开放包容，常令我按捺不住创作的冲动，挫入笔端，化作深沉的歌吟。我相信，李白的醉卧长安是可以理解的，长安是大唐王朝最光鲜的符号，唐人的喜怒哀乐、唐史的风云变幻，都在这个符号下弥散、放大；我也相信，高适的击剑酣歌是只属于唐人的，生逢奔放豪纵的时代，势必诞生奔放豪纵的诗人；我更相信，王维的长河落日不仅是状写边塞的风光，更是抒写唐人的生命状态和精神皈依……是的，沉浸于唐人的这种喧嚣，我已不想抽离，

357

不愿抽离。

　　感谢家人给我的持续热力，让我每天都像个精神饱满的攀登者；感谢黄佳梦先生的鼎力相助，让我不舍昼夜，快马加鞭；感谢余慧敏女士的蕙质兰心，让我孜孜不倦，务求甚解。最后，我还要感谢拜根兴教授的严谨校阅，慨然作序，让我的前行多了一份自信和底气。

　　"星垂平野阔，月涌大江流。"唐诗开阔的意境总是在导引着人们走上不断求索的道路，我相信，此作完成，不是自己研习唐诗的终点，而是一个全新的起点，全新的征途！

常　华

2021年7月7日